Anekdoten
EINES
BEIFAHRERS

DANIEL DAKUNA

Stell dir vor, eine winzige Entscheidung
könnte eine ganze Reise verändern.
Stell dir vor, sie könnte ein ganzes Leben verändern.

Und nun stell dir vor, dass alles mit einer ganz
einfachen Frage beginnen könnte:
„Hallo Fremder. Wohin geht die Reise?"

W0179336

100
BUCHVERLAG

Bibliografische Information der Deutschen Bibliothek. Die Deutsche Bibliothek verzeichnet diese Publikation in der Deutschen Nationalbibliografie; detaillierte bibliografische Daten sind im Internet über http://dnb.dnb.de abrufbar.

2. Auflage, Kempen 2021
© 2021 L100 Verlag, Kempen; Hans-Jürgen van der Gieth • Ulli Potofski GbR.
www.L100verlag.de

Nach der neuen deutschen Rechtschreibung

Lektorat: Hans-Jürgen van der Gieth, Kempen
Gestaltung: Inside Grafik, Kempen
Umschlaggestaltung: Inside Grafik, Kempen
Foto Cover und Rückseite: Paul Ritscher Fotografie
Foto auf der Rückseite von der Live Show: Lightwork Photography Alexander Scherer
Fotos Fototeil im Buch: privat; Daniel Klesen

Druck / Bindung: GrafikMediaProduktionsmanagement GmbH, D-Köln

Vertrieb: BVK Buch Verlag Kempen GmbH, *www.buchverlagkempen.de*

Printed in Europe

Best.-Nr.: L10
ISBN: 978-3-947984-09-1

Mail: daniel@dakuna.de
Homepage: www.dakuna.de
Facebook: Daniel Dakuna
Instagram: Daniel.Dakuna

INHALTSVERZEICHNIS

VORWORT

It warms me knowing you're home for Christmas, with people who love you and who you love, even though it still stings a tiny bit thinking back about how we talked about a cozy Christmas together in Spain. I'd be lying if I say I hope you find someone to finish the bucket list with you, but I do sincerely hope you find someone amazing. You say, you look for excitement, but I think at least a part of you is really looking for someone to love. Maybe all travellers are (I don't mean tourists). We don't know your destination yet, but whether or not it's faraway, please get there safe. And I'll see you again on the way someday. I'm optimistic about that. Let's move on without forgetting the adventure we've had that I still doubt to have been a dream until today. Merry Christmas Daniel.
Yours truly,

Es wärmt mein Herz zu wissen, dass du Weihnachten zu Hause verbringen wirst. Mit Menschen, die dich lieben und die du liebst, auch wenn es mir gleichzeitig einen kleinen Stich versetzt, wenn ich daran zurückdenke, wie wir über ein gemütliches Weihnachten zusammen in Spanien gesprochen haben. Ich würde lügen, wenn ich sage, ich hoffe, du findest jemanden, mit dem du deine Bucket List beenden kannst, aber ich hoffe wirklich, dass du jemand Unglaubliches findest. Du sagst, du bist auf der Suche nach Abenteuern, aber ich glaube, zumindest ein Teil von dir ist auf der Suche nach der Liebe. Vielleicht sind das alle Reisenden (und ich meine nicht Touristen). Wir kennen dein Ziel noch nicht, aber egal, ob es weit entfernt ist oder nicht, bitte komm gut und sicher dort an. Und eines Tages werde ich dich auf dem Weg wiedersehen. Ich glaube fest daran. Lass uns weiterziehen, ohne das Abenteuer zu vergessen, das wir hatten, und von dem ich mir bis heute nicht sicher bin, ob es nicht doch nur ein Traum war. Frohe Weihnachten Daniel.
Alles Liebe,

DAS HIER UND JETZT

Beginn der Show
Sulzbach, 5. November 2019 – 19:03 Uhr

Ich schließe langsam die Augen und spüre, wie mein Herz immer lauter pocht. „Hoffentlich werden die Leute Spaß haben", sage ich zu mir selbst, „hoffentlich wird ihnen unsere gemeinsame Reise gefallen." Noch trennt mich ein königsroter Vorhang von dem heutigen Publikum. Ich höre, wie gelegentlich Stühle verschoben werden und kann vereinzelte Gesprächsfetzen verstehen. Im hinteren Teil des Raumes klirrt eine umgefallene Glasflasche, während weiter vorne irgendwo zwei Weingläser aneinandergestoßen werden. Sie alle sind wegen meiner achten Show nach Sulzbach gekommen. In wenigen Augenblicken werde ich ihnen von Namensvettern aus Botswana, David Guettas aus Norwegen, Tulpenhändlern aus Österreich und Lachsfischern aus Lettland erzählen. Von Schmerz, Liebe und von Menschlichkeit. Kann man zwei Jahre seines Lebens in drei Stunden zusammenfassen? Zwei Jahre, in denen jeder Tag so unbeschreiblich anders war. Ich werde es versuchen, um so den Geschichten meiner Reise die Bühne zu gewähren, die sie meiner Meinung nach verdienen. Dennoch bedeutet dies, dass ich heute Abend nicht auf alle Ereignisse, Personen und Zusammenhänge eingehen kann. Ich besinne mich erneut auf den Moment und höre, wie in einer der vorderen Reihen eine Flasche mit einem lauten Zischen geöffnet wird, während irgendwo weiter hinten jemand herzlich lacht.

Obwohl ich stets dieselben Geschichten erzähle, bin ich vor jeder meiner Shows aufgeregt. Ich weiß nicht, was mich heute Abend erwartet und wer in dieser Veranstaltung vor mir sitzen wird. Werden meine Anekdoten manche Zuschauer inspirieren und motivieren? Dazu aufzubrechen, dazu hierzubleiben oder auch zu etwas völlig anderem? Werden einige von ihnen heute Abend mit dem Gefühl der Wertschätzung einschlafen und morgen früh voller Dankbarkeit aufwachen können? Und werden sich einzelne von ihnen an einen lang vergessenen Traum erinnern? Den Traum davon, einen Traum zu haben und nach ihm zu greifen? Werden sie lachen und laut applaudieren? Oder werden einige von ihnen sogar gelangweilt die Veranstaltung verlassen?

Am heutigen Abend stellt sich mir auch eine weitere Frage: Die letzten Jahre. Meine Reise. Heute genau hier zu stehen – hatte das alles einen Sinn? Ich nehme einen tiefen Atemzug und spüre ein dumpfes Kribbeln in meinen Fingerkuppen.

Das kratzende Geräusch der unzureichend geölten Rollen auf ihrem Schienensystem bringt mich wieder zurück in das *Hier und Jetzt*. Während sich der Vorhang langsam auseinanderzieht, öffne ich meine Augen und blicke kurz darauf in viele gespannte Gesichter. Das leise Murmeln weicht der absoluten Stille. Und so beginnt meine Reise von neuem.

„Man sagt, jeder Mensch ist auf der Suche nach etwas. Auf der Suche nach Reichtum, auf der Suche nach Glück – und allmählich auch wieder auf der Suche nach passenden Weihnachtsgeschenken. Vielleicht sogar auf der Suche nach dem Sinn des Lebens. Auch ich war auf der Suche. Ich war zwei Jahre lang auf der Suche nach … Nun ja, nach was eigentlich? Ich glaube, ein Teil von mir war auf der Suche nach dem Abenteuer, dem gewissen Kick und dem Unbekannten. Womöglich war ich auch auf der Suche nach dem unbestimmten Etwas, das ich in Deutschland nie finden konnte. Vielleicht war auch ein Teil von mir ganz klassisch auf der Suche nach der Liebe. Eines kann ich jedoch ohne Zweifel sagen: Ich war zwei Jahre lang auf der Suche nach Orten, an denen Autos sicher anhalten konnten. Ich war auf der Suche nach Orten zum Trampen. Und sobald ich einen dieser Orte gefunden hatte, hievte ich den Rucksack von meinen Schultern, drehte mich in Richtung der vorbeifahrenden Autos, streckte meinen Daumen nach oben, lächelte – lächeln ist ganz wichtig – und wartete. Mal 20 Sekunden, mal 20 Stunden. Ich wartete darauf, dass irgendjemand anhielt. Sobald dies passierte, joggte ich zum stehenden Fahrzeug und redete mit dem Fahrer. Entweder durch eine geöffnete Beifahrertür oder durch ein heruntergelassenes Fenster, je nachdem, wie sicher sich der Fahrer gefühlt hat. Ich hatte nicht die leiseste Ahnung davon, wer diese Person war und welche Geschichten mich wohl auf diesem Beifahrersitz erwarten würden." Ich mache eine kurze Pause, um Luft zu holen und so langsam meinen Puls zu senken.

„Würdest du einsteigen?"

In ungefähr drei Stunden werde ich hoffentlich im Applaus einer begeisterten Menge baden. Ich werde hoffentlich erneut meine Augen schließen, meinen Oberkörper in Richtung der applaudierenden Menschen beugen und für einen kurzen Moment die Folgen des heutigen Morgens vergessen. Für einen kurzen Moment werde ich versuchen, erneut im *Hier und Jetzt* anzukommen.

Das Leben im Hier und Jetzt war eine Philosophie, von der meine Freundin Beatrice oft gepredigt hatte. Wir teilten diese Ansicht bis zu dem heutigen Morgen. Wir teilten sie, bis aus dem *Wir* zwei einzelne Wörter wurden. Warum *sie* und *ich* uns einige Stunden vor meiner Show getrennt hatten? Aus demselben Grund, aus dem die meisten meiner Beziehungen gescheitert sind: dem Leben.

Einige Stunden vor Showbeginn
Selbach, 5. November 2019 – 13:34 Uhr

Ich schloss langsam meine Augen und spürte den vertrauten Geruch ihres nicht aufgetragenen Parfums. Kurz darauf trafen sich unsere Lippen erneut. Ihr salziger Geschmack machte diesen Moment so unbeschreiblich surreal. Und sie machten ihn so schonungslos real. „Daniel, alles geschieht aus einem bestimmten Grund. Alles hat seinen Sinn", sagte Beatrice. War es feige, in diesem Moment darauf zu vertrauen, dass alles einen Sinn hat? Wie konnte all dies einen Sinn haben? Schließlich hatte meine Reise mich genau heute auf ihr Bett geführt und mir genau hier völlig unvorbereitet das Herz gebrochen. Während ich Beatrice in meinen Armen hielt, fühlte ich eine Mischung aus Resignation und Unverständnis, die unweigerlich in einer bedrückenden Erkenntnis mündete: Womöglich war es am Ende doch nur der Wunsch danach, dass alles einen Sinn hat. „Leb wohl, Beatrice", sagte ich und gab ihr einen letzten Kuss. Ich verließ die Wohnung, schwankte langsam in Richtung meines Autos und drückte eine halb aufgerauchte Zigarette in den Aschenbecher zwischen Fahrer- und Beifahrersitz. Der letzte Kuss war warm und schmeckte bitter.

Sulzbach, 5. November 2019 – 19:06 Uhr

Mit jeder weiteren Minute wird das Gefühl, auf einer Bühne zu stehen, immer vertrauter. „Guten Abend Sulzbach, schön, dass ihr hier seid. Mein Name ist Daniel Dakuna*. In den letzten zwei Jahren habe ich 53.000 Kilometer per Anhalter zurückgelegt, wurde dabei von 432 Personen mitgenommen und durfte bei 135 Menschen kostenfrei übernachten. Meine Erfahrungen und meine Geschichten habe ich in eine dreistündige Live-Show gepackt, die sich *Anekdoten eines Beifahrers* nennt. Ich wünsche euch ganz viel Spaß."

Applaus.

Während meine Zuschauer applaudieren, blicke ich in Richtung der blendenden Lichter. Das warme Scheinwerferlicht erinnert mich an den sonnigen Vormittag, an dem damals meine Reise begann. Hatte es einen Sinn, dass ich mich vor über zwei Jahren an die Straße stellte? Es ist eine Frage, die sich nach der emotionalen Trennung heute Morgen wie ein roter Faden durch meine Show zieht. Damals, als ich an einem unerwartet heißen Montag im April zu meiner Reise aufbrach, stellten sich mir hingegen ganz andere Fragen: War es der Moment, auf den ich insgeheim mein ganzes Leben lang hingearbeitet hatte? War es der Beginn von etwas Neuem, etwas Aufregendem? Es mussten diese Momente sein, in denen Menschen zu Philosophen werden: War es der Beginn eines neuen Kapitels?

---

* *Eine flüchtige Lüge, da mein eigentlicher Name Daniel Klesen ist. Als ich zu meiner Reise aufbrach, suchte ich nach einem passenden Namen, unter dem ich meinen damaligen Reiseblog führen konnte. Als großer König der Löwen-Fan bediente ich mich bei Hakuna Matata und erschuf eines meiner liebsten Stilmittel: eine Alliteration. Ich hatte damals nicht geahnt, wie nützlich das fiktive Wort Dakuna in meinem weiteren Leben noch werden sollte.*

KAPITEL I
DIE RAUPE

„Die Raupen führen meist ein verstecktes Leben und sind auch gut an ihre Umgebung angepasst … Dadurch, dass sich das Körpervolumen der Raupen stark vergrößert, müssen sie sich mehrmals häuten, bis sie ihre endgültige Größe erreicht haben.

Sie bilden von Zeit zu Zeit eine neue größere Haut, die unter der alten wächst. Zur Häutung schwillt die Raupe an, bis die alte Haut platzt und durch Muskelbewegungen nach hinten weggeschoben werden kann … Bei manchen Arten kann man ein Gesellschaftsverhalten beobachten."
(Wikipedia, 2019)

Beginn meiner Reise
Deutschland, 24. April 2017

Als ich damals auf einer Wiese kurz vor der Autobahnauffahrt stand, versuchte ich das in mir herrschende Gefühl irgendwie einzuordnen. Ich fühlte eine Mischung aus extremer Freude, einem Quäntchen Angst und einem aufregenden Kribbeln, mit der ich meinen Daumen zögerlich nach oben streckte. Vielleicht war es aber auch eher eine Mischung aus extremer Angst und einem Quäntchen Freude. Ich erlebte einen dieser richtungsweisenden Momente, in denen extrem konträre Gefühle miteinander verschmolzen und eine isolierte Betrachtung fast unmöglich machten. An das aufregende Kribbeln erinnere ich mich jedoch noch sehr genau. Hätte das Bildrauschen eines Fernsehers Gefühle, müsste er sich ähnlich fühlen. Ein leeres, dumpfes Kribbeln mit der Ungewissheit darüber, wann und wie es weitergeht.

„Pfeif pfeif pfeif, pfeif pfeif pfeif, pfeif pfeif pfeif", pfiff ich, während ich an einer Raststätte in der Nähe meines Heimatortes auf die erste Mitfahrgelegenheit meiner Reise wartete. Es waren zwei kurze Pfeiftöne, gefolgt von einem etwas längeren, tieferen Ton, abwechselnd in G7, A-Moll und G-Dur. Es war die Melodie des Weihnachtsklassikers *Let it snow*. Ich stand nie alleine an der Straße. Musik war mein ständiger Begleiter und das nicht nur, während ich trampte. Wie mein Unterbewusstsein die teils doch sehr willkürliche Songauswahl traf, war mir jedoch stets ein Rätsel. Aber jeder, der schon mal stundenlang mit „Don't stop believing" durch eine Fußgängerzone lief oder bei Silvester nicht an Feuerwerk, sondern an Sandstürme denkt, dürfte mich verstehen. Ich war und bin ein Träumer.

Ich träumte davon, an meinem ersten Tag die gesamte Distanz von 450 Kilometern bis nach München zurückzulegen. Am Ende schaffte ich knapp 30. Außerdem träumte ich davon, dass der damalige Frühsommer noch etwas andauern würde. Drei Tage später fiel Schnee – *Let it snow*. Und ich träumte insgeheim von einem kleinen Zeichen. Ein Zeichen dafür, dass ich die richtige Entscheidung getroffen hatte.

Am nächsten Rastplatz fand ich eine auf kariertes Papier geschriebene Notiz, eingerollt und versteckt in einem morschen Holzbrett an einer der Rastbänke:

„Lieber Unbekannter, wir kennen uns zwar noch nicht, aber lass mich dir eines sagen. Du hast alles richtig gemacht. Es war richtig, die Menschen, die du liebst, zu Hause zurückzulassen. Es war richtig, deinen sicheren Job zu kündigen. Es war auch richtig, deine damaligen Gefühle für eine Freundin auf Grund deiner bevorstehenden Reise im Keim zu ersticken. Niemand nimmt dir deine Entscheidung übel. Die Abschiedsbriefe, die du vor wenigen Wochen unter Tränen für den schlimmsten aller Fälle geschrieben und im Vertrauen einem deiner Freunde gegeben hast, werden nie geöffnet werden. Wir beide werden uns entlang deines Weges kennenlernen und ihn zu unserem gemeinsamen Weg machen. Wir werden heiraten, unseren Kindern ungewöhnliche Namen geben und sie in Dinosaurierpyjamas in den Schlaf küssen. Ich werde dir einen deiner Jugendträume erfüllen und dabei zustimmen, unseren gemeinsamen Hund Galaktroton zu nennen. Mach dir keine

Sorgen. Ich werde dich zum glücklichsten Menschen der Welt machen und deine Suche beenden. Irgendwo in Südamerika. Irgendwo in einer kleinen Strandbar. "

Ich besann mich erneut auf meinen Daumen, während die Dauerschleife des Weihnachtssongs langsam leiser wurde. Nach insgesamt vier Stunden hielt das erste Auto meiner Reise an. Claudia, eine vierzigjährige Fahrerin, war die erste Person, die mich mitnahm. Die Falten am Rande ihrer großen Augen erzählten von einem glücklichen Leben. „Du hast alles richtig gemacht", bestärkte sie mich, als wir in Kaiserslautern anhielten. „Viel Erfolg auf deiner Reise." Ihre Wangen waren ebenso gerötet wie die meinen. Hätte sie mir damals nur ihre Telefonnummer gegeben. Ich hätte ihr gerne erzählt, zu welcher Reise ihre Entscheidung anzuhalten letztendlich geführt hatte.

Obwohl ich niemals wirklich eine in Holzplanken eingerollte Notiz fand, sollte das erste Zeichen nicht lange auf sich warten lassen. Ich bekam es eine Woche nach Beginn meiner Reise in Graz.

Sulzbach, 5. November 2019 – 19:07 Uhr

Spätestens nach dem ersten Applaus des Abends könnte ich mich auf der Bühne nicht wohler fühlen. Nach einer schnellen, interaktiven Aufwärmrunde, in der die Zuschauer abwechselnd mit gehobenen Armen auf meine Fragen antworten, spreche ich kurz über meine Vergangenheit und verschiedene Schlüsselmomente meines Lebens. Wegen der zeitlichen Limitierung meiner Show fällt dieser Block jedoch recht vereinfacht aus. Abgesehen von meiner äußeren Erscheinung, deren Veränderung sich als *Running Gag* fest in mein Programm etablieren ließ, spreche ich in meiner Show kaum über die Zeit vor meinen Reisen. Ich erzähle meinen Zuschauern nicht, dass ich früher weder selbstbewusst, noch abenteuerlustig war. Und auch nicht, dass mich vor nicht allzu langer Zeit der bloße Gedanke daran, auf einer Bühne zu stehen, vor Angst zum Zittern gebracht hätte.

Im selben Jahr, in dem mein Lieblingskinderfilm *„In einem Land vor unserer Zeit"* für den Saturn Award als bester Fantasyfilm nominiert wurde, erblickte ich das Licht der Welt. Mein Leben begann 1990 in einem saarländischen Krankenhaus. Das Saarland liegt im Südwesten Deutschlands, grenzt neben Frankreich auch an Luxemburg und ist laut Jan Böhmermann nur von Bauern und Kühen besiedelt – ist es übrigens nicht. Zumindest nicht nur. Wäre dies ein Jugendroman über das Erwachsenwerden, würde ich meine Kindheit folgendermaßen beschreiben: Sie verlief ähnlich wie die der meisten anderen deutschen Dorfkinder meiner Generation. Ich spielte im Wald, entwickelte eine *World of Warcraft*-Abhängigkeit und die einzige Frau, die mich täglich neben meiner Mutter und meiner jüngeren Schwester begrüßte, war die Stimme der AOL-Dame beim Einwählen in das Internet. Ich entdeckte meine Sexualität abwechselnd zu Shakiras und Christina Aguileras Musikvideos auf MTV und gab mein Taschengeld für Sammelkarten von japanischen Fantasiewesen aus. Es folgten der erste Liebesbrief, das erste gebrochene Herz und mit ihm auch die ersten Selbstzweifel. Im Jahr 2009 schloss ich meine Zeit am Gymnasium ab und wurde mit mehreren, hochwertig bedruckten, Papierblättern belohnt, die anschließend in den endlosen Tiefen meines Schreibtisches verschwanden. Da mich 13 Jahre Schule bestmöglich auf mein kommendes Leben vorbereitet hatten, ging es mir wie vielen anderen Abiturientinnen und Abiturienten: Ich hatte nicht die geringste Ahnung, was ich machen sollte. Da ich den Luxus genoss, im deutschen Mittelstand aufgewachsen zu sein und meine Schulnoten es zuließen, schloss ich ein Studium an. So konnte ich dem Wunsch meiner Eltern entsprechen, sie stolz machen und gleichzeitig das *Arbeiten müssen* möglichst lange hinauszögern. „Studiere etwas, mit dem du später viel Geld verdienen kannst." So würde ich meine damalige Idee beschreiben. War es überhaupt meine Idee? Zumindest war es die Idee, mit der mich unsere Gesellschaft aufwachsen ließ. Während meines Betriebswirtschaftslehre-Studiums in Kaiserslautern sollte sich folglich recht schnell herausstellen, dass ich meinen

Bachelor-Studiengang auch ohne nächtelanges Lernen zufriedenstellend abschließen konnte. In den Semesterphasen war ich fortan auf der Suche nach jeder auch nur ansatzweise zu rechtfertigenden Gelegenheit, Alkohol zu konsumieren. In der Klausurenphase wandelte sich diese Suche zu der nach Altklausuren und einer Möglichkeit, die in der Semesterphase zugelegten Pfunde wie ein Vorzeigestudent wieder abzutrainieren.

Ich war nicht abenteuerlustig, war nie wirklich gereist und hatte es grundsätzlich gemieden, Fremde, besonders Frauen, anzusprechen. Und ich wäre definitiv niemals auf die Idee gekommen, mich an die Straße zu stellen und zu trampen. Dies änderte sich nach und nach, als ich im April 2014 nach Australien flog. Ein organisiertes Auslandssemester läutete nicht nur meinen Masterstudiengang, sondern vor allem auch meine erste Reise ein. Ich versuche, Aussagen wie: „Dies war der erste Tag meines neuen Lebens" zu vermeiden. Schließlich war ich zu dem Zeitpunkt meiner Abreise 24 Jahre jung. Wer oder was hätte mir das Recht gegeben, mein Leben in alt und neu zu unterteilen. Neues beginnt immer im Alten. Was ich jedoch sagen kann, ist Folgendes: Meine Entscheidung, im Ausland zu studieren, hatte mein Leben in eine völlig unerwartete Richtung gelenkt.

Als ich in Australien landete, stellte ich überrascht fest, wie die Einheimischen in Brisbane bei 23° Celsius ihre Körper mit Mänteln bedeckten. Außerdem stellte sich schnell heraus, wie unzureichend vorbereitet ich war. Mein überhöhter Weinkonsum in Deutschland hatte mich zwar recht gut für die Trinkkultur in dem internationalen Wohnheim gestärkt, von allem anderen konnte ich dies jedoch leider nicht behaupten. Aber wie so oft im Leben war alles nur eine Frage der Zeit. Mit jeder Woche verbesserte sich mein Englisch, mit jedem Einkauf kam ich mit den australischen Selbstzahlautomaten besser zurecht, mit jeder überteuerten Packung Zigaretten rauchte ich weniger und mit jeder Frau, die mich *schön* nannte, baute ich mir nach und nach ein Selbstbewusstsein auf. Mein Semester in Australien verging wie im Fluge. Manchmal wünsche ich mir, die schlechten Phasen meines Lebens wären ähnlich schnell verflogen.

Im Anschluss an das viermonatige Semester brach ich nach Neuseeland auf, mietete mir einen ekelerregend grünen Camper, fuhr sämtliche „*Herr der Ringe*"-Drehorte ab und flog zurück nach Deutschland. Hier beendete ich mein Masterstudium, gründete eine eigene Firma und kaufte mir einen grünen Lamborghini. Dies war zumindest der Plan. Vielleicht hätte ich ihn auch genauso umgesetzt, wenn mich Neuseeland nicht vor ein großes Problem gestellt hätte. Nachdem das Auslands-BAföG nach Australien wegfiel, lebte ich von meinen geringen Ersparnissen und dem monatlichen Unterhalt meines Vaters. Dies war jedoch nicht ansatzweise genug, um Neuseeland auf normalem Wege zu bereisen. Glücklicherweise – ansonsten hätte ich sicherlich niemals meinen Daumen zur Fortbewegung genutzt. Ich hätte wohl nie bei Fremden übernachtet. Ich hätte mir mit Sicherheit niemals *Chile** auf meinen rechten Handrücken tätowiert und mich womöglich generell nie tätowieren lassen.

Statt zurückzufliegen reiste ich weitere sieben Monate durch Asien. Teilweise tat ich dies per Anhalter mit ausgestrecktem Daumen, meist bewegte ich mich jedoch mit angelegtem Daumen in öffentlichen Verkehrsmitteln fort. Ich veränderte mich während dieser Zeit stetig, ohne es zu bemerken. Rückblickend gab es nicht den einen Moment, sondern drei Begegnungen, die meine neue Idee vom Leben maßgeblich formten:

Erste Begegnung
Indonesien, September 2014

Die staubige Luft brannte auf meiner raucherprobten Lunge. Mikroskopisch kleine Staubpartikel sammelten sich in meinem Mundraum, verdickten sich gemeinsam mit Speichel zu einer zähen, goldfarbenen Substanz und drückten

---

* *Nach meiner ersten Reise suchte ich nach einer extremen Tramproute. Ich entschied mich dazu, von „ganz oben" nach „ganz unten" zu trampen. Von Nordkanada nach Südamerika. Ich ließ mir mein Ziel als eine Art Versicherung auf die Hand tätowieren. Ich wollte mich jeden Tag an meinen Traum erinnern und sicherstellen, dass ich ihn nie wieder vergessen würde.*

sich in einer eleganten Spuckgeste durch meine Lippen in Richtung des Schotterbodens von Java. Nachdem ich mir etliche T-Shirts mit hellgelben Streifen verziert hatte, war ich mittlerweile geübt im Spucken. Vermutlich die einzige Eigenschaft, die mein damals *nicht tätowiertes Ich* mit einem Profifußballer geteilt hatte. Meine Schritte führten mich langsam entlang eines zertrampelten Fußweges und stoppten abrupt, als plötzlich ein älterer Mann vor mir stand. Sein Gesicht war vom Leben gezeichnet. Markante Wangenknochen, sonnengebräunte Haut und eine mit Muttermalen übersäte rechte Gesichtshälfte. Er stand vor einem halb zerfallenen, kleinen Haus. Er stand vor seinem Zuhause. Es folgte eine winzige, nette Geste. Er streckte seine Hand nach mir aus und ich ergriff sie. Wir pressten unsere Handinnenflächen für mehrere Minuten aneinander, sahen uns gegenseitig an und lachten. Er wirkte glücklich. Er wirkte glücklicher als die meisten Menschen, die ich von zu Hause kannte. „Wie kann ein Mann, der vor den Trümmern seines Hauses auf der Straße sitzt, so glücklich wirken?", fragte ich mich, während der Druck seiner Hand immer kräftiger wurde.

Nach meinem Verständnis war Glück sehr eng mit Geld, Erfolg und Sicherheit verknüpft. Ich war ein junger Mann, der das kostbare Privileg hatte, in Deutschland geboren zu sein. Ich hatte das Privileg, Glück derart definieren zu dürfen. Was bedeutete also Glück? Der weise Mann ließ von meiner Hand ab und reichte mir einen gefalteten, handbeschriebenen Zettel, auf dem ich eine schemenhafte Karte mit gestrichelten Pfeilen und Landkonturen fand. „Hier findest du den Ort, an dem das Geheimnis des Glücks verborgen liegt."

Ich folgte den Instruktionen seiner Karte und trampte zum Hafen Jahabor, dem größten Ankerplatz Javas. Dort verbrachte ich mehrere Abende damit, mit der Trinkgeschwindigkeit verschiedener Kapitäne Schritt zu halten und so ihr Interesse zu wecken. Schließlich fand ich einen jungen Mann, der meinen abenteuerlichen Reiseplänen zustimmte und mit mir die geheime Insel finden wollte. Sein Name war Till Wurner. Auch er war auf der Suche nach dem Glück und konnte nach einem einjährigen Selbstexperiment in Jahabor ausschließen, dass es sich am Boden einer Rumflasche finden ließ. Gemeinsam mit den ersten

Sonnenstrahlen stachen wir am nächsten Morgen in See und folgten der Karte des älteren Mannes. Wir segelten vorbei an den Felicipinen, orientierten uns nachts am umgedrehten Schubkarren, ein oft fälschlicherweise als großer Wagen gedeutetes Sternenbild, und landeten letztendlich auf der geheimen Insel Venefortuna, wie sie auf der Karte des älteren Mannes betitelt wurde. Meine schwarzen Haare wehten geschützt von einem rotverblichenen Bandana im stürmischen Wind des alt-antiken Ozeans, der kurz als Altantik* bezeichnet wurde. Till und ich waren das perfekte Team. Ohne Tills Alkohol- und mein Tabakproblem hätte es unsere abenteuerliche Reise vielleicht sogar eines Tages als Disneyfilm auf die Leinwände der Kinos dieser Welt geschafft. Nachdem wir vor der Küste Venefortunas unsere Anker geworfen hatten, begannen Till und ich damit, die Insel zu erkunden. Der Weg zum Inneren von Venefortuna wurde jedoch nur denen gewährt, die sich vorher als würdig erwiesen. Wir mussten uns einer Prüfung unterziehen, in der wir auf insgesamt 16 Fragen aus aller Welt die korrekte Antwort geben mussten: Wie lange müssen Frauen in Israel Wehrdienst leisten? Wie lautet der deutsche Begriff für den Digestif? In welchem Land leben die meisten Kanis? Wie lautet das Adjektiv zu Estland? Wie wird der Altantik in der heutigen Zeit fälschlicherweise genannt? Wo liegt im südlichen Afrika inmitten einer Wüste eine alte Badewanne?

Es folgten neun weitere Fragen, bis uns nur noch ein Wissenstest von dem Bestehen der Prüfung trennte. In welchem Jahr begannen die Jugoslawienkriege? Ich konnte sämtliche Fragen dank verschiedener Erlebnisse auf meiner Reise richtig beantworten und so öffnete sich eine geheime Tür, die uns vor eine pompöse Steinwand führte. Mein Blick fiel auf ein in Terrakotta gemeißeltes Scrabble-Spielfeld samt der dazugehörenden Buchstaben. Das letzte Rätsel und somit die letzte Hürde, die Till und mich von dem größten Geheimnis der Menschheit trennte. Auf der Steinmauer befanden sich alte ägyptische Malereien.

Im Laufe der Jahre wurden durch eine Mischung aus falschen Überlieferungen und undeutlichen Aussprachen der 2te und 3te Buchstabe vertauscht, wodurch der Altantik heutzutage als Atlantik bekannt ist.

Sie ähnelten den Silhouetten von sechs verschiedenen Dinosauriern. Als großer *Jurassic Park*-Fan konnte ich diese intuitiv beim Namen nennen. Ein *Megalosaurus*, ein *Brontosaurus*, ein *Iguanodon*, ein *Liliensternus*, ein *Stegosaurus* und der schönste aller Dinosaurier: ein *Triceratops*. Ich kehrte in mich und durchforstete meinen Hippocampus nach des Rätsels Lösung. „Sechs verschiedene Dinosaurier … vielleicht muss ich abstrakter denken … vielleicht … ist es die Zahl 6!" Der sechste Buchstabe jeder Antwort, die ich zuvor auf die 16 Fragen der Menschheit gegeben hatte. Ich grübelte … D… U… Ich verzweifelte … N … S … T … Ich wurde fast wahnsinnig … A … aber ich erinnerte mich.

DUNSTABZUGSHAUBE

Während ich zusammenrechnete, wie viele Punkte mir dieses Wort bei einem regulären *Scrabble*-Spiel eingebracht hätte, ertönte ein lautes Krachen. Die Steinwand schob sich auseinander, ein kräftiger Windstoß beförderte uns auf den Boden und ein gleißender Lichtstrahl fand seinen Weg in meine nun zusammengepressten Augen. Der deutsche Synchronsprecher von Nicolas Cage trat aus der offenen Wand hervor und legte die amerikanische Unabhängigkeitserklärung beiseite. Er nickte anerkennend, gratulierte uns zur größten Entdeckung aller Zeiten und streckte mir seine Hand entgegen. Ich ergriff sie mit einem beherzten Händedruck, richtete meinen Oberkörper auf, stieß mir den Kopf an der oberen Etage meines quietschenden Hochbettes und schrie „24 Punkte!"

Vermutlich wird Venefortuna niemals entdeckt werden und möglicherweise sollte ich diese Tatsache um das Adverb *glücklicherweise* ergänzen. Woher würde man schließlich wissen, dass man glücklich ist, wenn man immer glücklich wäre? Ich versuche mittlerweile auch den weniger glückbehafteten Tagen meines Lebens etwas Gutes abzugewinnen. Schlechte Dinge geschehen. Aber sie lenken auch meist unsere Aufmerksamkeit auf die schönen Dinge, denen wir zuvor nicht genug Beachtung geschenkt haben.

Ich konnte den warmen Händedruck des älteren Mannes aus Java auch Tage später noch spüren. Obwohl ich ihn nie fragen konnte, warum er so glücklich schien, ließ mich dieser Händedruck meine Definition von Glück in Frage stellen. Er ließ mich meine Idee von einem glücklichen Leben überdenken.

Zweite Begegnung
Japan, Juni 2015

Als ein grauer Mitsubishi SUV an einer Autobahn in Japan anhielt, konnte ich die Wärme der japanischen Kleinfamilie vom ersten Moment an spüren. Joki, der Fahrer des Wagens, wischte sich seine schwarzen Locken aus dem Gesicht und legte die Hand sanft in den Schoß seiner wesentlich jüngeren Frau. Zumindest wirkte sie auf mich wesentlich jünger. In meiner Vorstellung alterten asiatische Frauen zwischen ihrem zwanzigsten und fünfzigsten Lebensjahr äußerlich nicht und verwandelten sich an ihrem 51. Geburtstag über Nacht schlagartig in eine ältere Dame. Während sich die beiden Erwachsenen auf japanisch unterhielten, versuchte ich ihre Tochter auf dem Rücksitz mit Kartentricks und anderen Magievorführungen zu begeistern. „Daniel, du kannst heute Abend bei uns schlafen. Wir fahren morgen weitere 300 km in Richtung Norden und können dich gerne mitnehmen", sagte Joki. Ich stellte mir vor, wie diese drei herzlichen Menschen wohl lebten. Ich erwartete Wohlstand: Ein großes, modern ausgestattetes Haus mit schönem Garten, kleinem Spielplatz und einem Hochbett mit Rutsche für ihre Tochter. Auch die Tatsache, dass sie mich später in ein teures Sushi-Restaurant einluden, bestärkte meine Vermutung. Als wir abends in ihrer Wohnung ankamen, musste ich jedoch feststellen, dass ich falscher nicht hätte liegen können. Sie hatten eine winzige Wohnung, und es herrschte ein riesiges Chaos. Meine ersten Eindrücke von Menschen spiegelten damals oft ein sehr gegensätzliches Bild von der Realität wider. Daher wurde mir während meiner Reise immer deutlicher bewusst, wie wichtig es war, erste Eindrücke niemals zu Vorurteilen werden zu lassen.

Wegen der kleinen Wohnung fiel eine Sache besonders ins Auge: Überall lagen Spielsachen. Während ich versuchte, von meinen Eindrücken nicht erschlagen zu werden, hielt mir das junge Mädchen bereits stolz ihren Hamster vors Gesicht. Man konnte die Liebe der Eltern zu ihrer zehnjährigen Tochter nicht nur spüren, sondern auch deutlich sehen. Mir wurde das Kinderbett in ihrer Dreizimmerwohnung angeboten und das junge Mädchen schlief im Bett ihrer Eltern.

Im Kinderzimmer begegnete mir die japanische Katze Hello Kitty in allen erdenklichen Variationen: Ein pinkes Piano mit Katzenpfoten statt Tasten, eine Hello Kitty-Spielzeug-Küche und unzählige Stofftiere. Selbst das Bett, aus dem meine Gliedmaßen in sämtliche Himmelsrichtungen mindestens 20 Zentimeter überstanden, war mit Bettzeug der japanischen Katze bezogen. Ich schaute erneut auf das Regal mit den Kuscheltieren, und je länger ich die verschiedenen Katzen ansah, umso mehr bemerkte ich, dass eine bestimmte Hello Kitty fehlte. Ich selbst war zwar kein großer Fan der Katze, trug aber dennoch in den Tiefen meines Rucksacks eine Plüschtier-Hello Kitty-Geisha umher. Ich hatte sie als Geschenk für eine Freundin aus Deutschland gekauft. Bevor ich schlafen ging, durchsuchte ich meinen Reisebegleiter und stellte das Hello Kitty-Plüschtier zu den anderen in das Regal. Ich wusste nicht, ob die Familie jemals von meinem Geschenk erfahren würde. Hätte ich ihnen davon erzählt, hätten sie es niemals akzeptiert. Aber es spielte auch keine Rolle. Ich war mir sicher, dass das kleine Mädchen das Stofftier irgendwann finden und sich lächelnd ausmalen würde, wie ihre Hello Kitty-Stofftiere eine neue Geisha-Freundin eingeladen hatten.

„Es tut mir leid, Anika, aber ich habe deine Hello Kitty in einem japanischen Kinderzimmer zurückgelassen", schrieb ich meiner deutschen Freundin und stieß zunächst auf Verärgerung, später jedoch auf Verständnis. Es war ein unfassbar schönes Gefühl, diese japanische Katze zu verschenken. Vielleicht hatten sich Joki und seine Familie ähnlich gefühlt, als sie mich zum Essen und zu sich nach Hause einluden.

Ich hatte das Bedürfnis, etwas zurückzugeben und lernte, wie gut es sich anfühlt, dies zu tun.

Die grauen Teppichböden auf japanischen Fähren waren unverhofft bequem. Als wir gegen Mitternacht im Norden Japans anlegten, versuchte ich, als erster Passagier das im Wellengang schaukelnde Schiff zu verlassen, um an der Straße meinen Daumen zu heben. Ich hoffte, eines der Fahrzeuge anhalten zu können, da alles andere eine Nacht in meinem ungemütlichen Zelt bedeutet hätte. Ich seufzte erleichtert, als das letzte Fahrzeug der Fähre neben mir zum Stehen kam. Es war ein kleiner Bus, der von einer ecuadorianischen Musikband bewohnt wurde. Die einzelnen Bandmitglieder erinnerten mich an Antonio Banderas, die Blues Brothers, Enrique Iglesias und den Vater von Enrique Iglesias, abgesehen davon, dass die genannten Personen alle keine Ecuadorianer waren. Ich begleitete die sechs Männer und ihre japanische Tour-Managerin auf verschiedene Konzerte und lauschte für mehrere Tage gleichermaßen interessiert und amüsiert ihrer spanischen Flöten-Salsa-Musik. Als wir auf dem Weg zur Hauptstadt Tokio erneut die Fähre, dieses Mal von Hokkaido in Richtung Süden, nahmen, stand ich nachts mit Julio an der Reling des riesigen Schiffes. Wir wussten, dass wir an diesem Ort nicht rauchen durften, und dennoch versuchten wir unsere Schlaflosigkeit mit Zigaretten zu therapieren. „Weißt du, Daniel", sagte er mit einer ruhigen, dunklen Stimme, „das Leben ist verrückt." Das Ende meiner Zigarette glühte in einem kräftigen Rot. „Ja", antwortete ich, während sich der Rauch langsam aus meinen Lungenflügeln presste, „das ist es in der Tat." Mehr musste an diesem Abend nicht gesagt werden. Stattdessen genossen wir die angenehm salzige Meeresbrise und beobachteten die immer kleiner werdenden Lichter am Horizont. Irgendwann waren sie verschwunden.

Nachdem ich gemeinsam mit der Band in Tokio ankam, traf ich sie zum zweiten Mal: Eine Lehrerin aus Hong Kong, die mir seit unserem ersten Treffen wenige Wochen zuvor nicht mehr aus dem Kopf gehen wollte. „Hast du mal Feuer?", fragte mich die damals Unbekannte mit einem charmanten Lächeln auf einer Brücke in Osaka.

Der Schnitt ihres schwarzen Abendkleides offenbarte ein dezentes Tattoo in Brusthöhe. Es setzte sich aus den beiden kursivgeschriebenen Buchstaben „*am*" zusammen, und obwohl ich es zum damaligen Zeitpunkt nur vermuten konnte, war ich mir sicher, dass es sich hierbei nicht um eine Zeitangabe handelte. „Klar", antwortete ich, wohlwissend, dass Menschen in eleganten Abendoutfits eine Person des anderen Geschlechts auf einer Brücke voller Menschen selten grundlos nach Feuer fragen. „Was hast du heute Abend noch geplant?", fragte ich sie. Anschließend machten wir uns gemeinsam mit zwei Australiern, die ich ein paar Tage zuvor kennengelernt hatte, auf den Weg in eine beliebige japanische Bar.

„In Hong Kong mussten wir uns in der Grundschule selbst einen englischen Namen geben. Ich hasste es. Daher habe ich mir den Männernamen Andie ausgesucht", erklärte sie. Ich traf übrigens im Laufe meiner weiteren Reise sowohl eine Cinderella, als auch eine Winnie aus Hong Kong. Andie war wohl nicht die einzige, die mit der gezwungenen Wahl eines westlichen Namens nicht d'accord* war.

Die 25-jährige Asiatin, deren braungebrannte Haut ihre Liebe zum Meer nicht verbergen konnte, war spontan, lustig und auf eine angenehme Art sowohl frech, als auch vorlaut. Sie hatte eine Aura, die sämtliche Menschen in ihrer Umgebung ihre Sorgen vergessen ließ. „Es tut mir leid, aber ich habe meinen Ausweis im Hotel vergessen", offenbarte Andie, als wir gemeinsam in einen der Nachtclubs wollten. „Ich habe da einen Führerschein, auf dem ich 16 Jahre alt bin und lange Haare trage. Wir können es gerne versuchen", schlug ich spaßeshalber vor und drückte ihr besagtes Dokument, auf dem ein uraltes Schwarz-Weiß-Bild von mir gedruckt war, in die Hand. Da die japanischen Türsteher mit westlichen Buchstaben anscheinend wenig an-

---

* Eine wunderschöne Art, jemandem sein Einverständnis mitzuteilen. Meine Liebe für derartige Ausdrücke hat nichts mit der französischen Sprache selbst zu tun, sondern eher mit meinem fragwürdigen Sinn für Humor. Ich mag es, pathetische Wörter wie beispielsweise „pathetisch" zu nutzen und so sowohl eloquent, als auch wie ein riesiger Idiot zu wirken.

fangen konnten und die junge Asiatin so wirkte, als würde sie niemals jemanden anlügen, tanzten wir wenig später gemeinsam inmitten von strahlenden Lichtern. Wir tanzten, bis wir uns im Laufe des Abends verloren. Manchmal frage ich mich, was wohl passiert wäre, wenn sie mir an diesem Abend nicht frühzeitig ihre Handynummer gegeben hätte. Ich hätte sie wohl nie wiedergesehen und womöglich wäre ich niemals zu meiner zweiten Reise aufgebrochen.

Am Tag darauf traf ich mich mit Andie zu einem gemeinsamen Abendessen. Sie erwähnte beiläufig, dass sie sich seit mehreren Jahren in einer festen Beziehung befand und mir blieb beiläufig das Essen im Hals stecken. An diesem Tag hatte sie ihr elegantes Kleid gegen ein bauchfreies Batikshirt und eine kurz geschnittene Jeans eingetauscht. Ein paar Stunden später standen wir auf einer Aussichtsplattform in Osaka und schauten aus der Ferne dabei zu, wie irgendwo jemand Raketen in den Himmel schoss. In genau diesem Moment sagte ich etwas, das meine darauffolgenden zwölf Monate maßgeblich verändern sollte.

„Schade, dass du einen Freund hast", flüsterte ich in Richtung des dunklen Himmels, „sonst würde ich dich genau jetzt küssen." Wenige Augenblicke später trafen sich unsere Lippen. Wie vermutet, hatte sie mich nicht grundlos um Feuer gebeten. Auch meine zweite Vermutung, dass es sich bei „am" nicht um die Abkürzung von *ante meridiem* handelte, bestätigte sich im Laufe des Abends. Später, als ich ihr buntes Oberteil auszog und die restlichen Satzbausteine unter ihrer linken Brust berührte. „I am what I …" Es war keine gute Idee, sie in mein Zimmer einzuladen. Es war auch keine gute Idee, sie in Tokio ein zweites Mal zu treffen. Und es war sicherlich die dümmste aller Ideen, die letzten zehn Tage meiner Reise gemeinsam mit ihr und ihrem Partner auf einer kleinen Insel in Hongkong zu verbringen, um sie so ein drittes Mal zu treffen.

„Einmal pro Schuljahr tragen ich und alle meine Schüler Superheldenkostüme", erzählte sie, „so will ich den Kindern zeigen, dass sie alles sein können, was sie sich erträumen." Es war dieser Satz, der dafür sorgte, dass ich mein Herz verlor. Er sorgte dafür, dass ich mir keine Gedanken darüber machte, was richtig und was falsch war, sondern nur noch im Moment lebte.

Mittlerweile nannte ich Andie bei ihrem richtigen Namen Lok Ling und wir träumten von einer gemeinsamen Zukunft. Wir fühlten uns wie Superhelden und konnten alles sein, was wir wollten. Vielleicht sogar ein glückliches Paar. Fünf Monate nach unserem ersten Treffen verbrachten Lok und ich im Februar 2016 unseren ersten gemeinsamen Urlaub als offizielles Paar in Deutschland und versprachen uns den Himmel mit Augen, die nicht lügen konnten. Weitere zwei Monate später flogen wir gemeinsam nach Sri Lanka und sie trennte sich von mir mit Augen, die leider doch die Kunst des Lügens beherrschten. Ich fand später heraus, dass sie sich zum Zeitpunkt unserer Trennung bereits erneut in einer Beziehung mit ihrem damaligen Freund, den sie zuvor mit mir betrogen hatte, befand. Zwei Jahre später verlobten sie sich.

„Du, Daniel", sagte Lok Ling damals, als sie in Hong Kong mit ihrem Kopf auf meiner Brust lag, „manchmal frage ich mich, was passieren würde, wenn ich mit dir zusammen wäre. Vielleicht würden wir die Welt zusammen entdecken, gemeinsam eine Strandbar eröffnen und diese Bar Hakuna Matata nennen." Ich war ihre Flucht aus dem Alltag, ihr kleines Schlupfloch aus der Realität. Eine aufregende Versuchung, die letzten Endes doch nicht groß genug war.

Erst Jahre später, am 5. November 2019, dem Tag, an dem sich Beatrice von mir trennte und ich in Sulzbach auf der Bühne stand, sollte ich erneut von Lok Ling hören. Sie schrieb mir wenige Stunden vor dem Beginn meiner Show eine Nachricht. „Ganz gut soweit. Und wie geht es dir?", antwortete ich Lok. „Es geht so, ich habe meine Verlobung aufgelöst."

Am Ende hatten wir wohl beide das bekommen, was wir verdienten. Das Schicksal kann ein betrügerisches Miststück sein. Gelegentlich beweist es aber durchaus Humor.

Als Lok und ich uns damals kennenlernten, war ich bereit, all meine Pläne für die Liebe zu ändern und neue Wege zu gehen. Ich plante, nach Hong Kong zu fliegen, um dort mit ihr zu arbeiten. Wir wollten Geld verdienen, um so gemeinsam auf Weltreise zu gehen und irgendwann eine Strandbar eröffnen zu können. Genauso, wie wir es uns erträumt hatten. Obwohl letzten Endes zwar alles ganz anders kam, gab es zwei Dinge, die ich durch unsere Begegnung gelernt hatte: Zum einen schwor ich mir, nie wieder gegen meine Moralvorstellungen zu handeln, und zum anderen wurde mir bewusst, welch weiten und steinigen Weg ich bereit war, für die Liebe zu gehen.

Sulzbach, 5. November 2019 – 19:09 Uhr

„Ich kam im August 2015 von meiner ersten Reise zurück und wollte nicht weiter studieren. Stattdessen fand ich einen Job als Betriebswirt in der Buchhaltung eines großen Wohnmobilhändlers und arbeitete dort für insgesamt 14 Monate. Ich verwaltete die Finanzen der Firma, trug große Verantwortung, verdiente gutes Geld und hatte viel Spaß. Irgendwie hatte mir aber dennoch irgendetwas gefehlt. Daher kündigte ich und brach zur Reise auf, über die ich euch heute Abend mehr erzählen werde," erkläre ich den heutigen Zuschauern. Letztlich beruhte meine Entscheidung vielleicht wirklich nicht auf viel mehr als einem Bauchgefühl. Dennoch dauerte es mehrere Monate, bis ich den Mut fand, in das Büro meines Chefs zu gehen und zu kündigen.

Deutschland, September 2016

Meine Stiefeletten knarrten abwechselnd auf den Holzstufen der Firma, für die ich arbeitete. Es war ein denkbar unangenehmer Gang. Obwohl ich davon überzeugt war, das Richtige zu tun, gab es einen Teil in mir, der mich zwanghaft vom Öffnen dieser Tür abhalten wollte. Es war der Teil, der sich nach Sicherheit und einem geregelten Leben sehnte und somit den Konterpart meiner mittlerweile sonst so abenteuerhungrigen Seele darstellte. Während ich dem Büro immer näherkam, dachte ich an einen meiner Kollegen, dem ich bereits einen Tag zuvor von meinen Plänen erzählt hatte. „Hast du denn keine Angst um deine Altersversorgung?", fragte er mich spontan. Der Gedanke daran, dass mein Kollege anscheinend hauptsächlich arbeitete, um in einem Alter finanziell abgesichert zu sein, das er womöglich niemals erreichen wird, stimmte mich sehr nachdenklich. Nachdenklich und schließlich traurig. „So möchte ich nie werden", wiederholte ich innerlich. Wie ein Versprechen, das ich mit jeder Wiederholung etwas tiefer in meine Schädeldecke meißelte. Der Grund, weswegen ich mit schlotternden Knien und meiner Kündigung unterwegs in das Büro meines Bosses war, hatte zwar immer etwas mit dem Reisen zu tun, drehte sich jedoch fünf Monate zuvor im April 2016 um ungefähr 143°. Und zwar genau damals, als sich Lok Ling gegen mich und somit für ihren Ex-Freund entschieden hatte. Aus „Ich fliege nach Hong Kong, um der Liebe eine Chance zu geben" wurde „Ich habe den Gedanken des erneuten Reisens lieben gelernt – auch ohne die große Liebe." Der Funke unserer Liebe war zwar erloschen, aber bevor dies geschah, wehte er im Schutze der Dunkelheit vorbei an längst verblühten Traumfeldern und nie gepflückten Sonnenblumen. Am Ende ließ er sich sanft auf einem verdorrten Grashalm nieder und entfachte ein neues Feuer. Zwar nicht das Feuer, das ich mir wünschte, aber ein Feuer, nach dem ich unbewusst schon lange gesucht hatte. Es war das Feuer des Aufbrechens, das in mir immer stärker brannte und mich die Bürotür meines Chefs öffnen ließ.

„Ich möchte kündigen", sagte ich mit einer gleichermaßen verunsicherten und überzeugten Stimme. „Weißt du, Daniel, ich würde dich zwar gerne hierbehalten, aber ich weiß, dass man jemanden mit solch verrückten Ideen mit keinem Geld dieser Welt umstimmen kann", sagte mein Boss, nachdem er das Feuer in mir erkannt hatte. „Gute Reise – und falls das mit deiner Strandbar klappt, werde ich irgendwann vielleicht einmal für dich arbeiten", verabschiedete er mich lachend und kopfschüttelnd.

Ich verließ das Büro, sprang elegant auf das stählerne Geländer, rutschte zurück ins Erdgeschoss und landete sicher in einer einem Skispringer ähnelnden Pose. Mit einer gekonnten Drehbewegung riss ich mir mein Hemd vom Oberkörper und offenbarte ein David Hasselhoff-T-Shirt mit der Aufschrift: *I've been looking for freedom.*

Das reale Verlassen des Büros lief wesentlich introvertierter ab. Mir fiel eine riesige Last vom Herzen, nachdem ich mich entschieden hatte, meinem Bauchgefühl zu folgen. Dennoch stellte die Angst um die Richtigkeit meines Vorhabens ein mit der Zeit immer schwerer werdendes Gegengewicht dar. Mir halfen Optimismus und der Glaube daran, dass Dinge aus einem gewissen Grund geschehen.

Sulzbach, 5. November 2019 – 19:13 Uhr

Während ich ungeduldig zwischen den beiden Bühnenseiten hin und her schreite, erkläre ich zum Einstieg ein paar englische Wörter. Ich freue mich bereits darauf, in wenigen Minuten endlich mit meiner ersten Reiseetappe zu beginnen. „Bevor wir mit der Reise starten, will ich noch kurz über etwas reden, das ich ansonsten womöglich vergesse: Geld. Wie habe ich meine Reise finanziert? Ich hatte beim Arbeiten in Deutschland etwas Geld angespart und war sehr sparsam unterwegs. Ich kann euch keine genauen Zahlen nennen, aber ich schätze, dass ich ohne die gelegentlichen Flug- und Visakosten im Schnitt von 100 Euro im Monat gelebt habe. Und dennoch hatte ich nie das Gefühl, auf etwas zu verzichten. Außer bei den Zigaretten in Norwegen, aber dazu später mehr. Beginnen wir mit der ersten Etappe meiner Reise.

Wie ihr euch sicher vorstellen könnt, gibt es ein paar Dinge, die man beim Trampen als Beifahrer nur ungern gefragt werden möchte. ‚Könntest du bitte deine Hose ausziehen, die lenkt mich nämlich vom Autofahren ab?‘ ‚Fandest du das Serienfinale von *Game of Thrones* auch richtig gut?‘, oder ‚kannst du dein Handy bitte ausschalten?‘ Letzteres wurde ich von meiner Mitfahrgelegenheit nach München gefragt.“

ETAPPE 1

Deutschland, April 2017

„Du sollst hier warten, jemand will dich mitnehmen", sagte die junge Reinigungskraft, nachdem ich mich in einem mintgrünen Toilettenhäuschen an einer Raststätte erleichtert hatte. Während ich auf den Unbekannten wartete, dachte ich über meine vorherige Mitfahrgelegenheit nach. Der kahlköpfige Fahrer erzählte mir viel von seiner Reise durch Kanada. Er erzählte von einer längst vergangenen Zeit, in der er beim Trampen fast von einem Berglöwen gefressen worden war. Zu meiner Überraschung schüchterten mich derartige Geschichten nicht ein, sondern ließen mein Herz vor Aufregung immer lauter schlagen. Ich fragte mich, welche Geschichten ich wohl später einmal erzählen werde.

„Bist du dir sicher, dass jemand kommt?", fragte ich den Mann am Toilettenhäuschen erneut. „Ja, warte", antwortete er. Ich schaute über die Raststätte und bemerkte unzählige Reisebusse mit chinesischen Schriftzeichen. Sie ließen mich erahnen, dass ich München langsam näherkam.

Wenig später kam Olafs Auto neben mir zum Stehen. „Ich habe gesehen, dass du trampst, und ich will dich mitnehmen. Ich nehme dich mit nach München." Er fuhr einen alten, silbernen Hyundai, dessen Rücksitz mit leeren Bierdosen gepflastert war. Mein skeptischer Blick in Richtung des Pfandparadieses blieb nicht unbemerkt. „Ich habe meine Tochter in Frankreich besucht. Dort gibt es kein Dosenpfand, daher habe ich die Dosen jetzt im Auto, um sie in Deutschland zurückzugeben." Ich stieg ein.

„Du kannst gerne mitfahren, aber nur unter zwei Bedingungen", begann Olaf, während wir langsam in Richtung Autobahnauffahrt rollten. „Zuerst musst du auf Facebook einen meiner Freunde suchen, der sieht exakt so aus wie du." Ein paar Klicks später landete ich also auf dem Profil besagter Person. Ein Mann mit Bart und Männerdutt, der mir abseits dieser drei Merkmale nicht hätte unähnlicher sein können. Es war interessant mitanzusehen, wie man als Mann mit langen Haaren und Bart auf Fremde äußerlich oft identisch wirkte. Fast so, als würden wir Europäer behaupten, dass alle Asiaten gleich aussehen und sich an ihrem 51. Geburtstag über Nacht schlagartig in eine ältere Person verwandeln. „Ja, die Ähnlichkeit ist tatsächlich verblüffend", log ich.

Ich versuchte für gewöhnlich Lügen zu vermeiden, machte aber stellenweise Gebrauch von zwei Typen der Unwahrheit. Eine davon nannte ich *die Lüge eines Beifahrers* und sie vereinfachte das Leben als Tramper meist enorm. Ich konnte durch sie Diskussionen vermeiden, die für niemanden ein zufriedenstellendes Ende genommen hätten. So antwortete ich beispielsweise beim Trampen in den christlichen Ländern Afrikas auf die Frage „Wie oft gehst du in die Kirche?" mit „Mindestens einmal pro Woche." Hierdurch konnte ich einem ausführlichen Gespräch über Bibelverse entgehen. Die zweite Art der Unwahrheit, die ich gelegentlich nutzte, bezeichnete ich selbst als *Wohlfühllüge*. Diese erkläre ich meistens mit Hilfe von einem Satz, den ich und sicherlich viele andere auch schon unzählige Male gehört haben: „Ach wie schön, normalerweise lässt sich mein Hund nicht von Fremden streicheln." Ich stelle mir insgeheim vor, dass es sich hierbei in 82,4 Prozent der Fälle um eine Lüge handelt, um so die streichelnde Person glücklich zu machen.

„Okay, nun musst du dein Handy ausschalten", fuhr Olaf fort. Meinen Versuch, seine Bitte mit einem eingeschalteten Flugmodus abzuschmettern, lehnte der schlanke, hoch gewachsene Mann kategorisch ab. „Flugmodus reicht nicht. Die Amerikaner steuern unsere Gehirne über die Funkwellen, die unsere Handys aussenden. So kontrollieren sie unsere Gedanken und unser Handeln." Ein legitimer Grund, der in meinen Augen jegliche Diskussion überflüssig machte. „Ich bin vor ein paar Jahren umgezogen und wurde Alkoholiker. Ich saß den ganzen Tag an meinem Computer, schrieb an meinem Buch und trank Alkohol. Ich wusste einfach nicht, warum." Olaf war Schriftsteller und kurz davor, einen alles verändernden Roman zu veröffentlichen. Er war außerdem kurz davor, die Ursache seines Alkoholproblems mit mir zu teilen. „Aber irgendwann fand ich es heraus. In der Nähe meiner Wohnung gab es einen riesigen Funkmast, durch den die Amerikaner mich kontrollierten, mich klein hielten und mich zum Alkoholiker machten. Ich zog um und war geheilt." Ich erinnerte mich an *die Lüge eines Beifahrers,* nickte verständnisvoll und gab Olaf Recht: „Stimmt. Funkmasten sind absolut gefährlich." Ich versteckte mein Amüsement hinter einer eisernen Miene. Ein Grundattribut, das jedem Tramper früher oder später sehr nützlich sein wird. Aber selbst einem alteingesessenen Beifahrer wie mir gelang dies nicht immer. Beispielsweise als ich in Albanien auf einem Beifahrersitz unterwegs war und mein Fahrer auf seiner Playlist die folgenden Songs in exakt dieser Reihenfolge abspielte:

50 Cent – Candy Shop/Manowar – Warriors of the world/Frank Sinatra – Fly me to the moon

Den Rest unserer dreistündigen Fahrt nutzte Olaf dazu, ganz ohne die Funkwellen meines Handys, aus seinem zukünftigen Bestseller zu zitieren. Er tat dies in einer Art und Weise, die mich davon überzeugte, dass Olaf in einem seiner früheren Leben ein weltbekannter Freiheitskämpfer gewesen sein musste. Ich sah ihn bildlich vor mir. Sein giraffenartiger Körper stand in Camouflage gehüllt auf einer riesigen Bühne im hinteren Ende einer alten, mit Fahnen behangenen Bahnhofshalle. In seinen Händen hielt er eine faltenfreie, im künstlich erzeugten Wind wehende Che Guevara*-Flagge.

„Es ist Zeit, uns zu erheben. Zu lange haben wir dabei zugesehen, wie wir von oben kontrolliert werden. All diese Printmedien steuern uns. Die Medienmogule lenken unsere Gedanken und bringen uns dazu, ungesunde Nahrungsmittel von dubiosen Großkonzernen, die mit unheimlichen Clownsmaskottchen werben, zu verschlingen." Jeder Zuschauer reißt seine Faust nach oben, als würden sie Goethe Tribut zollen. „Irgendwann in der Zukunft wird es noch schlimmer werden! Wir werden komische Geräte in unseren Hosentaschen tragen, die uns nicht nur vorbei an jedem Stau führen und uns zur jetzigen Zeit

---

* Als Kind war ich mir sicher, dass dieser Mann eines der bekanntesten Models oder ein Pullover-Designer sein musste. Später fand ich heraus, dass er Anführer der Rebellenarmee in Kuba war. Er trug keine Designerkleidung, sondern stattdessen eine Revolution.

noch unbekannte vegane Gerichte miteinander teilen lassen werden, sondern auch unsere Gehirne durch Funkwellen steuern." Die Menge tobt. „Ein gewisser Herr Salztal wird uns täglich, zum Preis unserer Privatsphäre, an sämtliche Geburtstage von Freunden erinnern und ein Onlinehändler wird im Alleingang dafür sorgen, dass der Frauenname Alexa ausstirbt." Die Menge ist erzürnt. „Bill de la Pforte wird als Zwangsimpfstoff getarnte Mikrochips in unsere Haut pflanzen", ein empörtes Raunen ertönt, „am Ende werden uns diese Funkwellen sogar dazu bringen, unqualifizierte Hotelkettenerben zum Präsidenten zu wählen und so Sexismus und Rassismus eine riesige Bühne zu gewähren. Mit seinen Entscheidungen wird er letzten Endes sogar unser Land zerst…"

„So, wir sind da", sagte Olaf und beendete hiermit meinen Tagtraum von einer Welt ohne Funkwellen. Ein beherzter Griff in meine Hosentasche, gefolgt von einem dreisekundenlangen Drücken auf die rechte, obere Seitentaste – und ich kehrte mit einem vertrauten Willkommenston zurück in das einundzwanzigste Jahrhundert.

Sulzbach, 5. November 2019 – 19:15 Uhr

An dieser Stelle bitte ich um Handzeichen. „Wer von euch kennt noch die TV-Sendung ‚Familienduell'*?" In der heutigen Show hebt in etwa die Hälfte des Publikums ihren rechten Arm nach oben. „Auf meiner Reise gab es zwei Dinge, die sich stets wiederholt haben. Zum einen entsprach meine Ausrüstung und Kleidung nie wirklich der vorherrschenden Wetterlage, und zum anderen haben sich meine Pläne ständig geändert. Lasst mich euch eine ungefähre Idee

---

Als ich früher noch einen Fernseher hatte, zählte „Familienduell" zu meinen absoluten Lieblingssendungen. Die Show war nicht nur unglaublich lustig, sondern stellte auch eindrucksvoll unter Beweis, dass Intelligenz vererbt werden kann. Vielen Dank, Werner. Du warst neben Steve-O und den Sportlerinnen auf DSF der Held meiner Kindheit.

hiervon geben. Anfangs hatte ich geplant, zwei Monate durch Europa zu trampen, nach Kanada zu fliegen und von dort per Anhalter nach Chile zu reisen. Am Ende war ich 22 Monate unterwegs und war gefühlt überall, außer in Nord- und Südamerika. Aber warum? Nun ja, wäre ich Werner Schulze Erdel und das hier das *Familienduell,* würde ich Folgendes anmoderieren: Wie immer haben wir 100 Leute gefragt", ich mache eine kurze Pause, um Herrn Erdel bestmöglich zu imitieren, „nennen Sie einen Grund, weshalb man seine Pläne ändert." Auch heute dauert es nicht lange, bis einer der Zuschauer die in meinem Fall zutreffende Antwort in die Menge brüllt: „Frauen."

Um jedoch zu erklären, in welchem Ausmaß eine bestimmte Frau meine Reise verändert hatte, müsste ich ihr eine eigene Show widmen. Ihr Name war Alice und ich traf sie zum ersten Mal eine Woche nach Beginn meiner Reise in Graz.

Österreich, Mai 2017

Mein Gastgeber in Graz hörte auf den Namen Michael. Er war dreißig Jahre alt, hatte bereits lichtes Haar, ein Lippenpiercing und war mir von Beginn an sympathisch. Seine geheime Liebe zu Wein und dem „Musiker" *Scooter* besiegelte unsere Freundschaft. Michael teilte eine Geschichte mit mir, die ich mittlerweile schon bei vielen Anlässen erzählt habe.

Er erzählte mir von seiner China-Reise, die zum damaligen Zeitpunkt bereits mehrere Jahre zurück lag. Michael reiste alleine und traf in einem Zug einen jungen Chinesen, der ebenso auf Reisen war. Sie freundeten sich an und beschlossen schnell, fortan gemeinsam weiterzuziehen. Neben der Gesellschaft und dem praktischen Nutzen einer chinesisch sprechenden Reisebegleitung hatte dies auch einen weiteren Vorteil. Sie konnten sich ab diesem Zeitpunkt ein Hotelzimmer teilen, um so ihre Geldbeutel zu entlasten. Michael erzählte mir von einem ganz normalen Tag, an dem er und sein chinesischer Freund in ein neues Zimmer eingecheckt hatten. Mittlerweile waren sie bereits seit zwei Wochen gemeinsam unterwegs gewesen. Als Michael vorschlug, zusammen in

Richtung der noch unbekannten Stadt aufzubrechen, winkte seine Reisebegleitung ab. „Mir geht es heute nicht so gut. Ich habe Magenprobleme. Geh du ruhig alleine, ich werde mich noch etwas ausruhen, und wenn es mir später besser geht, können wir heute Abend gemeinsam etwas unternehmen." Michael reagierte verständnisvoll, wünschte seinem Freund gute Besserung und verließ das Hotel in Richtung Stadtzentrum. Als er einige Stunden später zu ihrem Zimmer zurückkehrte und erschöpft die Tür öffnete, traute er seinen Augen nicht. Michael hätte mit vielem gerechnet, nicht jedoch damit, dass sein Zimmer leer war. Ein kurzer Blick auf die Zahlen an der Zimmertür, dann auf den Anhänger seines Schlüssels, offenbarte zu seinem Bedauern, dass er sich nicht in der Zimmertür getäuscht hatte. Nicht nur sein Freund war verschwunden, sondern mit ihm auch das gesamte Gepäck von Michael. „Ja, eben hat ein Chinese ausgecheckt", bestätigte die junge Dame an der Hotelrezeption seine Vermutung. Michael wurde beraubt.

Das Schlimmste an diesem Vorfall war jedoch nicht, dass Michael ohne jegliche Dokumente und Kleidung in China stand, sondern vielmehr die weiteren Folgen dieses Vorfalls. Die beiden waren zwei Wochen miteinander unterwegs gewesen. Eine Zeitspanne, bei der man sich sicher ist, eine Person zu kennen. Michael erklärte mir, wie die Einsicht und das Eingestehen dieses Irrtums ihn fast um den Verstand gebracht hatten. Er konnte lange Zeit nicht richtig vertrauen. Jedes Mal, wenn er jemanden kennenlernte, schwebte die Geschichte seiner chinesischen Reisebegleitung unterbewusst mit. Ich war froh, dass Michael nach mehreren Jahren diese Angst überwunden hatte und wieder vertraute. Er vertraute mir.

Seither erzähle ich Michaels Geschichte, wenn mich Personen danach fragen, wie ich so selbstverständlich anderen Menschen vertrauen kann. Wahrscheinlich sollte man Fremden nicht immer blind vertrauen und sicherlich ist eine gewisse Skepsis durchaus berechtigt. Trotzdem habe ich durch die positiven Erlebnisse meiner Reise gelernt, Menschen fast bedingungslos zu vertrauen. Ich bin mir sicher, dass dieses Vertrauen in meinem weiteren Leben früher oder später einmal ausgenutzt werden wird. Dennoch habe ich beschlossen, lieber zu vertrauen und eventuell negative Erfahrungen zu machen, anstatt grundlegend zu misstrauen. Dieses Vertrauen hat bereits jetzt zu derart vielen positiven Momenten geführt, dass negative Ereignisse diese kaum aufwiegen könnten. Ein Gedanke, der mich an eine der ersten Mitfahrgelegenheiten meines Lebens drei Jahre zuvor in Neuseeland erinnert.

Neuseeland, Dezember 2014

Während ich meinen Daumen am Straßenrand ausstreckte, hielt ein schätzungsweise 60-jähriger Belgier an. Er war in seiner Jugend 15 Jahre lang per Anhalter gereist, hatte dabei nach eigenen Angaben ungefähr 250.000 Kilometer zurückgelegt und – diesem Umstand geschuldet – einige Geschichten zu erzählen. „Wie bist du schließlich in Neuseeland gelandet?", fragte ich. Mit meinen heutigen Erfahrungen hätte ich mir die Antwort damals wohl selbst geben können. „Warum wohl, wegen einer Frau natürlich", schmunzelte er. Seine langen, grauen Haare verdeckten große Teile seines Gesichtes. Damals war ich noch ein *Trampanfänger*. Würde ich diesen Mann heute erneut treffen, würde ich ihn mit Fragen regelrecht löchern und ihn anschließend vielleicht nach einem kleinen Autogramm auf meinem Oberarm bitten, das ich mir kurze Zeit später tätowieren lassen würde. „Was war dein längster, was war dein verrücktester Lift? Hast du mal versucht, in Italien zu trampen? Hat dir mal jemand einen Fisch geschenkt?" Stattdessen ließ ich ihn erzählen. „Einmal schlief ich in Nepal in meiner Hängematte und wurde von zehn Nepalesen geweckt, die mich ausrauben wollten. Sie leerten meinen Rucksack und wollten wissen, wo meine Wertgegenstände sind. Ich hatte nichts dabei. Sie mussten sich eingestehen, dass ich kein herkömmlicher Tourist, sondern vielmehr ein Verrückter war," lachte der Belgier, „und so lebte ich anschließend für drei Monate bei einer dieser Personen."

Neugierig fragte ich ihn auch nach etwaigen schlechten Erlebnissen. „Die gab es nicht!", war die Antwort, die ich mir erhoffte, aber leider nicht die, die er mir gab. „Einmal wurde ich vergewaltigt. Aber trotz dieser katastrophalen Erfahrung haben all die positiven Momente diesen Tag mehr als aufgewogen.“

Um ehrlich zu sein, habe ich etwas Angst vor dem Tag, an dem mein Vertrauen zum ersten Mal ausgenutzt werden wird. Ich fürchte mich jedoch nicht vor dem Tag selbst, sondern vielmehr davor, dass sich letzten Endes vielleicht doch etwas an meinem Grundvertrauen gegenüber Fremden ändern wird.

„Wer nicht vertraut, dessen Vertrauen wird nicht ausgenutzt. Aber nur wer vertraut, wird wahres Glück finden.“ So etwas hätte der alte Mann in Java damals vielleicht gesagt, wenn wir eine gemeinsame Sprache gesprochen hätten.

Österreich, Mai 2017

Ich verdanke Michael, meinem Gastgeber in Graz, nicht nur die von mir oft zitierte *Vertrauensanekdote*. Er war auch die Person, die mich mit Alice bekannt machte. Die junge Taiwanesin kam gemeinsam mit Yana, einer blonden Ukrainerin, am Morgen nach meiner Ankunft in derselben Wohnung an. Auch sie waren auf einer Reise. „Es macht dir doch nichts aus, wenn ab morgen noch zwei hübsche Mädchen hier übernachten, oder?“, fragte mich Michael nach dem zweiten Glas Wein des Abends. Wir füllten unsere Gläser ein drittes Mal.

Alice war 19 Jahre alt und studierte in Abu Dhabi Informatik und Philosophie. Zum Zeitpunkt unseres Kennenlernens absolvierte sie gerade ein Auslandssemester in Florenz. Ihr langes, dunkles Haar versteckte sie während unserer gemeinsamen Zeit gerne unter einer dunkelblauen Wollmütze, die ich ihr geschenkt hatte. Sie wurde mir von einem meiner vorangegangenen Mitfahrgelegenheiten gegeben. „Hier, du hast dafür sicherlich eine bessere Verwendung als ich, wenn du durch Kanada trampen willst,“ sagte einer der beiden Österreicher, als sie mich vor Graz abgesetzt hatten. Trotz ihres jungen Alters wirkte Alice erwachsener als die meisten Menschen, die ich jemals getroffen hatte. Sie strahlte eine unbeschreibliche Magie aus. Eine überaus anziehende Magie. Alice war eine dieser seltenen Menschen, mit denen man sowohl über komplexe Themen sprechen konnte, die aber darüber hinaus auch in der Lage waren, mir auf die Frage nach ihrem Lieblingsdinosaurier spontan eine Antwort zu geben. Die beiden Frauen, Michael, sein Mitbewohner und ich verbrachten die Nacht gemeinsam auf dem Grazer Schlossberg. Wir tanzten zu unterschiedlicher Musik, tranken viel zu billigen Wein aus durchsichtigen Bechern und amüsierten uns über meine Kartenmagievorführungen*. Als wir gemeinsam auf dem Weg nach Hause waren, erzählte ich Alice von einer Brücke in der Nähe von Michaels Wohnung. „Wollen wir gemeinsam unter die Brücke klettern?" Spontanität und die Bereitschaft, augenscheinlich stupiden Vorschlägen ohne großes Hinterfragen zuzustimmen, sind Eigenschaften, die ich an Menschen nach wie vor extrem schätze. Sie machen Menschen gleichermaßen interessant und gefährlich. Sie machen Menschen sonderbar.

Wir lagen mehrere Stunden unter der Brücke, stellten uns weit entfernte, noch unentdeckte Planeten vor und zeigten auf Sternenbilder, die nicht existierten. „Glaubst du, dass irgendwo auf dieser Welt gerade zwei Menschen genau das Gleiche tun wie wir?", fragte Alice. „Ich hoffe es", antwortete ich, „ansonsten hätte *Bruce Willis* unseren Planeten wohl vergebens gerettet." Es war ein Abend, an dem viele Geschichten erzählt wurden. Die Geschichte, bei der ich in einer Spielothek ohne Hose aufgewacht war. Die Geschichte, weshalb ich eine meterhohe Kunststofferdbeere zu Hause in unserem Partykeller stehen habe und meine von Freunden oft zitierte Massagegeschichte aus Thailand. Ich liebte es, Geschichten zu erzählen. Zurück an Michaels Haus angekommen, scheiterten unsere Klingelversuche, wodurch wir bis tief in die Morgendämmerung eng umschlungen vor seiner Haustür sitzen mussten. Die kühlen Temperaturen waren unser perfekter Vorwand. „Ich

---

Ich liebe Kartentricks. Seit mir ein junger Mann auf meiner ersten Reise in Thailand verschiedene Kunststücke beigebracht hatte und mir anschließend sein Kartendeck schenkte, habe ich etliche Stunden mit dem Studieren neuer Tricks verbracht und zähle mittlerweile Kartenmagie zu meinen nützlicheren Talenten. Außerdem sind Kartentricks der einfachste Weg, Freigetränke zu erhaschen.

beneide dich um deine Erlebnisse. Ich beneide deinen Mut", sagte sie. „Du bist acht Jahre jünger als ich, Alice. Du bist im Alter von 17 Jahren aus deiner Heimat aufgebrochen, um in Abu Dhabi zu studieren. Ich habe Deutschland damals – abseits von Dosenbierkäufen in Frankreich und Partyurlauben in Spanien – zum ersten Mal im Alter von 24 Jahren verlassen. Außerdem hast du zugestimmt, den Abend mit einem tätowierten Langhaarigen unter einer Brücke zu verbringen. Wenn von uns beiden jemand mutig ist, dann bist du es. Ich wette, du wirst in meinem Alter mindestens genauso viele Geschichten zu erzählen haben. Wer weiß, vielleicht auch mal die von uns und der Brücke in Graz. Aber bitte, wach nie ohne Hose in einer Spielhalle auf", antwortete ich lachend.

Alice musste wenige Stunden später aufbrechen, um gemeinsam mit Yana ihren Bus zurück nach Italien zu erwischen. „Willst du mich in Florenz besuchen? Ich habe noch eine Woche, bevor ich zurück nach Abu Dhabi fliege." Ich täuschte vor, mir die Idee durch den Kopf gehen zu lassen. Insgeheim wusste ich jedoch bereits genau, in welche Richtung ich in den kommenden Tagen trampen würde.

Mein Gastgeber Michael erzählte mir, kurz bevor wir uns verabschiedeten, eine weitere Geschichte: „Ich hatte vor zwei Jahren eine Reisende zu Gast, die mich dazu überredete, mit ihr am nächsten Tag ins Ungewisse zu trampen. Ich kündigte morgens meinen damaligen Job mit einem Telefonanruf und reiste los. Es war die beste Entscheidung meines Lebens. Viel Spaß in Italien. Und lad mich zur Hochzeit ein, falls es was werden sollte", lachte er und gab mir eine feste, vertrauensvolle Umarmung.

Manchmal frage ich mich, wie meine Reise wohl ohne unsere Begegnung weitergegangen wäre. Ich hätte mit größter Wahrscheinlichkeit keine meiner folgenden 422 Mitfahrgelegenheiten kennengelernt. Meine Reise wäre eine ganz andere geworden. Dieses Buch wäre ein ganz anderes geworden. Mein Leben wäre womöglich ein ganz anderes geworden.

Ich war unterwegs nach Florenz, kam jedoch leider nur sehr langsam voran. Das Trampen in Italien ähnelte einer Raupe, die in einem zu harten Kokon gefangen war. Es entpuppte sich als fast unmöglich. Meine Reise zu Alice wurde zu einem Wettlauf gegen die Zeit, da ihr Abflug immer näher rückte. Nachdem ich an meinem ersten Tag in Italien innerhalb von sieben Stunden mit drei verschiedenen Fahrzeugen insgesamt 25 Kilometer zurückgelegt hatte, stand ich ratlos vor einer Tankstelle.

„Halleluja", schrie sie nach mir. „Mio dio!" Eine grauhaarige Frau in den mittleren Fünfzigern hielt mit ihrem silbernen Mercedes unmittelbar hinter mir an. „Halleluja", schrie sie erneut. Es war das einzige Wort, das ich zwischen den übrigen italienischen Vokabeln verstand. Und sie nutzte es sehr oft. „Halleluja." Ich stieg ein und ließ mich so nicht nur von ihr, sondern auch von meinem Bauchgefühl lenken. Während unserer Fahrt bekam ich eine immer konkreter werdende Idee davon, was sie an diesem Abend mit mir vorhatte. Ein kurzer Halt in ihrer Wohnung und ein Gespräch mit ihrem englisch sprechenden Sohn brachten mir Gewissheit. Sie wollte mich 200 Kilometer nach Bologna fahren, und jeder Versuch einer Widerrede wurde mir mit einem umso lauteren „Halleluja" versagt. Im Nachhinein bin ich mir sicher, dass durch mich ihre Mutterinstinkte geweckt wurden und unsere gemeinsame Reise hierin begründet lag. Sie raste mit 200 km/h wie eine Rennfahrerin über die italienische Autobahn und kommentierte jeden zurückgelegten Kilometer mit einem weiteren „Halleluja." Während der Fahrt nach Bologna erwiderte ich ihre Lobeshymnen stets mit einem beherzten Lachen. Als wir am Bahnhof ankamen, stürmte sie die dortige Zugstation und stellte zu ihrem Bedauern fest, dass der letzte Zug in Richtung Florenz bereits abgefahren war. Daraufhin machten wir uns gemeinsam in ihrem Auto auf die Suche nach dem Nachtbusbahnhof. Sie fuhr nach wie vor so, als würde sie die Nullen sämtlicher Geschwindigkeitsschilder doppelt sehen. Meine Fahrerin stoppte immer wieder inmitten der befahrenen Straßen, sprang aus ihrem Mercedes und schrie umhergehende

Passanten an. Ich verstand zwar kein Wort, konnte aber beobachten, wie die befragten Personen sehr schnell sehr genervt reagierten. Vielleicht waren sie keine großen *Leonard Cohen*-Fans. Obwohl ich mir sicher war, dass wir den gesuchten Bahnhof bereits zweimal passiert hatten, scheiterten meine Erklärungsversuche vergeblich. Sie fand Gefallen daran, rastlos durch die Innenstadt zu streifen. Ihre Suche gipfelte darin, dass sie inmitten eines Verkehrskreisels eine Vollbremsung machte und eine Fahrradfahrerin bestürmte. Da die Situation zunehmend unangenehmer wurde, beschloss ich, dem Schauspiel ein Ende zu setzten, stieg aus und hob meinen Rucksack aus ihrem Kofferraum. Ich rief meiner Fahrerin „Grazie!" zu, schob ihrer Tradition folgend, ein kräftiges „Halleluja" nach und lief mit strammen Schritten in Richtung der Stelle, an der ich den Busbahnhof vermutete. Aus der Ferne konnte ich ein weiteres, leises „Halleluja" erahnen. Wie ein Echo, das sich langsam durch die mit Dunkelheit gefüllten Stadtpalisaden Bolognas schlängelte.

Als ich mich an einer Parkbank in Sicherheit wiegte, legte ich mein Gepäck ab und nutzte die kurze Verschnaufpause dazu, eine Zigarette zu drehen. Es dauerte nur wenige Züge, bis ich ein lauter werdendes Stiefelklackern hörte. Ich drehte mich zur Seite und blickte in ein vertrautes Gesicht. Auch Halleluja-Frau war mittlerweile zu Fuß unterwegs und hatte mich gefunden. Ich malte mir aus, wie sie ähnlich der *Hänsel und Gretel*-Geschichte meiner Spur aus Tabakkrümeln gefolgt war, um ihr Vorhaben zu einem befriedigenden Ende zu bringen.

Schließlich fanden wir gemeinsam die Busstation und sie bestand energisch darauf, mein Ticket zu zahlen. Ich verabschiedete mich mit einer kräftigen Umarmung. Nicht weniger kräftig umarmte ich Alice wenige Stunden später um 4 Uhr morgens, als mich der Bus in Florenz absetzte.

Home, let me come home.
Home is whenever I'm with you.

Oft ist es Musik, die mich an bestimmte Momente meiner Reise erinnert. Der Song *Sleeping at last* von *Saturn* erinnert mich an den letzten Abend meiner ersten Reise. Daran, wie ich in Hong Kong alleine am Meer saß und auf eine Person wartete, die nie erschien. *You* von *Bad Religion* erinnert mich daran, wie ich mir in Polen ein Longboard gekauft hatte und es bis nach Vietnam schleppte. Zu *Bad* von *David Guetta* sehe ich mich nach wie vor in einem australischen Club schwitzen und zu *Home* von *Edward Sharp and the Magnetic Zeros* werde ich wohl für den Rest meines Lebens mit Alice gemeinsam an einem italienischen Strand tanzen. Es war unser Abend. Es war unser mit Sternen gefülltes Firmament. Das Wasser war zwar zu kalt, um Skinny-Dipping* von unserer gemeinsamen Bucket List** zu streichen, aber das Weintrinken an unserem imaginären Lagerfeuer war ein angemessener Ersatz.

„Dürfte ich Sie zu einem Tanz auffordern?", fragte ich. Und wir tanzten. Erst trafen sich unsere Hände, dann unsere Füße und schließlich unsere Lippen. Es fühlte sich an, als würden wir schweben und nur unsere Fußabdrücke im feuchten Sand konnten mich vom Gegenteil überzeugen. Alice hatte diese unbeschreiblich anziehende Magie, die im Laufe unseres Abends zu einer überaus ausziehenden Magie wurde. Kein Autor dieser Welt hätte ein romantischeres Szenario für unseren ersten Kuss kreieren können. Es war so, als hätten wir die vorangegangenen Tage nur auf diesen einen perfekten Moment gewartet, um so am Ende unseren zukünftigen Kindern die Frage „Wie habt ihr euch eigentlich kennengelernt?" mit der bestmöglichen Geschichte beantworten zu können.

Einen Tag später trennten sich unsere Wege schließlich mit einem „Ciao." Alice musste nicht nur Italien, sondern auch mich verlassen. Oder war eigentlich ich es, der sie verließ? Sollte ich umdrehen und bei ihr bleiben? Ich redete mir ein, dass Abschiede mit der Zeit leichter werden. Sie werden es nicht.

---

* *Skinny Dipping bezeichnet den Akt des Nacktbadens. Eine Aktivität, die besonders in der ehemaligen DDR und bei nächtlichen Alkoholexzessen am Meer auf Anklang stößt. Skinny Dipping sollte keine sexuelle Absicht haben. Gelegentlich, und vor allem in Verbindung mit Alkohol, läuft es jedoch trotzdem genau hierauf hinaus.*

** *Das deutsche Wort für „Bucket List" lautet „Löffelliste". Dinge, die man tun will, bevor man den Löffel abgibt. Ich versuche Anglizismen grundsätzlich zu vermeiden, da ich die deutsche Sprache liebe, aber mal ehrlich: „Löffelliste" bringe ich nicht übers Herz.*

„Im Nachhinein ist man immer schlauer", sagt man. „Im Nachhinein merkt man, wie dumm man im Vorhinein war", sage ich. Alice war womöglich die wichtigste Bekanntschaft, die ich im Laufe meiner Reise gemacht habe. Sie gab mir besonders während des ersten Jahres den nötigen Rückenwind. Sie war eine Konstante in meiner neuen Welt voller Variablen.

Zu dem Zeitpunkt des Abschiedes war uns die Bedeutung unserer Begegnung jedoch nicht einmal im Ansatz bewusst. Wir ahnten nicht, dass wir im Laufe der folgenden sieben Monate fast täglich stundenlang telefonieren würden. Bei jedem dieser Telefonate „schrieben" wir unzählige Geschichten, die alle von einem gemeinsamen Wiedersehen handelten. Wie wir uns fest umarmen, wild küssen und nie wieder voneinander loslassen würden. Und unter all den unwahrscheinlichen Geschichten gab es eine, die besonders unwahrscheinlich erschien. Passend zu meiner Reise sollte zu guter Letzt genau diese Geschichte zur Realität werden. Ähnlich wie Jonathan Frakes* hatte mir meine Reise gezeigt, wie nah Realität und Fiktion beieinander liegen.

Entgegen aller Wahrscheinlichkeiten kam Alice zweieinhalb Jahre nach unserem ersten Treffen zu mir nach Deutschland. Wir küssten uns 2019 kurz vor Weihnachten in meiner Heimat.

Es war ein Kuss des Erinnerns.

Sulzbach, 5. November 2019 – 19:21 Uhr

Für meine Zuschauer existiert Alice nur als eine in der Sonne lächelnde, pappschildhaltende Namenlose auf einem meiner Bilder, mit dem ich im Laufe

---

* *Dieser überaus charmante Mann moderierte die revolutionäre Sendung X-Faktor: das Unfassbare. Eine Show, in der frei erfundene Geschichten am Ende in wahre und falsche eingeteilt wurden, um so dem Zuschauer glauben zu machen, dass ein Teil von ihnen tatsächlich real war. Genial. Auch in diesem Buch sind ein paar fiktive Geschichten zu finden. Im Gegensatz zu Jonathan Frakes werde ich jedoch auf eine akribische Erklärung verzichten, da die wenigen fiktiven Passagen hoffentlich als Tagträume zu erkennen sind.*

meiner Show erkläre, wie leicht das Trampen gemeinsam mit einer Frau ist. „Am besten versteckt man sich als Mann irgendwo in einem Busch und springt erst hervor, sobald ein Auto angehalten hat. Aber nicht zu schnell, ansonsten wirkt das Ganze wiederum bedrohlich." Jedes Mal, wenn ihr Bild während meiner Show gezeigt wird, fühlt es sich jedoch falsch an. Falsch, weil ich nicht von Alice erzähle, obwohl sie zu einer Person wurde, die für meine Reise unbeschreiblich wichtig war.

Während meine Präsentation wieder in Richtung Österreich schweift, bitte ich mein Publikum erneut um Handzeichen. „Haben wir heute Abend zufällig Polizisten hier?" Als ein junger Mann in einer der hinteren Reihen zögerlich seinen Arm hebt, schaue ich flüchtig in das Gesicht meiner Mutter. Sie hat neben meiner Schwester und ihrem Freund Steffen in der ersten Reihe Platz genommen und grinst. Sie weiß genau, warum ich nach Polizisten frage.

Österreich, Mai 2017

Auf meiner Reise gab es einige wiederkehrende Ereignisse, die stets ein Indikator für ungewöhnliche Geschichten waren. Beispielsweise jedes Mal, wenn ein VW-Bus neben mir anhielt. Alex fuhr ein sehr altes Modell, dessen beige Beifahrertür und grauer Stoßfänger sich von der eigentlich mattroten Wagenfarbe unterschieden. Der junge, kahlrasierte Mann hätte im ersten Moment tendenziell bedrohlich gewirkt, wäre da nicht sein tätowierter rechter Arm gewesen. *Winnie Pooh*, *Wickie der Wikinger* und *Biene Maja*. Alex hatte die Idee, sämtliche Helden seiner Kindheit als ewige Erinnerung auf seiner Haut zu tragen. Er war die erste Person auf dieser Reise, die mich beim Trampen zu sich nach Hause einlud. Insgesamt blieb ich zehn Tage. Ich könnte an dieser Stelle von unseren gemeinsamen Unternehmungen erzählen. Vom Fischen auf einem malerisch schönen Bergsee, vom Tontaubenschießen oder von einer Wanderung, die mit einem spektakulären Ausblick von einem der Gipfelkreuze endete. Stattdessen will ich über eine mikroskopisch kleine Kleinigkeit sprechen. Eine winzige Information, die er zum Zeitpunkt seiner Einladung nicht erwähnt hatte. Fast so, als wollte Alex vorher ausschließen, dass ich als verdeckter Polizist arbeitete.

Alex lebte im Haus seiner verstorbenen Großmutter. Sein Fernseher hatte die Größe eines Esstisches, sein Garten die Größe einer Eigentumswohnung. Ich schlief gemeinsam mit seinem Hund auf einer Matratze, die den Großteil seines Wohnzimmers ausfüllte. Abends arbeitete Alex in einem Restaurant und tagsüber verschwand er überraschend oft auf seinem Dachboden. Am dritten Tag bat er mich um Hilfe: „Du könntest mir dort oben behilflich sein", sagte er. Als Alex die Luke zum Speicher öffnete und eine alte, rostige Leiter ausklappte, strömte warmes Sonnenlicht in Richtung meines kalten Gesichtes. Eigenartig, war es draußen doch ganztägig bewölkt gewesen. Einige wackelige Stufen später erklärten sich die gelben Farbtöne durch eine Unmenge an Solarlampen. Alex hortete auf seinem Dachboden vierzig Blumenkübel voller Tulpen in den verschiedensten Grüntönen. Er hatte mir verschwiegen, dass er nebenberuflich als Tulpenhändler arbeitete. Ich half ihm also dabei, seine Tulpenzucht von einer Ecke des Raumes zur anderen zu bewegen. Als Kenner des Tulpengewerbes wusste Alex, dass diese Pflanzenart extremer Pflege bedarf. Der halbe Raum war mit Folie und Pappe abgehangen, es gab ein mehr oder weniger ausgeklügeltes Belüftungssystem, und Solarlampen hingen, an durchsichtigen Angelschnüren befestigt, von der Decke. „Du bist der erste Mensch, dem ich meine Tulpensammlung zeige", sagte Alex in einer beängstigend ruhigen Stimmlage.

Plötzlich hörte ich von draußen Sirenen. Eine österreichische Tulpenrazzia. Ein im Tulpenjargon bekannter Tulpenhändler-Check, der abgekürzt THC genannt wird. „Öffnen Sie die Tür! Wir wissen alles über Ihr Haschisch", schrien sie in einem auf mich amüsant wirkenden Dialekt. „Gesundheit", erwiderte ich und musste feststellen, dass Alex meinen Witz nicht mit einem Schmunzeln erwiderte. Stattdessen warf er mir einen grimmigen Blick zu. Er war auf diesen Tag vorbereitet. Er hatte sich sein ganzes Leben lang vorbereitet. Alex hob seinen rechten Arm, zog an einer der Schnüre und in bester *Kevin allein zu Haus*-Manier wurde das vor der Tür wartende Tulpensondereinsatzkommando mit Blumenerde übergossen. Das TSK versuchte zudem, durch die Seitentür einzudringen, sprengte den Eingang frei und fiel prompt in eine mit Tulpenstängeln abgedeckte Fallgrube. Plötzlich hörten wir Schritte auf dem Häuserdach. Die Wächter der Tulpen, eine geheime Spezialeinheit des TSK, war mit Helikoptern angerückt und hatte sich über unseren Köpfen abgeseilt. Dieses Aufgebot überstieg die schlimmsten Befürchtungen des jungen Österreichers. „Es tut mir leid, Daniel", seufzte er, zog eine Pistole aus seinem Hosenbund und jagte mir eine Kugel zwischen die Augen. Rote Tulpen sprudelten aus meinem Kopf und verteilten sich gleichmäßig über die weiße Folie. Sie taten dies in einer Art und Weise, mit der ein *Hermann Nitsch* auf einer Vernissage gut und gerne hätte Tausende Blüten verdienen können. Alex verließ den Dachboden und versuchte, durch sein Wohnzimmer in den Garten und den daran angrenzenden Wald zu entkommen. Er stolperte jedoch über meinen Rucksack und landete kopfüber auf meiner Matratze. In der Fallbewegung riss Alex mit seinem bemalten Arm den Aschenbecher vom Wohnzimmertisch, der anschließend in hohem Bogen direkt neben seinem Kopf auf dem Fußboden seiner Wohnung landete. Er lag mit seinem Gesicht inmitten von Tulpenstummeln, als die Polizei ihm Handschellen anlegte.

Zu unser beider Erleichterung wurde mein durch CSI-Fernsehserien geformtes THC-Szenario nie zur Realität, sondern blieb einer meiner Tagträume. „Du bist der erste Mensch, dem ich meine Tulpensammlung zeige", sagte Alex in einer beängstigend ruhigen Stimmlage. Zögerlich stellte ich meine Frage: „Du wirst mich aber nicht umbringen, oder?", gefolgt von einem aufgesetzten Lachen. „Hmm … Ich glaube nicht. Du scheinst ein cooler Kerl zu sein", sagte der Österreicher. Ich verließ Alex eine Woche später mit dem eigenartigen Gefühl, dass sich unsere gemeinsame Zeit aus einem unerklärlichen Grund wesentlich länger als zehn Tage angefühlt hatte.

Kroatien, Mai 2017

Eine 500 Kilometer lange Mitfahrgelegenheit führte mich von Slowenien bis in die Mitte Kroatiens. „Wird dein Beifahrer seinen Mund halten?", fragte ein kräftig gebauter, bedrohlich wirkender Grenzbeamter, nachdem er einen 10-Euro-Schein unauffällig in seine Jackentasche steckte. Mein Fahrer hatte den Geldschein kurz zuvor auf seine Rückbank geworfen. „Ja, wird er." Vier Stunden später verabschiedete ich mich von meinem Fahrer in Split und schwang meinen Rucksack in einer mittlerweile zur Routine gewordenen Bewegung gegen eine mittelhoch gebaute Steinwand. Nachdem ich auf der Mauer Platz genommen hatte, begann ich, mir eine Zigarette zu drehen. Auch dies war mittlerweile zur Routine geworden. In genau diesem Moment sprach mich eine ungefähr vierzig-jährige Engländerin an. „Hey, ich habe deinen Rucksack und dein Pappschild gesehen. Bist du ein Tramper?", fragte sie und setzte dabei ein strahlendes Lächeln auf. „Du scheinst ein cooler Kerl zu sein, lass mich dich auf ein Bier einladen."

Während sie dies sagte, wechselten die Blicke der Unbekannten nach wie vor zwischen meinen zerzausten Haaren, meiner dreckigen Hose und meinem Rucksack. Ihr Name war Georgina.

Mein überwiegend blauer, teils grün-gelber Reiserucksack erzählt viele Geschichten. Würde mich der Strahl eines Transforminators* in ein Gepäck-stück verwandeln, würde ich wahrscheinlich genau so aussehen. Seine äußere Hülle ist gefüllt von abwechselnd in weißer und schwarzer Farbe gezeichneten Erinnerungen. All die Menschen, bei denen ich geschlafen habe und einzelne besondere Bekanntschaften, die ich am Rande der Straße machen durfte, sind dort verewigt. Unzählige Namen, ein Walnussbaum, ein Zelt, die Spitze des Matterhorns, ein Kloßauflauf und ein Cowboy, der auf einem gigantischen Penis reitet. „Genieß den Fisch, bevor der Fisch wegschwimmt", „Gute Reise", „Gern geschehen", „Jungfrau des Getreides", „J.", „Mögen die Nordlichter mit

---

Der Transforminator ist eine noch unbekannte Erfindung aus dem Jahr 2047. Sie kann mit Hilfe von gebündelten Ionenstrahlen Menschen in zufällige Objekte, die ihnen ähnlich sehen, ver-wandeln. Arnold Schwarzenegger stellte sich an seinem hundertsten Geburtstag als erstes, lebendes Versuchsobjekt zur Verfügung, da er die willkürlichen Präsidentschaften in seiner Wahlheimat nicht weiter ertragen konnte. Er wurde an diesem Tag in einen menschenähnlichen Stahlroboter verwandelt. Kurze Zeit später unterschrieb er zum ersten Mal seit Jahren wieder einen Filmvertrag.

euch sein", „Ich piss dir deine Jacke jederzeit wieder voll." Mein Rucksack erzählt viele Geschichten. Neben zahlreichen Geschenken, die an der Oberseite baumeln, trage ich auch immer mindestens ein Stück Pappe an meinem Rucksack. Nicht nur der Ästhetik und des gelegentlichen Nutzens spontaner Trampschilder wegen, sondern vor allem für diese Situationen. Wer weiß, ob mich Georgina ansonsten jemals als Tramper identifiziert und angesprochen hätte. Vielleicht hätte sie es getan und unsere Unterhaltung folgendermaßen eingeleitet:

„Hey, dein rechtes Hosenbein ist dreckiger als dein linkes. Ein typisches Phänomen, das beim Reisen per Anhalter auftritt, da du ständig deinen Rucksack von den Schultern ablegst und ihn bei dieser Bewegung kurz auf deinem Oberschenkel absetzt, um so deine rechte Schulter zu entlasten. Und da dein Rucksack die meiste Zeit neben dir auf dem staubigen Straßenrand steht, beschmutzt er bei dieser Bewegung eine Seite deiner Hose. Bist du ein Tramper?" Oder: „Hey, mir ist aufgefallen, dass du auf deinem rechten Daumen ein keltisches Symbol tätowiert hast, dessen Bedeutung *Viel Glück* entspricht. Ein klassisches Zeichen dafür, dass du ein klischeehaftes Tramper-Tattoo wolltest, dir aber damals nicht darüber bewusst warst, dass in vielen Ländern mit der linken Hand getrampt wird. Bist du ein Tramper?" Vielleicht hätten Georgina und ich uns ohne Pappschild aber auch niemals kennengelernt.

Ihre langen Haare wehten in der nachmittäglichen Meeresbrise Südkroatiens und ihr oberes Gesichtsdrittel war mit hellbraunen Stirnfransen bedeckt. Georgina hatte ein breites, freundliches Lächeln und zeigte dies erfreulicherweise sehr oft. Die Falten in ihrem Gesicht erzählten von einem bewegten Leben. Ein bewegtes Leben, von dem mir am Folgeabend auch Georgina selbst während unseres gemeinsamen Abendessens erzählte. In der ersten Nacht führte mich Georgina zu einer versteckten Strandpassage, an der ich mein Zelt aufschlagen konnte. In der zweiten Nacht lud sie mich auf die Couch ihres Hotelzimmers ein. „Ich habe in meiner Jugend als Stripperin gearbeitet", erzählte sie mir, „und hatte eine Vorliebe für die bösen Jungs. Dies wurde mir schließlich zum Verhängnis." Georginas positive Ausstrahlung brachte mich dazu mir vorzustellen, wie sie wohl in ihrer Jugendzeit gewesen sein musste. In einer Zeit, bevor sie die falschen Menschen getroffen hatte und bevor sie langsam vom Leben verschluckt wurde. Wie sie im Finale von *Britain's next Top Model* mitgemacht hätte, anstatt vor geiernden Männern ihre Kleidungsstücke abzulegen. Wie sie in einem schwarzen Abendkleid über den Laufsteg stolziert wäre, statt in den Drogensumpf abzurutschen. Wie sie mit Freudentränen in den Augen nach ihrem Sieg einen riesigen Blumenstrauß in die Luft gehoben hätte, statt von blauen Flecken gezeichnet weinend auf dem Bett zu liegen, nachdem sie eine Meinungsverschiedenheit mit ihrem Freund hatte. Georgina war einer dieser herzensguten Menschen, die leider im Laufe ihres Lebens an die falschen Personen geraten waren. „Manchmal soll es eben einfach nicht sein", sagte eine Frau, die mittlerweile mit ihrer Vergangenheit abgeschlossen hatte. „Jeder Mensch hat eine Geschichte zu erzählen. Jeder Mensch hat ein Kreuz zu tragen."

Die Engländerin machte mir bewusst, wie wichtig es war, seinen Glauben niemals zu verlieren. Nicht den an Gott, sondern den an Menschen und besonders den Glauben daran, dass das Leben immer weitergeht. Daran, dass auf schlechte Tage immer bessere folgen und Zweifel meist zu neuen Erkenntnissen führen. In meinem Falle war es stets eine besondere Begegnung, die sich an jene Momente anschloss, in denen ich den Sinn meiner Reise in Frage stellte. Auch Georginas Geschichte hat ihren Weg auf meinen Rucksack gefunden.

„Verliere nie dein Lächeln", schrieb sie mit einem schwarzen Filzstift, gefolgt von drei kleinen Herzen, auf die rechte Bauchtasche meines Reisebegleiters.

Sulzbach, 5. November 2019 – 19:25 Uhr

„Ich wurde gelegentlich von Fremden wie Georgina eingeladen. Wenn ich mich jedoch nicht auf mein Glück verlassen wollte oder mich zu sehr nach einer Dusche sehnte, hatte ich mir oft Übernachtungsmöglichkeiten über die Internetseite Couchsurfing* organisiert." Ich zeige Bilder von meinen luxuriösesten und schlichtesten Unterkünften. Ein Hotelzimmer in Jordanien, ein Jacuzzi auf einer Dachterrasse in Neuseeland, ein estnischer** Kindergarten, eine Meditationshalle und eine zerfallene Wellblechhütte in den Bergen Georgiens. „Es ist genau diese Diversität, die ich beim Couchsurfen so zu schätzen gelernt habe. Durch das Zusammenleben mit Einheimischen erhält man am Ende eine recht gute Idee davon, wie Menschen in einem bestimmten Land tatsächlich leben." Kurz darauf leite ich mit Bosnien und Herzegowina zum nächsten Land meiner Show über. In diesem Land hatte sich für mich vieles verändert.

Bosnien und Herzegowina, Juni 2017

„Ich hasse Tramper", war der erste Satz, den der kahlrasierte Bosnier mir entgegenwarf, nachdem ich auf seinem Beifahrersitz Platz genommen hatte, „aber ich liebe Tattoos und ich wollte mir deine unbedingt mal aus der Nähe anschauen." Würde ich sagen, dass meine Tattoos beim Trampen generell von Vorteil gewesen waren, wäre dies eine klare Lüge. Auf meinem linken Arm befindet sich eine Mischung aus schwarz gestochenen Natur-Motiven und einem Porträt von Robin Williams. Ein bemerkenswerter Mensch, der es sich trotz seiner Krankheit zum Ziel gesetzt hatte, Fremde zum Lachen zu bringen. Mein rechter Arm ist im Gegensatz hierzu übersät von bunten, eher lustigen Motiven.

Couchsurfing ist eine Onlineplattform, auf der Menschen Fremden kostenlos eine Schlafmöglichkeit zur Verfügung stellen. „Jeder hat zu Hause eine Couch, die nachts nicht genutzt wird". Das war damals der Grundgedanke hinter dem inzwischen weltweit verbreiteten Netzwerk der Gastfreundschaft. Mittlerweile konzentriert sich die Firma hinter Couchsurfing leider zunehmend auf das Finden des gewinnbringendsten Zahlungsmodelles.

** *Hierbei handelt es sich um das Adjektiv zu Estland. Ich versuche gelegentlich „Wer wird Millionär?"-Wissen zu vermitteln und wer weiß, vielleicht wird ja einer meiner Leser irgendwann entgegen aller Wahrscheinlichkeiten die Insel Venefortuna finden und dort mit Hilfe meiner Erzählungen sämtliche Fragen beantworten können.*

Ein rauchendes, hemdtragendes Faultier, ein auf einer Rakete reitender Dinosaurier und mein Lieblings-Pokemon in einem Batman-Bösewicht-Kostüm. Das Tattoo, nach dem ich am häufigsten gefragt wurde, ist eine kleine Socke auf dem Knöchel meines linken Zeigefingers. „Gibt es irgendetwas, das du schon immer mal tätowieren wolltest?", fragte ich damals Marc, den Tätowierer meines Vertrauens. „Eine Socke", antwortete er lachend und war überzeugt davon, dass ich sein Angebot wie alle anderen Kunden zuvor dankend ablehnen würde.

Nachdem der Tattoo-Liebhaber sich meine Arme aus der Nähe angeschaut hatte, erzählte er mir von seinem Leben in Bosnien und Herzegowina: „Hier zu leben ist nicht einfach, da die Löhne extrem niedrig sind. Aber wenn wir alle in wohlhabende Länder wie beispielsweise Deutschland geflüchtet wären, würde sich hier in Bosnien und Herzegowina nie etwas verbessern", sagte er nachdenklich. Sein Name war Cemo. Bevor er mich in Sarajevo absetzte, lud er mich zu einem gemeinsamen Kaffee auf ein Aussichtsplateau ein. Ich sah auf eine von grünen Hügeln umstellte Metropole – und staunte. Es war wunderschön. Beim Aussteigen konnte ich erkennen, wie gravierend Cemos Skiverletzungen, von denen er mir während unserer gemeinsamen Fahrt erzählt hatte, tatsächlich waren. Er humpelte an meiner Seite zu einem der kleinen Plastiktische und wir genossen die Szenerie bei einem heißen Getränk. „Ich erinnere mich noch ganz genau an diesen einen Moment in meiner Kindheit", erzählte Cemo, als wir uns am folgenden Tag erneut in der Stadt trafen und gemeinsam zu Mittag aßen. „Ich war neun Jahre alt und der Krieg war gerade ausgebrochen. In unserem Kinderzimmer wurde mein zwölfjähriger Bruder vor meinen Augen von einem Scharfschützen erschossen." Ich rang vergeblich nach Luft und sah in Cemos ausdruckslose Augen. Ich sah in die Augen meines neuen Freundes und konnte weder Wut noch Hass erkennen. „Weißt du", sagte Cemo mit ruhiger Stimme, „wenn ich an damals zurückdenke, sehe ich meinen Bruder noch genau vor mir stehen. Wie er mich ansah, kurz bevor eine Patronenkugel ihn durch unser Zimmerfenster am Kopf traf." Ich schob zitternd und appetitlos meinen Teller mit einer halbaufgegessenen Teigtasche in die Mitte unseres Tisches. „Krieg ist nicht nur sinnlos, er ist auch nicht fair. Viel zu viele von uns haben damals

51

Menschen verloren. Aber wir haben gelernt, damit zu leben. Wir haben gelernt, weiterzumachen," erklärte der Bosnier, während ich nach Worten suchte und schob eine kurze Frage nach: „Isst du den letzten Bissen deiner Teigtasche noch? Sonst würde ich ihn nehmen."

Cemo erzählte mir auch von einer Bobbahn, die früher für die olympischen Winterspiele genutzt wurde. Die ehemalige Wintersportanlage wurde in der Nachkriegszeit mit diversen Graffitis verziert. Einige Tage nach dem Treffen mit Cemo folgte ich seiner Empfehlung und wanderte die Bahn hinab. Ich passierte neben Warnschildern vor nie gefundenen Landminen auch eine von der Zeit zerfressene Siegertreppe. Früher wurden dort bei den Olympischen Winterspielen Medaillen verliehen. Während des Krieges wurden genau auf dieser Treppe Menschen exekutiert.

Das Treffen mit Cemo machte mir nicht nur schonungslos bewusst, wie grausam die Jugoslawienkriege waren, sondern vor allem, wie wenig ich über sie wusste. Und das, obwohl ich zu dieser Zeit bereits am Leben war. Es war ein Gefühl, das ich noch nie zuvor in meinem Leben hatte. Und es schlug schnell in ein mir bekanntes um: Wut. Ich konnte jedoch nicht genau sagen, ob ich wütend auf den Krieg oder stattdessen wütend auf mich selbst war. Warum gab ich mich damals mit dem Wissen zufrieden, dass Jugoslawien früher einmal ein gutes Fußballnationalteam hatte und dann irgendwann in verschiedene Länder aufgeteilt wurde? Warum kam ich nie auf die Idee, mehr über die Kriege zu erfahren, die 1991 begannen und bis 2001 andauerten? Warum hatte es mich nicht interessiert?

Cemo setzte mich nach unserem gemeinsamen Mittagessen bei einem meiner merkwürdigsten Couchsurfing-Gastgebern ab. „Darf ich eine Dusche nehmen?", fragte ich. „Nur wenn du sie anschließend wieder zurückbringst." Olja, mein Gastgeber in Sarajevo, hatte einen sehr speziellen Humor. Außerdem hatte er nach eigener Aussage ein „Zwei-Sekunden-Kurzzeitgedächtnis", was möglicherweise seinem zu hohen Tulpenkonsum geschuldet war. Daher verwunderte es mich eher wenig, dass Olja auf die meisten meiner Fragen mit einem tiefen Zug und einem „Ich erinnere mich nicht" antwortete. Als ich am

Morgen meiner Abreise seine Wendeltreppe herunterwankte, begrüßte er mich von der Ecke seines bordeauxroten Sofas und zog genüsslich an einer langen Tulpe. „Ich habe keine Ahnung, was es ist, aber irgendetwas scheinst du in deinem Leben richtig gemacht zu haben", sagte er. Kurz darauf fiel mein Blick auf einen langhaarigen Mann, der extrem verkatert wirkte. „Verdammt, bin ich verkatert", bestätigte er im selben Moment und nippte an einem frischen Bier. „Hey, ich bin Oha. Ich fahre nach Mostar und kann dich mitnehmen." Die beiden teilten sich eine Vorliebe für sinnesverändernde Substanzen. Ich hingegen konsumierte wesentlich weniger Tulpen, als Menschen es auf Grund meines Äußeren vermutet hätten und hatte zum damaligen Zeitpunkt noch nie chemische Drogen genommen. Dies sollte sich jedoch genau wie Ohas körperliche Verfassung in nicht allzu ferner Zukunft ändern. „Uff, nun geht's mir besser", sagte er und stellte die leere Bierflasche auf dem hölzernen Küchentresen ab. Mein Angebot, ihm einen meiner Pfirsiche zu geben, lehnte Oha dankend ab. „Ich habe den Tag ungesund begonnen und will daran auch nichts ändern. Hier, nimm dir auch ein Bier. Zivio!" Meine Bedenken bezüglich unserer gemeinsamen Autofahrt konnte er geschickt beseitigen. „Ich bin angetrunken ein besserer Fahrer. Wenn ich nüchtern bin, rase ich wie ein Verrückter. Bin ich angetrunken, fahre ich schön vorsichtig." „Zivio", antwortete ich und lernte, dass Alkohol nicht nur beim Trauen, sondern auch beim Vertrauen helfen kann.

Oha war ein großgebauter Mann, dessen dunkler *Hulk Hogan*-Bart ihn wie einen Rockstar wirken ließ. Ich trug der Einfachheit halber meist einen schwarzen Vollbart, durch den ich je nach Sichtweise entweder wie ein Obdachloser, ein israelischer Hipster oder ein Tramper wirkte. Während wir gemeinsam in seinem Auto saßen, erzählte auch Oha mir von seiner Kindheit. „Ich wuchs im Heim auf und war vierzehn Jahre alt, als der Krieg ausbrach. Waisenkinder waren die perfekten Soldaten", erklärte Oha, „Kinder machen generell, was man ihnen sagt – und falls sie sterben sollten, werden sie von keinem vermisst." Es waren Worte, die wehtaten und mich mit einer schonungslosen Realität konfrontierten: seiner Realität. „Ich zog mit 14 Jahren in den Krieg und habe sieben Menschen getötet. Ich kann mich noch an jeden einzelnen von ihnen erinnern." Man konnte an seiner zögerlichen Wortwahl erkennen, dass ihm das Reden über die damaligen Ereignisse viel abverlangte. Ich sah in Ohas Augen und blickte in dieselbe Ausdruckslosigkeit wie zuvor bei Cemo. Ich versuchte, meine Tränen zu verbergen, als Oha damit begann, von dem Wendepunkt seines Lebens zu erzählen: „Ich fiel in ein tiefes Loch, wurde aber gerettet", sagte er, „Musik hat mir das Leben gerettet." Oha gründete nach dem Krieg eine Band mit dem Namen *Dubioza Kolektiv*, die in den Folgejahren zu einer der bekanntesten Musikgruppen des Balkans wurde. Er verdiente gutes Geld, fand eine Frau, die er nach wie vor liebte und lud mich in seine für dortige Verhältnisse luxuriöse Wohnung ein. Oha war ein Rockstar. Er schenkte mir über den Abend verteilt viel zu oft von seinem selbstgebrannten Schnaps ein, umarmte seine Kinder, bevor er sie ins Bett schickte und schaute mit mir gemeinsam auf seiner Veranda sitzend in Richtung ihrer Apfelbäume. „Ich hatte Glück", sagte er, „großes Glück." Mittlerweile füllte seine ehemalige Band ohne ihn diverse Konzerthallen Europas. Trotzdem hatte die Musik Oha nie verlassen. Er gründete eine Musikschule in Mostar, um dort Menschen kostenfrei die Möglichkeit zu geben, ein Instrument zu lernen und miteinander zu musizieren. „Musik hat mir das Leben gerettet, nun will ich auch anderen genau diese Möglichkeit geben", erklärte er bescheiden. Er war einer der Menschen, die mich auf meiner Reise tief inspiriert haben. Ohas Geschichte verdeutlichte mir nicht nur, dass man jeden noch so schweren Schicksalsschlag verarbeiten konnte, sondern zeigte mir auch noch etwas anderes. Ich erkannte, wie glücklich es Oha machte, anderen in seiner Musikschule zu helfen. Er war einer der Menschen, die nach und nach meine Definition von Glück formten und mir eine immer konkreter werdende Idee von meiner eigenen Zukunft gaben. Das letzte Glas leerte ich alleine und richtete meinen Blick in Richtung des mit Sternen gefüllten Firmaments. Ich dachte an meine eigene Zukunft und meine Reise, die gerade erst begonnen hatte. Ich dachte daran, wie schlecht sich mein Kopf beim Trampen wenige Stunden später wohl anfühlen würde und ich dachte an Alice, der ich wenige Tage später zu ihrem zwanzigsten Geburtstag gratulieren musste.

Egal, wie sehr ich mir wünschte, an diesem Abend mit dem Gedanken an Alice einzuschlafen, waren es aber Oha und Cemo, über die ich bis tief in die Nacht nachdachte. Wie konnten sie über ihre Kindheit reden, ohne dabei nicht jedes Mal in Tränen auszubrechen? Wie konnten sie mit einer derart grausamen Vergangenheit abschließen und weiter nach vorne blicken? Am Ende einer langen Nacht fand ich eine mögliche Antwort: Sie konnten es, weil sie es können mussten. Und jemand wie ich, der noch nie einen Krieg durchleben musste, wird dies niemals verstehen können. Ich schob das leere Glas auf die graue Fensterbank, schaute auf die schwarzen Silhouetten von Ohas Apfelbäumen und wünschte mir, dass ich es niemals in meinem Leben verstehen werde.

Mein Hirn war noch leicht benebelt, als ich am Folgetag bei Sile und seiner Mutter ankam. Ich hatte den jungen Bassisten zu Beginn meiner Bosnien und Herzegowina-Etappe beim Trampen kennengelernt und musste seine Einladung damals ausschlagen. Nun war es an der Zeit, ihn besser kennenzulernen. Sile unterrichtete lustigerweise in Ohas Musikschule und lachte herzlich, als ich ihm bei unserem erneuten Treffen Bilder von Oha und mir zeigte. Er war einer dieser Menschen, die mit jeder Geste Hilfsbereitschaft und Herzlichkeit ausstrahlten. Wie sich im Laufe des Tages herausstellte, hatte er dies von seiner Mutter *geerbt*. Ich erinnere mich noch genau daran, wie ich auf ihrem Balkon mit Alice telefonierte und sie mir alle zehn Minuten Obst und Früchte anbot. Wie sie gerade dabei war, meine frisch gewaschenen Kleidungsstücke zu bügeln, als ich mit Sile in ihre Wohnung zurückkehrte. Wie ich die faltenfreien T-Shirts später heimlich zusammenrollte und hastig in meinen Rucksack drückte, da ich es nicht übers Herz brachte, sie mit der Faltenproblematik beim Rucksackreisen vertraut zu machen. Ich erinnere mich noch ganz genau daran, wie sie auf mein „Vielen Dank" jedes Mal mit „Dank nicht mir, sondern Gott" antwortete. Sie war extrem gläubig und kurz davor, ihren Kampf gegen den Krebs zu gewinnen. „Gott beschütze dich", flüsterte sie mir zu, während ich sie zum Abschied fest in meine Arme nahm.

Ich war kein gläubiger Mensch, aber an diesem Abend sprach ich zum ersten Mal seit Jahren zu Gott. Unsere, von diesem Moment an, spärlich gesäten Dialoge endeten zehn Monate später in Tansania.

Sulzbach, 5. November 2019 – 19:30 Uhr

Ich beende meine Bosnien und Herzegowina-Erzählungen mit einem tiefen Atemzug. Es fällt mir nach wie vor nicht leicht, über die schreckliche Vergangenheit der beiden Bosnier zu sprechen. Ich dachte, dass ich mich mit der Zeit daran gewöhnen würde, aber ich tat es nicht. Ebenso verhielt es sich mit den Abschieden, die ich auf meiner Reise durchlebt hatte. Sie wurden mit steigender Anzahl keineswegs leichter. Stattdessen zeigten mir diese Abschiede eindrucksvoll, welch emotionaler Mensch ich bin, und obwohl ich meine Gefühle nach außen hin meist gut verbergen konnte, existierten sie. Dieser Umstand machte mir das Leben als Anhalter mit all seinen Abschieden zwar oft schwer, erfüllte mich gleichzeitig aber auch mit Stolz. Ich war stolz darauf, dass ich nie in eine emotionale Abgestumpftheit abgedriftet war, um mich so vor Schmerz zu schützen. Manchmal wünschte ich mir jedoch, dass ich es getan hätte.

Es folgt ein weiterer tiefer Atemzug, mit dem ich auf meinem Pointer kräftig die *Weiter-Taste* drücke, um so zu einem der schönsten Bilder meiner Show zu wechseln: Die Bucht von Kotor in Montenegro. Riesige Kreuzfahrtschiffe, die sich langsam auf dem strahlend blauen Wasser bewegen und die anderen Yachten winzig wirken lassen. Entlang der Bucht sieht man unzählige Siedlungen, aus denen vereinzelt alte Kirchtürme emporragen. Das 2.000 Meter hohe Orjen-Gebirge, das die Bucht zu allen Seiten hin umgibt, rundet mit seinen Grün- und Grautönen das perfekte Fotomotiv ab. Wenn ich die Bilder meiner Reise sehe, denke ich jedoch viel mehr an die unterschiedlichsten Gefühle. Daran, wie winzig ich mich selbst neben den riesigen Schiffen gefühlt hatte. Wie sehr ich schwitzen musste, um zu der Festung zu klettern, an der ich dieses Foto aufgenommen hatte. Und wie gut sich die kühle Meeresbrise anfühlte, als sie den Schweiß auf meinem Gesicht langsam trocknete.

Kurz bevor ich meine nächste Geschichte einleite, blicke ich erneut am blendenden Scheinwerferlicht vorbei in die Gesichter der Zuschauer. Einige von ihnen wirken nach wie vor betroffen. Ich achte darauf, auf die traurigen Momente meiner Show stets lustige Geschichten folgen zu lassen. Schließlich will ich meine Zuschauer unterhalten und sie nicht stundenlang zum Weinen bringen. Dennoch ist es mir wichtig, über die emotionalen und traurigen Momente meiner Reise zu reden, da sie eben auch diese beinhaltet.

„Die Geschichte, die ich euch zu diesem Bild erzählen werde, ereignete sich 20 Kilometer entfernt am Rande einer Straße", leite ich mit mittlerweile wieder heiterer Stimme ein. „Ihr könnt es euch wahrscheinlich denken: Die meisten Unterhaltungen beim Trampen laufen sehr ähnlich ab. ‚Wie heißt du? Woher kommst du? Du hast wirklich mal mit Finanzen gearbeitet? Warum hast du so viele Tattoos?' Meine Mitfahrgelegenheit in Montenegro entschloss sich dazu, unsere Unterhaltung auf eine für mich gänzlich neue Art einzuleiten." Ich weiß noch gut, wie erfreulich überrascht ich damals war, und wie schnell dieses Gefühl in ein ganz anderes umschlug.

Montenegro, Juni 2017

„Ich habe eine wunderschöne Tochter, die ich dir gerne vorstellen würde", sagte der schätzungsweise vierzigjährige Mann aus Montenegro, nachdem er mich vom staubigen Straßenrand eingesammelt hatte. Wenig später stellte sich seine Tochter bei mir vor: „Mein Name ist Danijela. Schön, dass du gekommen bist." Sie hatte große braune Augen, schwarze Haare und führte mich, ohne viele Worte zu verlieren, in ihr Zimmer. Dort schubste sie mich auf ihr Bett, strich sich die Haare hinters Ohr und kniete sich über meinen Körper. Ich schaute in ihre kastanienbraunen Augen und nickte zustimmend. Danijela fasste sich sinnlich an ihre Wange und berührte dann den Knüppel, der zwischen uns war. Kurz darauf formte sie ihre Lippen, um so drei alles verändernde Worte zu sagen: „Magst du ficken?"

Ihre Stimme klang tief und erinnerte mich an meine thailändische Massagegeschichte. Danijelas kastanienbraune Augen veränderten zunehmend ihre Farbe und wirkten nun eher kastanienschalengrün. Auch ihre Gesichtskonturen verschwammen immer mehr, bis ich sie nur noch schemenhaft erkennen konnte. Es wirkte so, als würde ich langsam aus einem Traum aufwachen. Danijela fasste sich erneut lüstern in ihr Gesicht und berührte den Schaltknüppel, der zwischen uns war. Ich formte langsam meine Lippen, um so drei alles verändernde Worte zu sagen: „Ähm … Wie bitte?"

„Danijel, magst du ficken?", wiederholte mein Fahrer. Er hielt den Schaltknüppel noch immer fest in seiner rechten Hand. Ein kurzes Gedankenspiel, das mich und den Sprung aus dem fahrenden Auto beinhaltete, machte schnell meiner Neugierde Platz. Ich empfand seine Frage im ersten Moment als gelungene Abwechslung und entschloss mich dazu, mitzuspielen: „Ja, generell mag ich Sex." Fortan begann der namenlose Fahrer damit, sämtliche meiner Gesprächsanteile mit einem überraschten „Oohhh" zu kommentieren. Er hatte viele Fragen. „Masturbierst du? Hast du schon in Montenegro masturbiert? Bist du gekommen?" Seine Wissbegierde wäre der Traum eines jeden Oberstufenlehrers gewesen. Mit zunehmender Intimität seiner Fragen und den unentwegt länger werdenden „Oooooohhhhh's" wurden meine Antworten zurückhaltender. Im Gegensatz zu meinen Äußerungen wurde die Frage nach dem *Warum* immer lauter. Als der überaus feinfühlige Mann damit begann, sich nach unserer kurzen, aber intensiven Kennenlernphase immer öfter beherzt in den Schritt zu greifen, machte sich in mir eine unangenehme Vorahnung breit. Wenig später wurde sie zu einer staubigen Gewissheit. Genau in dem Moment, als er mit seinem rechten Zeigefinger 20 Euro auf das mit Staub bedeckte Armaturenbrett schrieb. „Nein, hör auf mit deinen Fragen! Das wird nicht passieren", sagte ich laut. Für einen kurzen Moment kehrte ich zu meiner anfänglichen Sprungidee zurück. Der bloße Gedanke daran, wie mein Gesicht auf dem heißen Asphaltboden aufschlagen würde, drückte mich jedoch unverzüglich zurück auf den dunklen Stoffbezug seines Beifahrersitzes. Der Glaube daran, dass ich im Zuge eines weiteren Gedankenspiels einen Faustkampf gegen den ungestümen Fahrer gewinnen würde, brachte mich zurück in ein Stadium der Ruhe. Es folgte die angenehmste fünfminütige Stille meines Lebens.

„Wie lang ist dein Penis?", war die Frage, mit der meine mittlerweile sichtlich erregte Mitfahrgelegenheit eine neue Unterhaltung einleitete. Zum Glück war unsere Fahrt kurz darauf zu Ende, da er die Autobahn verlassen musste. „Auf Wiedersehen, sexy Daniel", sagte er lüstern und ließ sich die einmalige Gelegenheit, mir beim Aussteigen kraftvoll auf mein Hinterteil zu klapsen, natürlich nicht entgehen. Nachdem ich das Auto verlassen hatte, sah ich erneut in das grinsende Gesicht des Unbekannten. Er zwinkerte, schnalzte zum Abschied erotisch mit seiner Zunge, drückte aufs Gas und setzte seine Reise fort.

Ich stand noch eine Weile am Straßenrand und zog roboterhaft an meiner selbstgedrehten Zigarette. Es waren tiefe und lange Züge. Obwohl letztlich nichts passiert war, rief die vorangegangene Fahrt in mir ein eigenartiges Gefühl hervor. Ich schaute der Asche dabei zu, wie sie langsam in Richtung des Asphalts schwebte. Bevor sie den Boden erreicht hatte, wehte sie ein lauer Windhauch in die Weiten Montenegros. Ich wusste nicht, wie ich das Geschehene einordnen sollte und starrte stattdessen fragend auf meine glimmende Zigarettenspitze. So, als hätte sie mir eine Antwort geben können. Es war ein seltsames Gefühl, das für mich zu diesem Zeitpunkt gänzlich neu war. Ich fragte mich, für wie viele Menschen und besonders Frauen es ein bekanntes Gefühl gewesen wäre. Erneut betrachtete ich das nächste Stück qualmender Asche, das kurz davor war, seine Reise in Richtung Boden anzutreten. Es war wunderschön. Und kurz darauf war es, wie der Traum von Danijela, für immer verschwunden.

Sulzbach, 5. November 2019 – 19:33 Uhr

„Ich stand also am Rande der Straße, rauchte eine Zigarette und versuchte, das Geschehene einzuordnen. Nach kurzer Überlegung dachte ich mir

Folgendes: 20 Euro sind viel Geld in Montenegro. Irgendwie hatte Masturbationsmann mir mit seinem Angebot sogar ein Kompliment gemacht", schlussfolgere ich und schaue der Menge dabei zu, wie sie verlegen lacht. Ich werde ihnen nicht erzählen, dass es in Wirklichkeit mehrere Tage gedauert hatte, bis ich über mein erstes Prostitutionsangebot lachen konnte.

Als Nächstes spreche ich über Albanien. Ich nutze dieses wundervolle Land dazu, um über Erwartungen und Vorurteile zu sprechen. Darüber, wie ich damals eine schlechte Meinung von Albanien hatte, ohne auch nur das Geringste über Albanien zu wissen. „Für mich war *Gefahr* damals das erste Wort, das mir bei Albanien in den Kopf kam. Warum? Ich kann es euch nicht sagen. Vermutlich, da mir vor 15 Jahren mal irgendwer erzählt hatte, ich solle Albaner nachts am Bahnhof besser meiden. Und dieser Blödsinn wuchs anscheinend im Laufe der Zeit zu einem Bild von Albanien, wie es falscher nicht hätte sein können. Und so versuchte ich auf meiner weiteren Reise sämtliche Vorurteile abzulegen." Ich hatte mein ganzes Leben lang Albanien mit Gefahr verbunden, ohne dies je zu hinterfragen. Ebenso benutzte ich den Ausdruck „*Ich sehe rot*", ohne je über den Sinn dieser Redewendung nachzudenken. Die Augen von Stieren besitzen keine Zapfen für rotes Licht und sind daher *rotfarbenblind*.

Ich kam zu der Einsicht, dass ich Ansichten und Bedeutungen öfter hinterfragen sollte. Meinen Zuschauern erzähle ich heute keine Geschichten von Farbschwächen und verrate ihnen auch nicht, dass sich in Albanien meine Reiseroute entscheidend geändert hatte. Mein ursprünglicher Plan sah vor, von Albanien aus über Serbien zurück nach Deutschland zu trampen, nach Kanada zu fliegen und von dort per Anhalter bis nach Chile zu reisen. Um den genauen Grund für diese und viele weitere Entscheidungen meiner Reise verstehen zu können, muss ich weit in die Vergangenheit springen. In eine Zeit, in der ich mit all diesem wunderschönen Wahnsinn niemals gerechnet hätte.

Als mir mein Abitur bescheinigt wurde, bestand in Deutschland noch die allgemeine Wehrpflicht. Da ich seit jeher unserem Militärsystem gegenüber skeptisch eingestellt war und mein Körper schon bei dem bloßen Gedanken an Liegestützen in eine Schockstarre verfiel, verweigerte ich und leistete stattdessen Zivildienst in einem Seniorenheim. Es war eine ältere Dame namens Maria, die gelegentlich verschiedenste Lebensweisheiten mit mir teilte: „Glaub mir, wenn du irgendwann mal so alt sein wirst wie ich", begann sie wie fast jede ältere Person, die kurz davor ist, eine Lebenserkenntnis zu teilen, „nachts in deinem Bett liegst und über dein Leben nachdenkst … Du wirst vieles bereuen. Aber nicht vorrangig die Dinge, die du getan hast, sondern vielmehr die Dinge, die du nicht getan hast. Am Ende sterben wir alle alleine. Jeder von uns. Versuch, deine Chancen zu ergreifen und scheu nicht davor zurück, Risiken einzugehen. Und so wirst du vielleicht deine Augen in Frieden schließen können." Marias Worte waren für mich zum damaligen Zeitpunkt nicht mehr als eine Aneinanderreihung von Lebensfloskeln. Rückblickend sollte ich mein Leben jedoch genau nach ihrem Credo leben. Ich traf naive Entscheidungen, ließ mich auf komplizierte Beziehungen ein und setzte mir Ziele, die von Anfang an zum Scheitern verurteilt waren. Letztendlich ertrug ich das Gefühl des Scheiterns und bestärkte mich damit, dass ich Dingen eine Chance gegeben hatte. Ich ertrug das Gefühl jedoch öfter, als ich es mir gewünscht hätte.

„Was, denkst du, passiert, wenn wir sterben?", fragte ich die grauhaarige Dame. „Ich weiß es nicht. Ich weiß nur, dass die Menschen, die uns lieben, uns sehr vermissen werden."

Als ich in Albanien Alice meinen Vorschlag unterbreitete, musste ich zwangsläufig an Maria zurückdenken. Sie hätte mir sicherlich unterstützend auf die

Schulter geklopft und mich dafür gelobt, dass ich meine Hand nach einer winzigen Chance ausstreckte. „Vielleicht könnten wir uns in Indien treffen. Die Flüge aus Griechenland sind nicht teuer und ich könnte anschließend von dort aus nach Deutschland trampen. Ich weiß, das klingt verrückt, aber ich mag ‚verrückt‘“, schlug ich Alice vor, während wir in Tirana telefonierten. Wir suchten händeringend nach einer Möglichkeit für ein erneutes Treffen. „Klingt nach einem Plan. Nach einem verrückten, aber auch ich mag ‚verrückt‘. Sonst würden wir wohl nicht telefonieren.“ Ich war mir sicher, dass sie diesen letzten Satz mit einem breiten Grinsen am anderen Ende der Welt in ihr Handy flüsterte. „Ich muss noch ein paar Dinge klären und werde dir in den kommenden Tagen Bescheid geben“, sagte Alice. Als ich an diesem Abend auf Wendis orangefarbener Couch gemeinsam mit ihrem Adoptivhund meine Augen schloss, war mir eine Sache bewusst: Ich war kurz davor, eine vermutlich ziemlich dumme Entscheidung zu treffen. Alice studierte in Abu Dhabi und ich hatte gerade meine Weltreise begonnen. Was für eine Zukunft hätten wir gehabt? Hätte ich meinen Masterstudiengang in den Vereinigten Arabischen Emiraten nachgeholt? Hätte sie ihren zugunsten des Trampens abgebrochen? Wir waren uns beide einig: Es wäre dumm gewesen, uns zu treffen, aber es wäre noch dümmer gewesen, es nicht zu tun.

Meine Gastgeberin Wendi war ein kleines, blondes Kraftpaket. Ihre Schulterbreite ließ sie wie eine Gewichtheberin wirken. Ihre kratzige Stimme deutete hingegen darauf hin, dass sie dem Sport vor Jahren zu Gunsten von rauchenden Glimmstängeln den Rücken gekehrt hatte. Die quirlige Amerikanerin verdiente in der Hauptstadt Albaniens ihr Geld als Englischlehrerin. Ihre Nachbarn waren überzeugt davon, dass sie nebenberuflich als Prostituierte arbeitete, da ständig fremde Männer ihr Appartement besuchten. Fremde wie ich, die dank Couchsurfing keine Fremden blieben. Wendi beschäftigte sich damit, wie es wohl sei, ein Kind ohne Vater aufzuziehen. Sie hatte in ihrem bisherigen Leben nur schlechte Erfahrungen mit dem männlichen Geschlecht gemacht und letztendlich ihre Hoffnung verloren.

Wir trafen uns abends mit Robin und Nick, zwei weiteren Englischlehrern, auf einer der höchsten Dachterrassen Tiranas. Es war keine luxuriöse Rooftop

Bar, sondern vielmehr eine graue, heruntergekommene Betonplatte, die Robins Gebäudeblock bedeckte. Auch in dieser Ecke der Welt gab es einen Überfluss an Tulpen, und so inhalierten wir abwechselnd ihren an eine sogenannte Einstiegsdroge erinnernden Blütenduft. In dieser warmen Sommernacht gab ich nach 27 Jahren zum ersten Mal meiner Neugierde für chemische Drogen nach. Es waren zwei winzige, blaue Dominosteine, die erst zur Hälfte und schließlich komplett in meinem Mund verschwanden. Ich lehnte mich an die hüfthohe Mauer, die das Dach umgab. Vor mir türmten sich alte Plattenbauten auf, die von der untergehenden Sonne in einen warmen Orangeton gehüllt wurden. Die Zukunft verlor dank meiner Reise nach und nach ihren Schrecken. Ich konnte mir vornehmen, was auch immer ich wollte. Vor meinem geistigen Auge tanzte ich über den Dächern Albaniens, gemeinsam mit meiner Familie, meinen Freunden, Alice und einigen weiteren Gesichtern, die mir noch unbekannt waren. Wir tanzten gemeinsam in meiner Strandbar.

Ein Jahr später ließ Wendi sich künstlich befruchten und brachte in Amerika ein kleines Mädchen namens Zoe zur Welt. Sie mochte Albanien, wollte ihr Kind aber nicht um das Privileg bringen, in einem wohlhabenden Land geboren zu werden.

Ich fragte mich lange Zeit, warum die blauen Pillen an dem damaligen Abend keinerlei Wirkung bei mir zeigten. Irgendwann später wurde mir der Grund hierfür bewusst. Ich war an diesem Abend der glücklichste Mensch der Welt, frei von Ängsten und Sorgen. Mein Hirn strotze nur so vor Dopamin und ich befand mich in einem Zustand, den nicht einmal Dominosteine verbessern konnten.

Griechenland, Juli 2017

Die Schwellung unter meinem linken Auge heilte langsam ab. Griechenland hielt ein Willkommensgeschenk in Form eines Bienenstiches für mich bereit. Ich konnte mich jedoch nicht beklagen, schließlich war ich derjenige, der euphorisch entlang eines engen Schotterweges marschierte, um so zu einem in der Ferne erkennbaren See zu gelangen. Die farbigen Holzkästen am Wegesrand interpretierte ich fälschlicherweise als moderne Kunst. Ich saß erschöpft am Rande der Straße im Schatten eines mächtigen Baumes, als eine mittelgroße Schildkröte an mir vorbeikroch. Sie stoppte abrupt und drehte ihren schlanken Hals in meine Richtung. Die Schildkröte lächelte mir zu und sah mich mit ihren zufriedenen, nachtschwarzen Augen an. Sie waren derart schwarz, dass ich in ihnen sogar mein eigenes, unrasiertes Spiegelbild erahnen konnte. „Na du? Träumst du auch davon, von jemandem mitgenommen zu werden?", fragte ich die neugierige Schildkröte. „Mein Name ist Kassiopeia. Es ist nicht wichtig, wieviel Zeit es braucht, bis dein Traum sich erfüllt. Viel wichtiger ist es, dass du einen Traum hast", entgegnete der weise Vierbeiner, dessen Namen mich unweigerlich an meinen Lieblingsroman von Michael Ende* erinnerte. „Aber ich muss rechtzeitig zu meinem Flug in Athen ankommen. Mir läuft die Zeit davon." „Es geht nicht darum, genug Zeit zu haben. Es geht darum, sich genug Zeit zu nehmen", sagte sie. „Und was soll ich tun, falls ich doch meinen Wettlauf gegen die Zeit verliere?", erwiderte ich. „Alle Zeit, die nicht mit dem Herzen wahrgenommen wird, ist verlorene Zeit" (Michael Ende). Kassiopeia hatte auf all meine Fragen eine Antwort. Entweder musste die Schildkröte ein begnadeter Philosoph sein, oder sie hatte unter ihrem Panzer einen kleinen Computer versteckt, auf dem sie ‚Zeit-Zitate' aus der Google-Bilder-Suche zitierte. Vielleicht war sie auch einfach nur das weiseste Wesen unseres Planeten. Dies würde erklären, warum man ein Sternenbild, das die Form des Buchstaben W hat, Kassiopeia nannte. W wie die Weisheit. „Du hast Recht, Kassiopeia. Ich sollte mich auf den Weg ins nächste Dorf machen. Du kannst mir in deiner Allwissenheit nicht zufällig noch das Ende der Serie Lost erklären?" „Ich wünsche dir eine gute Reise", sagte sie und verschwand in einem der dürren Büsche.

---

* Als ich am Ende meiner zweiten Reiseetappe zurück nach Hause trampte, gab mir eine junge deutsche Fahrerin den Ratschlag, das Kinderbuch „Momo" von Michael Ende als Erwachsener erneut zu lesen. Es war eine gute Entscheidung.

Ich war mir nicht sicher, ob es die kontinuierliche Sonneneinstrahlung oder doch eher meine Dehydratation waren, die die vorbeikriechende Schildkröte mit mir reden ließ. Was ich jedoch wusste, war, dass sie Recht hatte. Ich zwang mich zurück auf meine Beine und marschierte in Richtung der nächsten Wasserquelle. Es war an der Zeit, mich an längere Fußwege zu gewöhnen, denn Griechenland und Italien verbanden zwei Dinge: eine direkte Fährenroute und eine grundsätzlich negative Einstellung Trampern gegenüber.

Mehrere lange Wartezeiten später hievte ich meinen Rucksack aus dem Kofferraum eines alten Hyundai und stand im Schatten der beeindruckenden Meteora-Klöster. Zumindest sprichwörtlich, da die Sonne bereits längst auf der anderen Seite unserer Erde verschwunden war, als mich meine vierte griechische Mitfahrgelegenheit in Kalambaka absetzte. Stattdessen blickte ich auf eine horizontale Aneinanderreihung tiefschwarzer Felssilhouetten und malte mir während meiner Suche nach einem geeigneten Schlafplatz die Imposanz eben dieser bei Tageslicht aus. Mit meiner fest umschlungenen Taschenlampe fand ich nach einer schweißtreibenden Wanderung durch einen dichten Wald eine freie Fläche inmitten der Felsformationen. An dieser Stelle konnte ich gegen Mitternacht mein Zelt aufschlagen. Ich beendete den Abend mit meinem Campingritual, kletterte auf einen der umliegenden Felsen und drehte zufrieden meine letzte Zigarette des Tages. Während das Tabakpäckchen, das ich wenige Tage zuvor über die albanische Grenze geschmuggelt hatte, immer leerer wurde, blickte ich in ein dunkelblaues Meer voller Sterne. Es waren diese Momente der absoluten Stille, in denen ich mich als winzigen Teil eines riesigen Universums fühlte. Aus weiter Ferne lauschte ich dem Jaulen und Bellen eines griechischen Hundes. Wie bei einem Kanon schlossen sich nach und nach immer mehr Hunde an und sangen miteinander um die Wette. Es waren diese Momente der relativen Stille, in denen ich mich als winzigen Teil eines riesigen Universums fühlte. Es sang mir ein Gute-Nacht-Lied.

Meteora bei Tageslicht übertraf meine kühnsten Vorstellungen. Riesige Sandsteinfelsen ragten teils wie einzelne Finger, teils wie ganze Fäuste aus dem Boden hervor und bildeten surreal wirkende Formationen. Insgesamt wurden im 14. Jahrhundert vierundzwanzig einzelne Klöster auf den Spitzen dieser Felsen gebaut und prägten somit den Namen dieses Weltkulturerbes. Meteora bedeutet übersetzt *In die Höhe heben* – und genau dies machte ich im Schatten der sich langsam erhebenden Sonne mit meinem Rucksack. Meine für Männer eher schmalen Schultern spürten mit jedem Schritt das Gewicht der Trageriemen meines, mit fast 30 Kilogramm, viel zu schweren Reisebegleiters. Sie spürten das Gewicht meines Lebens. Es war der Preis, den ich dafür zahlte, einerseits unnötige Dinge wie eine mobile Musikbox mitzunehmen und andererseits die notwendige Ausrüstung stets zum kleinstmöglichen Preis zu erwerben. Für Menschen, die mich während meiner Reise hierauf ansprachen, hatte ich immer die gleiche Antwort: „Mit leichtem Gepäck kann jeder reisen. Ich suche die Herausforderung." Ich bin mir sicher, dass die Ironie dieser Aussage meist nicht erkannt wurde.

Während der Aufstieg bei 38 °C meinem Körper alles abverlangte, wunderte ich mich über die geringe Anzahl an Menschen, die ich während meiner Wanderung traf. Die wenigen, die mir auf dem steinigen Trampelpfad entgegenkamen, begrüßten mich mit dem klassischen „Es ist nicht mehr weit." Ein Phänomen, mit dem ich auf den meisten meiner Wanderungen konfrontiert wurde. Ich schätze, jeder Wanderer würde mir darin zustimmen, dass es sich hierbei fast immer um eine Wohlfühllüge handelt. Als ich schließlich am ersten Kloster ankam, bemerkte ich nicht nur, dass mich die anderen Wanderer tatsächlich angelogen hatten, sondern erkannte auch, wo sich all die Touristen versteckten. Es gab eine modern ausgebaute Gebirgsstraße, mit deren Hilfe jedes der sechs noch begehbaren Klöster auch ohne körperlichen Aufwand bequem erreicht werden konnte. So stapfte ich als einziger Fußgänger entlang der ebenen, dicht befahrenen Asphaltstraße und wurde abwechselnd von rasenden Reisebussen und vorsichtig fahrenden Mietautos überholt. Ich war mir nicht sicher, ob durch die gelegentlichen Hupsignale meine physische Leistung gewürdigt werden sollte, oder ob ich sie als Ausdruck von Aggression zu verstehen hatte.

Die einzelnen Parkplätze vor den Klöstern wurden von Unmengen an huttragenden und mit Kameras behangenen Menschen belagert. Ich will mich an dieser Stelle nicht über Touristen beschweren, denn gewissermaßen war ich selbst einer. Es würde sich ja auch niemand von uns in einem Wartezimmer beim Arzt darüber beschweren, dass er so lange warten müsse, weil zu viele Patienten den Arzt aufgesucht haben.

Letztendlich verhält es sich mit Touristen wie mit allen anderen Menschen auch. Man sollte nicht generalisieren und sie in dieselbe Schublade stecken. Viele von ihnen verhalten sich schrecklich, wollen einzig ein möglichst perfektes Foto machen und werfen ihren Plastikmüll unbeteiligt auf den Boden. Wiederum andere Touristen bieten jedoch ihre Hilfe an, machen so von anderen Personen möglichst perfekte Fotos und sammeln den Müll von Fremden auf. Was mich meiner Meinung nach von einem Touristen unterschied? Ich schätze, viele Touristen sind auf der Suche nach einem bestimmten Ort. Ich hingegen war auf der Suche nach einer philosophischen Reisefloskel: Ich war auf der Suche nach dem Weg.

Als ich den richtigen Weg gefunden hatte und wieder am Fuße der Felsformationen ankam, neigte sich der Tag allmählich seinem Ende zu. Die Zeltplatzsuche bei Tageslicht stellte sich im Vergleich zu der des Vorabends als wesentlich angenehmer heraus. Normalerweise suchte ich nach bequemen und geschützten Orten, um mir so einen bestmöglichen Schlafkomfort zu ermöglichen. Gelegentlich diente aber auch die pure Ästhetik als primäres Entscheidungskriterium. Ich schlug mein Zelt auf einem der Felsen auf, legte mir mein Abendessen zurecht und sah dabei zu, wie Meteora langsam aber stetig in der Dunkelheit versank. Es dauerte nicht lange, bis sich die ersten Himmelskörper zeigten und somit die perfekte Zeit für Sternenliebhaber wie mich einläuteten. Ich fand den umgedrehten Schubkarren und wenig später auch Kassiopeia. Die einzigen Lichtquellen neben dem hellstrahlenden Mond waren die lodernden Flammen eines kleinen Lagerfeuers, um das sich ein paar Jugendliche in der Nähe meines Zeltes versammelt hatten. Bevor ich erschöpft den Weg in meinen Schlafsack fand, begrüßte ich die Gemeinschaft und teilte meine Zigaretten mit den sicherlich Volljährigen. Während ich weiter ihren griechischen Worten lauschte und den Schatten der Flammen dabei zusah, wie sie an meiner

Zeltwand tanzten, wurde mir eine Sache bewusst: Ich war bereits seit drei Monaten unterwegs und an diesem Abend fühlte ich mich zum ersten Mal alleine. Ich fühlte mich einsam.

Ich weiß nicht genau, warum es ausgerechnet dieser Moment war. Vielleicht war der Grund dafür schlicht die Zeit, die seit meinem Abschied in Deutschland ins Land gezogen war. Vielleicht waren es die überdurchschnittlich langen Wartezeiten an Griechenlands Straßen. Vielleicht war es Alice, die mir Tage zuvor schweren Herzens mitteilte, dass sich unser Traum von einem Wiedersehen in Indien nicht verwirklichen ließe. Vielleicht hatte ich aber auch ganz einfach einen schlechten Tag. Als jemand, der wie viele andere mit einem sehr romantisierten und eindimensionalen Bild des Reisens aufgewachsen war und es als Synonym von Urlaub gebrauchte, musste ich im Laufe meiner Reise lernen, schlechte Tage zu akzeptieren. Ich musste lernen, dass das Reisen nicht nur malerische Strände, exotische Tiere und das Abklatschen mit Kinderhänden bedeutete. Es bedeutete auch, Ängste zu haben, Schmerz zu ertragen und Einsamkeit zu empfinden. „Wie kann es dir bitte schlecht gehen? Immerhin siehst du die tollsten Ecken unserer Welt, während ich fast jeden Tag arbeiten muss", wurde ich im Laufe meiner Reise gelegentlich gefragt. Würde das bedeuten, dass es Menschen, die gerade nicht reisen, nie schlecht gehen sollte, da sie ein geregeltes Leben führen, während ich wartend an der Straße stehe? Weil sie vielleicht an jedem Wochentag ihre Kinder mit einer festen Umarmung zur Schule verabschieden können? Weil sie jeden Morgen neben ihrem Partner aufwachen? Weil sie ein warmes Zuhause haben oder sich jederzeit mit langjährigen Freunden auf einen Kaffee treffen können? Warum wird das Reisen so oft als Synonym für Urlaub genutzt, ohne zu erkennen, dass es auch „verzichten" bedeutet? Das Leben eines Reisenden ist letztendlich wie jedes andere auch. Es ist ein Leben und hat dementsprechend sowohl gute als auch schlechte Tage. Ich lernte, schlechte Tage nicht nur zu akzeptieren, sondern vor allem auch, sie zuzulassen.

Und so zog ich wie gewohnt weiter und ließ auf bedrückende Zeiten erneut positive und motivierende Momente folgen. Auf meinem Weg nach Athen lud mich eine Gruppe Jugendlicher zum gemeinsamen Strandausflug ein. In der Hauptstadt selbst nahm mich ein herzlicher Gastgeber auf und ich konnte, begleitet von zwei seiner Freundinnen, meinen damals in Italien versäumten Skinny Dip nachholen. Ich ließ auf schlechte Tage erneut gute folgen. Derartige Begegnungen ermutigten mich stets, mit meiner Reise weiterzumachen. Auch die anfängliche Enttäuschung über die gescheiterten Indienpläne gehörte schnell der Vergangenheit an. Ich hatte neue Reisepläne geschmiedet und auch ein erneutes Wiedersehen mit Alice rückte in greifbare Entfernung. Wir wollten Weihnachten 2017 gemeinsam in Spanien verbringen. Zunächst buchte ich jedoch einen Flug von Athen in den Nahen Osten. Die Sucht nach dem immer größeren Abenteuer hatte mich gepackt.

Ich saß vor einer endlos großen Glasscheibe, sah den riesigen Maschinen bei ihren Landeanflügen zu und wartete auf meine Mitfluggelegenheit nach Tel Aviv. Die Gewissheit darüber, bald zum ersten Mal seit Jahren erneut in einem Flugzeug zu sitzen, fühlte sich eigenartig an. Ähnlich ungewohnt war die Nachrichtenflut von engen Freunden, alten Bekannten und teils fremden Personen, die mich an diesem Mittag erreichte. Die größte Tageszeitung des Saarlandes hatte sich dazu entschieden, über meine Geschichte zu berichten. Die Schlagzeile *Per Anhalter um die Welt* machte mir schlagartig bewusst, welches Ausmaß diese Reise angenommen hatte und letztendlich noch annehmen könnte. Ich tat nichts weiter, als an der Straße zu stehen und konnte damit Menschen inspirieren, Vorurteile abbauen und unter Beweis stellen, dass am Ende *unmöglich* womöglich *möglich* ist. „Vielleicht werde ich ja irgendwann einmal dabei helfen, eine Schule zu bauen. Vielleicht werde ich mich irgendwann einmal selbst bei Markus Lanz im TV sehen. Vielleicht werde ich irgendwann einmal Beifahrersitze auf ihre Bequemlichkeit testen. Vielleicht werden Menschen irgendwann einmal Veranstaltungen besuchen, in denen ich stundenlang über meine Reise spreche. Vielleicht werde ich irgendwann einmal eine eigene Sockenkollektion auf den Markt bringen. Und vielleicht werde ich sogar irgendwann einmal ein Buch schreiben", flüsterte ich wie in einer Filmszene in Richtung meines Gesichtes, das sich in der Glasscheibe spiegelte. Mit dem einzigen Unterschied, dass ich es nicht wirklich tat. Selbst für meine lebhafte Fantasie wären all diese Szenarien damals undenkbar gewesen.

Ich kann meinen Zuschauern zeitbedingt nicht erzählen, dass ich fast von Griechenland nach Indien geflogen wäre. Ebenso kann ich ihnen nicht erklären, wie spontan ich meine Entscheidung für den Nahen Osten getroffen hatte. An diesem Punkt meiner Show wäre jedoch wohl niemand sonderlich überrascht, da sich meine Planänderungen im Laufe von *Anekdoten eines Beifahrers* zu einem stets wiederkehrenden Phänomen entwickeln. „Ich musste ein Flugzeug nehmen, da der einzige Landweg durch Syrien oder den Irak geführt hätte. Beides Länder, durch die man derzeit leider nicht trampen kann. Ich hoffe für die Menschen dort, dass sich dies irgendwann wieder ändern wird", sage ich mit hoffnungsvoller Stimme und erkläre kurz, wo genau Israel liegt. Um ehrlich zu sein, habe ich nicht ganz die Wahrheit gesagt. In der Theorie hätte es sicherlich eine Möglichkeit gegeben, nach Syrien oder in den Irak einzureisen. Der deutsche Reisepass ist einer der mächtigsten Schlüssel dieser Welt und somit in der Lage, fast jede noch so gut verschlossene Tür zu öffnen. Ein kostbares Privileg, das ich mit jedem Tag meiner Reise mehr wertzuschätzen lernte. Ich bin überzeugt davon, dass ich auch in Syrien oder dem Irak fantastische Menschen kennengelernt hätte und meine menschlichen Begegnungen mindestens genauso herzerwärmend wie in allen anderen Ländern gewesen wären. Trotzdem löste selbst der bloße Gedanke daran, durch Länder zu reisen, aus denen Einheimische fliehen, in mir stets ein Gefühl von Perversion aus.

„Und so entschied ich mich dazu, mit dem Flugzeug nach Israel zu reisen. Als ich den Flughafen in Tel Aviv verließ, bot sich mir ein Bild, das in meinem Magen ein mulmiges Gefühl hervorrief. An jeder Ecke der Stadt begegnete ich jungen Meschen, die vollautomatische Gewehre an ihrem Körper trugen." Ich kann mich noch gut daran erinnern, wie ich mich damals fühlte. Es war ein ungutes Gefühl, da ich derartige Bilder nur aus dem Fernseher und einem sehr schlimmen Kontext kannte: dem Krieg.

Israel, Juli 2017

Als mich meine junge Mitfahrgelegenheit in Jerusalem absetzte, hatten sich meine Augen bereits an die Schusswaffenpräsenz gewöhnt. Drei Tage zuvor in Tel Aviv war der Grund dafür die israelische Wehrpflicht. Frauen mussten 21 Monate und Männer sogar drei Jahre lang „dienen". Als mein Flugzeug gegen Nachmittag in der sogenannten Weißen Stadt landete, wurden die Wehrdienstleistenden in ihren Feierabend entlassen und waren samt Uniform und vollautomatischem Maschinengewehr unterwegs zu ihren Wohnungen. In Jerusalem hatte das enorme Militäraufgebot leider einen weit traurigeren Grund. Drei Tage, bevor ich in der Hauptstadt Israels ankam, wurden auf dem Tempelberg zwei Polizisten bei einem Attentat getötet. Als ich nach diversen Sicherheitskontrollen vor dem pompösen, in blaues Mosaik gehüllten Felsendom stand, war ich zwar visuell zutiefst beeindruckt, das vorherrschende Gefühl hätte ich jedoch eher als unbehaglich bezeichnet. Sowohl Juden, Christen als auch Muslime verbinden diesen Ort mit verschiedenen bedeutenden Ereignissen aus ihren religiösen Überlieferungen. Jerusalem ist eine einzigartige Stadt, die von drei verschiedenen Religionen als heiliger Ort betitelt wird. Ein Ort, dessen Geschichte gleichermaßen faszinierend und deprimierend ist. Als ich zwei Jahre später wieder in meiner Heimat war, stieß ich auf die Aussage einer deutschen Kuratorin, über die ich lange nachgedacht habe. Frau Kugelmann sagte, dass Jerusalem von Heiligkeit kontaminiert sei.

In Jerusalem beherbergte mich eine alte Bekannte. Ich lernte Inbal damals auf meiner ersten Reise in Myanmar kennen. Gemeinsam mit meiner jüdischen Freundin schlenderte ich durch die engen Seitengassen der Festung Jerusalems. Die durch eine hohe Burgmauer abgegrenzte Fläche wurde nach den verschiedenen Religionen in drei Quartiere eingeteilt: das jüdische, das christliche und das muslimische. „Eigentlich gibt es vier, aber das armenische Viertel interessiert irgendwie niemanden", erklärte die junge Studentin, während wir uns unseren Weg vorbei an Kaffeeshops, Buchläden und Textilmärkten bahnten. Plötzlich unterbrach sie unseren Spaziergang und blieb ruckartig vor einer kleinen Bäckerei stehen. „Ab hier musst du alleine weiter. Hier beginnt das muslimische Viertel." Ich versuchte, ihr Verhalten und ihre Angst nachzuvollziehen und zu verstehen, warum sie noch nie einen Fuß in diesen Teil der Stadt gesetzt hatte. Sicherlich hätte die englischsprechende Inbal in meiner Begleitung niemand einer Religion zuordnen können. Und selbst wenn, hätte es vermutlich die wenigsten gestört. Stattdessen war es eine fest verwurzelte Angst. Eine Angst, mit der die junge Israelin aufgewachsen war und in sich verinnerlicht hatte. Diese Beobachtung erinnerte mich an eine kurze Anekdote aus einem meiner Lieblingsbücher: „Komm, ich erzähl dir eine Geschichte" von Jorge Bucay.

Ein Mann liebte es, in den Zirkus zu gehen. Seit Jahren fragte er sich, warum sein Lieblingstier, ein riesiger, grauer Elefant, niemals den Holzpfahl, an dem sein Bein angekettet war, aus dem Boden zog und in die Freiheit floh. Es wäre ein Akt gewesen, bei dem sich das starke Tier nicht einmal hätte anstrengen müssen. Diese Frage beschäftigte den Mann so lange, bis er eines Tages die Antwort fand. Der Elefant wuchs angekettet auf. An genau diesem Holzpfahl. Damals hatte er intuitiv versucht, sich zu befreien, besaß jedoch als „Kind" noch nicht die nötige Kraft. Und so wuchs er in dem Glauben auf, dass er dieses Stück Holz, welches ihn und seine Freiheit voneinander trennten, niemals aus dem Boden reißen könnte. Ein Irrglaube, den er im Laufe seines Lebens nie wieder in Frage gestellt hatte. (sinngemäß zitiert)

Es ist schwer, sich von der Normalität, mit der man aufgewachsen ist, zu lösen. Es sind oft tief verwurzelte Denkmuster, die zu Ketten werden, weil man sie nie wieder hinterfragt. Weil man sich vielleicht sogar wohl mit ihnen fühlt. Bis man schließlich vergisst, dass diese Ketten existieren. So wie der Elefant nie wieder versucht hatte, sich von seiner Kette zu lösen, weil es für ihn normal war, angekettet zu leben. Ich hatte lange Zeit meine Ansichten nicht hinterfragt. Ich wäre fast nicht zu meiner Reise aufgebrochen, da ich nicht daran geglaubt hatte, dass eine Reise per Anhalter zu etwas Gutem führen kann. Die Prinzipien, nach denen ich in Deutschland aufgewachsen war, hatten es mir untersagt, derartige Luftschlösser zu bauen. Als ich schließlich aufgebrochen bin, begann ich damit, viele meiner alten Denkmuster aufzubrechen und so bestimmte Ketten abzulegen. Ketten, die mich zurückgehalten hatten und mir die Sicht auf neue Perspektiven versperrten. Dennoch trage ich nach wie vor alte und auch einige neue Ketten mit mir herum. Manche erschweren meine Reise, andere erinnern mich an Fehler, die ich nie wieder begehen will.

Mein Blick fiel auf eine silberne Brosche, die ich mir vor meiner Abreise an die Oberseite meines Rucksacks gebunden hatte. Die silberne Färbung verblasste mit jedem Tag mehr zu einem matten Braun. Und mit ihr verblasste auch die Erinnerung an meine Ex-Freundin Lok Ling, die mir vor einiger Zeit diese Brosche geschenkt hatte. Ich konnte mir nie vollständig dafür verzeihen, wie ich damals gegen meine Moralvorstellungen gehandelt hatte. Vielleicht kann man bestimmte Ketten niemals ablegen. Aber man kann lernen, sich von ihrem Gewicht nicht zurückhalten zu lassen.

An diesem Vormittag erhielt ich meine erste Couchsurfing-Anfrage als Gastgeber. Ich war zwar auf Reisen, hatte aber in meinem Profil angegeben, Gäste zu empfangen. Die Chance, dass sich ein Reisender in mein 600-Einwohner-Dorf verirren würde, lag in meinen Augen ohnehin bei null, aber wie so oft wurde ich eines Besseren belehrt. Ich griff zu meinem Handy und wählte aufgeregt die Nummer meiner Mutter Marietta.

„Ich kann sie doch nicht bei mir aufnehmen. Ich spreche nicht einmal Englisch", sagte sie. Meine Mutter saß gerade in dem Büro ihrer Arbeitsstelle und hätte wohl mit vielem gerechnet. Nicht aber, dass sie an diesem Abend zum ersten Mal eine fremde Person beherbergen würde. Ich erzählte ihr von der 37-jährigen Amerikanerin Melanie, die in der Nähe unseres Hauses gestrandet war. „Mach dir keine Sorgen Mama, du hast Hände und Füße. Ihr braucht keine gemeinsame Sprache." Meine Mutter wusste genauso gut wie ich, dass man mich von Dingen, die ich mir in den Kopf gesetzt hatte, nur sehr schwer abbringen konnte. Sie stimmte zu und machte mich in Israel zum glücklichsten Gastgeber der Welt. „Ich wünsche dir eine gute Zeit mit Melanie und bin gespannt, was du mir morgen erzählen wirst", sagte ich zum Abschied, schaltete mein Handy aus und brach in die Innenstadt Jerusalems auf.

Nachdem meine Mutter ihren Gast Melanie am nächsten Tag zum Busbahnhof gefahren hatte, führten wir ein Telefonat, das ich nie vergessen werde. „Es ist komisch", erklärte meine Mutter, „obwohl ich Melanie nur für einen Abend kennenlernen durfte, vermisse ich sie ein wenig. Sie war so unglaublich dankbar und es hat sich so gut angefühlt." Meine Mutter brachte mich zum Schmunzeln. „Siehst du, genau das ist der Grund dafür, dass mich so viele Menschen zu sich nach Hause einladen. Helfen fühlt sich gut an." Sie stimmte zu.

Ich konnte mir kaum vorstellen, wie schwer es für meine Mutter gewesen sein musste, mich gehen zu lassen. Mit der Angst zu leben, dass ich täglich irgendwo am Straßenrand stand. Und dennoch hatte sie mich stets unterstützt, meine Entscheidungen respektiert und sich in gewisser Weise jedes Mal mit mir gemeinsam an die Straße gestellt. Meine Reise hatte uns beiden vieles beigebracht und die damalige Erfahrung, die sie dank Melanie machen konnte, war eine sehr wichtige. Eine Lektion, die ich Jahre zuvor bei der Hello Kitty-Familie in Japan lernen durfte. Ich hoffte, dass meine Mutter durch diese Erfahrung die Gründe meiner Reise ein wenig besser verstehen konnte.

Trotzdem wollte und konnte ich mir nicht ausmalen, wie schwer es für sie gewesen sein musste und auch nach wie vor war. Nicht Melanie zu beherbergen, sondern als Mutter meinen Lebensweg zu akzeptieren. Ich war stolz darauf, dass sie es dennoch tat.

Ein paar Tage später schrieb Melanie ihre Couchsurfing-Referenz.

I was left in the loving hands of his mother who had prepared a room, full of Daniel's pictures from his international adventures, and even set out treats for me. Then she whipped together a delicious dinner and we spent the night talking and laughing over lovely wine. In the morning I awoke to find she'd washed and perfectly folded my laundry and had planned a family brunch for me. I was delighted to find

Daniel's uncle Alex, and I had a lot in common and he answered all my questions about Germany. Marietta packed me a lunch and deposited me safely and with a kiss goodbye at the local bus station. The whole experience was truly Christmas in July for this newbie world traveler. I couldn't have lucked into a more beautiful home full of beautiful people. How fortunate I was to happen upon this little corner of the world! Thank you Daniel, Anne, Steffen, Alex and especially Marietta!

Ich fand Zuflucht in den liebenden Händen von Daniels Mutter. Sie hatte mir ein Zimmer vorbereitet, in dem Daniel unzählige Bilder von seinen Abenteuern aufgehangen hatte und sie stellte mir sogar eine Schale mit Süßigkeiten neben mein Bett. Danach hat sie mir ein leckeres Abendessen gekocht und wir haben geredet, Wein getrunken und viel gelacht. Als ich morgens aufgewacht bin, fand ich heraus, dass sie meine Kleidung gewaschen, gebügelt und sorgfältig zusammengelegt hatte. Außerdem hatte sie einen Familienbrunch organisiert, bei dem ich Daniels Onkel Alex kennenlernte. Wir hatten vieles gemeinsam und er konnte mir alle Fragen bezüglich Deutschland beantworten. Marietta packte mir ein kleines Essenspaket zusammen, brachte mich zum Bahnhof und verabschiedete sich mit einem Kuss. Die ganze Erfahrung fühlte sich wie Weihnachten im Juli an. Ich hätte mir keine bessere erste Erfahrung beim Couchsurfing vorstellen können und hatte Glück, diese wundervolle Familie kennenzulernen. Was ein Glück, dass ich zufällig in diesem kleinen Dorf gelandet bin. Danke Daniel, Anne, Steffen, Alex und besonders Marietta.

Zwei Tage nach dem Telefonat mit meiner Mutter verließ ich Israels Hauptstadt. Ich hatte mich trotz der enormen Militärpräsenz und angeheizten Stimmung in der Festung Jerusalems nie gefährdet gefühlt. Ich stieß zwar jedes Mal auf überraschte Blicke, wenn ich nett fragte, ob ich denn die Polizeisperren passieren dürfte, wurde aber durchweg freundlich behandelt. Ich hatte das Gefühl, dass die Menschen in Jerusalem nicht wütend aufeinander, sondern vielmehr auf ihre Situation waren. Eine Situation, die begründet durch religiöse Besitzansprüche seit langer Zeit bereits als Reibungspunkt fungierte und dies wohl auch weiterhin tun wird. Eine komplexe Situation, deren Tragweite und Facetten ich wohl selbst nach einem wesentlich längeren Aufenthalt nicht ansatzweise hätte verstehen können. Stattdessen machte ich mich auf den Weg in Richtung Süden, als die Proteste wegen des Attentats am Felsendom ihren Höhepunkt an Intensität erreichten. Ich erinnere mich noch zu gut an die Rauchgranaten, die in meine Richtung geschossen wurden, kurz bevor ich gemeinsam mit Hunderten Menschen zu laufen begann. Jerusalem war eine der schönsten und gleichzeitig traurigsten Städte, die ich auf meiner Reise kennenlernen durfte.

Einen Tag später stand ich vor dem tiefsten, frei zugänglichen Ort unserer Erde. Genauer gesagt, stand ich vor zwei silbernen Drehkreuzen, welche mich und das Ufer des Toten Meers voneinander trennten. Während ich zuvor von der Hauptstraße zu einem mir empfohlenen Strandabschnitt wanderte und langsam zu der brennenden Einsicht kam, dass selbst ich Sonnencreme benutzen sollte, hätte ich mit vielem gerechnet. Jedoch nicht damit, dass irgendjemand auf die Idee kam, an genau diesem Ort inmitten der israelischen Wüste eine riesige, großzügig abgezäunte Wellnessoase zu errichten. Meine Vermutung, dass es sich bei dieser Erscheinung um eine Fata Morgana handelte, erübrigte sich, als mich ein junger Mann nach umgerechnet 20 Euro fragte. Der unerwartete Eintrittspreis führte mich zurück zur Straße und ließ mich weiter in Richtung Süden zu einer kostenfreien Strandpassage trampen. Meine Pappschilder dienten schon lange nicht mehr dem Trampen, sondern stattdessen als improvisierter Sonnenschutz.

Nach einer einstündigen Wartezeit, die mir durch die mittlerweile auf 45 °C angestiegenen Temperaturen wesentlich länger erschien, hielt ein Wagen mit zwei jungen Männern an. „Wir haben dich am Eingang stehen sehen. Warst du drin?", fragte mich der namenlose Fahrer, dem ich anschließend meine Situation erklärte und nach einer Mitfahrgelegenheit fragte. „Wir könnten dich mitnehmen, aber ich will, dass du das Tote Meer an dieser Stelle siehst. Hier ist es schöner. Ich will dir den Eintritt bezahlen." Ich versuchte vergeblich, sein Angebot auszuschlagen. Selbst meine anschließende Bitte, ihm zumindest die überschüssigen 30 seiner 50-Euro-Spende zurückzugeben, stieß auf taube Ohren. „Ich war auch mal auf Reisen und bin mir sicher, dass du eine gute Verwendung für das Geld finden wirst", sagte der Israeli, drückte aufs Gaspedal und verschwand in den vom Asphalt aufsteigenden Hitzewellen. Ich hatte nie seinen Namen erfahren und auch an sein Gesicht sollte ich mich im Laufe der Jahre nur noch schemenhaft erinnern. Leider verblassen nicht nur die schlechten Erinnerungen.

„Du kommst doch rein? Was ist passiert?", fragte mich der junge Mann am Drehkreuz. Lächelnd versuchte ich meine leicht glänzenden Augen zu verbergen. „Irgendwie sollte es wohl so sein."

Sulzbach, 5. November 2019 – 19:38 Uhr

„Im Süden überquerte ich zu Fuß die Grenze nach Jordanien und wurde zum ersten Mal mit extremen Sprachbarrieren konfrontiert. Wie habe ich mich eigentlich generell mit Menschen unterhalten? Normalerweise habe ich versucht, mich mit Englisch durchzuschlagen. Das funktionierte mal gut, aber meistens ganz und gar nicht. Aber hey, wenn alles versagt hat, gab es ja noch den Google-Übersetzer. Auch das funktionierte manchmal erstaunlich gut, führte aber oft zu interessanten Missverständnissen. Wer von euch hat schon mal einen Glückskeks geöffnet?" Im Folgenden zeige ich zwei verschiedene Glückskekssprüche, die ein Freund von mir geöffnet hatte. Mit beiden will ich verdeutlichen, wie abstrus und sinnfrei die Übersetzungen, die mir Google auf meiner Reise angeboten hatte, teilweise waren. Es folgt der erste Glückskeksspruch: *„Midtätigkeit beginnt zu Hause, aber nicht dazu Ende.* Sowas liest man relativ oft: Eine zufällige Aneinanderreihung von Wörtern. Manchmal ergibt die Übersetzung grammatikalisch sogar Sinn, aber über die generelle Bedeutung und deren Richtigkeit lässt sich durchaus streiten. Wie beispielsweise auf diesem zweiten Glückkeksspruch: *Glaube nicht dem, der von der Kirmes* kommt, sondern dem, der nochmals hingeht.*" Während das Publikum lacht und vereinzelt die Sprüche fotografiert, nutze ich die kurze Pause, um einen beherzten Schluck aus meiner Radlerflasche zu trinken. Ich hätte mir früher nie vorstellen können, wie heiß Scheinwerferlicht ist. „So, machen wir weiter. Lasst mich euch erzählen, wie ich mit Hilfe von Glückskeksen zu einem der neuen Weltwunder kam."

Jordanien, Juli 2017

Es dauerte nicht lange, bis ein kleiner Van mit vier jungen Männern anhielt. Sie waren meine erste Mitfahrgelegenheit in Jordanien. Ihr sichtliches Amüsement führte mir vor Augen, wie ungewöhnlich sowohl Tramper als auch Tattoos in diesem Teil der Erde waren. Mein Ziel war die Ruinenstätte Petra, die neben der Stadt Wadi Musa lag. Ich war mir sicher, verstanden zu haben, mit den Jungs in etwa die Hälfte meiner Strecke zurücklegen zu können. Mittlerweile war ich in einem Land angekommen, in dem Straßenverkehrsregeln eher als Richtlinien zu verstehen waren und machte mir daher bezüglich meiner *Abwurfzone* wenig Gedanken: Ich hätte ohne Weiteres direkt auf der Autobahn trampen können. Sowohl Fahrer als auch Beifahrer waren während der Fahrt damit beschäftigt, die maximale Lautstärke ihrer Musikanlage zu demonstrieren, mich zum Tanzen aufzufordern und diese Darbietung im Internet zu verewigen. Meine Sitznachbarn streckten mir von beiden Seiten ihre Hände ins Gesicht und formten mit ihrem Mittel- und Zeigefinger den Buchstaben V. In der Theorie wäre dieses Spektakel auf einer Autobahn durchaus gefährlich gewesen, aber die Jordanier schmälerten das Risiko, indem sie unbeschreiblich langsam fuhren. Unsere Fahrt glich einem Drahtseilakt zwischen *gemeinsam Spaß haben*

---

* *So wird bei mir zu Hause ein Jahrmarkt bezeichnet. Vor kurzem fand ich außerdem heraus, dass der Plural von Kirmes Kirmessen lautet – Herzlichen Glückwunsch, sie haben die 500-Euro-Frage richtig beantwortet.*

und *sich über mich lustig machen*. Als das Seil kurz davor war zu reißen, wurde unser Fahrzeug an einem der zahlreichen Polizeicheckpoints zum Halten gebracht. Es entbrannte eine hitzige Diskussion zwischen den Polizisten und meinen Mitfahrern, von der ich kein Wort verstehen konnte. Dennoch war ich mir sicher, dass es um mich gehen musste. Ich sollte aussteigen. Bis auf wenige Ausnahmen wollte ich das verfrühte Aussteigen beim Trampen jedoch tunlichst vermeiden. Nach zahlreichen Gesten des Aussteigens beziehungsweise Sitzenbleibens schlug der Polizeibeamte einen Kompromiss vor. Er fragte nach meinem Handy und wollte die Situation mit Hilfe des Google-Übersetzers entschärfen. Wenige Minuten später wanderte das Handy zurück in meine Hände. Ich war unfassbar gespannt darauf, was mir der Polizist mitteilen wollte:

„Ich wünsche dir viel Glück und Kekse."

Bei einer derart freundlichen Nachricht entschloss ich mich selbstverständlich gerne dazu, ihrer Bitte Folge zu leisten und verließ das Auto der jungen Männer. Ich hatte nach wie vor nicht die leiseste Ahnung davon, was die Polizisten von mir wollten und setzte mich auf den Bordstein neben ihrem Tisch. Währenddessen diskutierten die drei bewaffneten Männer auf Arabisch. Meinen Versuch, sie mit Bananen und Zigaretten freundlich zu stimmen, lehnten die Polizisten kategorisch ab. Stattdessen ließen sie mich ihnen bei der Arbeit zuschauen. Dabei, wie sie in kürzer werdenden Zeitabständen Autos anhielten und mir so letzten Endes ihre eigentliche Intention offenbarten.

Anscheinend erfuhren sie bei dem Gespräch mit meiner vorherigen Mitfahrgelegenheit, dass diese mich nur die Hälfte der geplanten Strecke mitgenommen hätte. Daher setzten es sich die Beamten zur Aufgabe, mir eine bessere Mitfahrgelegenheit zu organisieren. Dies wurde mir bewusst, als sie einen großen Reisebus anhielten. Ich konnte nicht genau sagen, ob sie den Busfahrer höflich fragten oder ihn dazu zwangen, mich einsteigen zu lassen. Es hätte aber wohl auch nichts daran geändert, dass ich wenig später meinen Rucksack die enge Bustreppe nach oben schleppte und im Inneren von zahlreichen jungen Gesichtern bestaunt wurde. Die Polizisten hatten mich in den Reisebus einer amerikanischen Highschool-Klasse gesteckt. „Was zur Hölle tust du hier“, fragte mein unfreiwilliger Sitznachbar.

„Oje, lange Geschichte“, antwortete ich, „ich hatte Glück … und Kekse.“

Jordanien, August 2017

Nachdem mich die Ruinenstätte Petra mehrere Tage lang begeistert hatte, brach ich frühmorgens in Richtung Norden auf. Mein nächstes Ziel war die Hauptstadt Jordaniens: Amman. Die Wartezeiten an den Straßen dieser Welt schwankten von wenigen Sekunden bis zu mehreren Stunden. Dieses Mal musste ich nicht länger als fünf Minuten warten, um von der erdrückenden Wüstenhitze erlöst zu werden. „Amman, Amman, Amman?“, fragte ich den Fahrer des schwarzen Wagens, der wenige Meter hinter mir anhielt. „Amman, Amman“, antwortete er. Petra und die Hauptstadt waren durch eine 250 Kilometer lange, halbwegs befestigte Wüstenstraße verbunden. „Amman, Amman?“ „Amman, Amman!“ Was für unbeteiligte Beobachter wie eine Szene aus der *Muppet Show* wirken musste, war eine meiner persönlichen Sicherheitsvorkehrungen. In Momenten extremer Sprachbarrieren versuchte ich mich bestmöglich abzusichern. Meine Einsteige-Handgeste erwiderte und bewilligte der Fahrer mit einem Daumen nach oben. Wir sprachen über meinen Namen, mein Herkunftsland und Fußball, bis nach ungefähr einer Minute unser gemeinsames Vokabular erschöpft war. Die Mischung aus Müdigkeit, kahlen Landschaften und der angenehm klimatisierten Luft, ließ mich unmittelbar nach unserer kurzen Unterhaltung in das Reich der Träume abdriften.

Als ich meine Traumwelt eine Stunde später wieder verließ, aufwachte und aus dem Fenster schaute, musste ich zu meinem Erschrecken feststellen, dass wir uns nicht mehr auf der Hauptstraße in Richtung Amman, sondern auf einer staubigen Schotterpiste befanden. Ich kniff mir beherzt in meine rechte Wange um auszuschließen, dass dieses Szenario Teil eines meiner Tagträume war. Auch eine mögliche Entführung meinte ich ausschließen zu können, als mein fragwürdiger Blick von meinem Sitzpartner mit einem warmen Lächeln erwidert wurde. Es war an der Zeit, auf meine Spekulationen Gewissheit folgen zu lassen und so zog ich meinen funkwellenerzeugenden Reisebegleiter aus der Tasche meiner roten Hose. Die Karte und das dazugehörige GPS-Signal eröffneten mir, dass wir zwei Minuten, nachdem ich eingeschlafen war, die Hauptstraße nach Amman verlassen hatten. Als ich den Bildabschnitt schrittweise verkleinerte, machte ich schließlich eine Entdeckung, die meine nach wie vor präsente Frage schlagartig beantwortete. Ich stieß auf eine weitere Stadt auf der anderen Seite Jordaniens. Eine Stadt mit dem Namen Ma'an.

Ich hatte zwei Optionen. Entweder hätte ich mich mitten in der Wüste absetzen lassen und dabei womöglich verdursten können, oder ich konnte einen „kleinen" Umweg über das mir völlig unbekannte Ma'an machen. Es war eine Entscheidung, die mir nicht sonderlich schwerfiel. Schließlich sah ich mich selbst nicht als Aussteiger, sondern bezeichnete mich viel lieber als Einsteiger. Ich schloss erneut meine Augen.

Kurze Zeit später setzte mich mein Fahrer inmitten einer wenig befahrenen Kreuzung im Stadtkern von Ma'an ab. Ich spürte einen lauen Windhauch und schaute den Steppenläufern dabei zu, wie sie vor mir über die Straße rollten. Die Luft pfiff durch die staubigen Stadtgassen und führte mich in Richtung eines kleinen Saloons, den meine Augen wenige Meter vor mir ausmachen konnten. Als die Flügeltür mit einem lauten Quietschen hinter mir in ihre Angeln fiel, wurde ich von dem Saloonbesitzer zu einem runden Holztisch in der hinteren Ecke des Raumes geführt. Mein Sitzplatz lag im dunkelsten Teil des Saloons und nur eine flackernde Kerze inmitten meines Tisches offenbarte den restlichen Gästen die Konturen meines Gesichtes. Ich entzündete eine gedrehte Zigarette an der Kerzenflamme, trank einen Schluck von dem Ayran, der mir kurz zuvor gebracht wurde und beobachtete die restlichen Gäste dabei, wie sie langsam, aber dennoch zielstrebig, die Trinkstätte verließen. Mein Ruf eilte mir scheinbar voraus.

Als die letzte Person das Lokal verlassen hatte, griff der Besitzer vermeintlich unbemerkt unter seinen Tresen. Er versuchte, eine geladene Schrotflinte von ihren Halteriemen zu lösen, ohne mich dabei misstrauisch zu stimmen. Die Flügeltür bewegte sich erneut und ich erkannte, geblendet von den nach innen strömenden Sonnenstrahlen, die Silhouette eines breit gebauten Mannes, der bedacht in Richtung meines Tisches stapfte. Mit jedem Schritt klackten die Sporen seiner Cowboystiefel, und mit jedem dieser Geräusche begannen die Hände des Saloonbesitzers stärker zu zittern.

„So wahr mir Gott helfe, weißt du, wer ich bin?", schnauzte mich die dunkle Stimme des unbekannten Mannes an. „Ich schätze, du wirst es mir gleich verraten", antwortete ich und schnippte den glühenden Zigarettenstummel in mein halbvolles Glas*. „Mein Name ist Flicks Buster und ich leite das größte Busunternehmen Jordaniens. Dies ist meine Stadt und hier ist kein Platz für einen Tramper, so wahr mir Gott helfe." „Weißt du, Flicks", erwiderte ich, während ich mir eine neue Zigarette anstach, „jetzt, wo du es erwähnst, fällt mir eine kleine Anekdote ein. Vor wenigen Tagen saß ich in einem deiner Busse. Ich fuhr mit ihm nach Petra. Kostenfrei." „So wahr mir Gott helfe", seufzte Flicks entsetzt, wich fassungslos zurück und stieß ein lautes Stöhnen aus. Er begann, wild zu gestikulieren und forderte mich zu einem Duell außerhalb des Saloons auf. Der Besitzer wischte sich hinter seinem Tresen spürbar erleichtert den Schweiß von der Stirn. „Nun gut. Wir treffen uns morgen früh zum Sonnenaufgang auf der Kreuzung hier um die Ecke", sagte ich und formte mit meinem Zigarettenrauch mehrere kleine Ringe, die ich langsam in Flicks Richtung pustete.

Am nächsten Morgen waren die Straßen menschenleer. Dies konnte meiner Meinung nach nur zwei Gründe haben. Entweder kam es über Nacht zu einer Pandemie, oder die Nachricht unseres bevorstehenden Duells hatte sich herumgesprochen. Sämtliche Bürger waren tunlichst darauf bedacht, ihr Haus nicht zu verlassen. „Weißt du, wer das ist?", flüsterte es aus einer der angelehnten

---

* *Ich habe noch nie jemanden kennengelernt, der auf die Frage, ob das Glas halbvoll oder halbleer ist, nicht mit halbvoll geantwortet hat. Die Frage wirkt fast rhetorisch. Auch ich als bekennender Optimist würde halbleer wohl niemals benutzen.*

Wohnungstüren, während ich an ihr vorbeischritt, „das ist Django Dakuno. Man nennt ihn auch *El Pulgar* oder الإبهام. Legenden besagen, dass er schneller als sein eigener Schatten zieht." Meine Schritte wurden kürzer und stoppten schließlich, als der Staub auf Ma'ans Straßen sich langsam lichtete und so das Gesicht von Flicks Buston erahnen ließ. Mittlerweile wirkte er weniger siegessicher als am Mittag zuvor. Die Nachricht meiner wahren Identität war wohl inzwischen auch zu ihm durchgedrungen. „Wir ziehen nach dem Gebet. Möge der Schnellere gewinnen, so wahr mir Gott helfe."

Pünktlich mit den ersten Sonnenstrahlen begann der Muezzin mit seinem Gebet. Es hallte vom nahegelegenen Minarett durch die menschenleeren Straßen und war kurz davor, unser Duell einzuläuten. Wir waren bereit, ließen imaginäre Münzen über unsere Fingerknöchel wandern und warteten darauf, dass der Muezzin seine letzte Silbe sprach.

Stille.

Ich zog blitzartig meine rechte Hand aus der Hosentasche und spreizte meinen Daumen in einem perfekten 90°-Winkel von meiner zur Faust geballten Hand ab. Ich sah in Flicks fassungsloses Gesicht. „Das ist nicht möglich", wimmerte er, „nicht einmal Gott kann mir nunmehr helfen."

Auch Jahre später sollten die Menschen in Ma'an von diesem Tag erzählen. Manche behaupteten sogar, dass ich meinen Daumen schneller als mein eigener Schatten gezogen hatte.

Das zweite Nickerchen endete ohne Überraschungen. Mein Fahrer, der wie die meisten anderen Männer in Jordanien eine schwarze Robe trug, weckte mich, als wir im Stadtzentrum von Ma'an ankamen. Es war eine Stadt, die mich an einen alten Westernfilm erinnerte. Ich hielt vergeblich nach Steppenläufern Ausschau und bewegte mich in Richtung Stadtrand, um so einen geeigneten Ort zum Trampen zu finden. Die Menschen, an denen ich auf meiner einstündigen Wanderung vorbeilief, unterbrachen ihre jeweiligen Tätigkeiten, um mich regungslos anzustarren. Ich war zu diesem Zeitpunkt bereits Blicke gewohnt, aber so intensiv wie in Ma'an hatte ich sie zuvor noch nie wahrgenommen. Es fühlte sich so an, als hätten die Menschen hier noch nie einen Jesus ähnlichen Mann mit bunten Armen, großem Rucksack und starkem Daumen gesehen.

Kurz bevor ich einen potentiellen Ort zum Trampen erreichen konnte, fragte ich die Mitarbeiter einer kleinen Autowerkstatt nach einer Toilette. Wie selbstverständlich zeigte mir einer von ihnen den Weg und lud mich anschließend auf einen Kaffee ein. Wir saßen mit insgesamt sechs Männern auf kleinen Plastikstühlen, versuchten miteinander zu kommunizieren und tauschten Facebook-Kontakte aus. Zwischendurch wurden abwechselnd Bilder von und mit mir gemacht. Nachdem sich meine Abreise aus Ma'an bereits um eine Stunde verzögert hatte, versuchte ich mich zu verabschieden, wurde aber dezent daran gehindert. „Warte, warte!", beharrten sie und ließen mir nichts anderes übrig, als ihnen zu vertrauen. Einige Kaffeetassen später hielt ein Auto auf dem kleinen Schotterplatz vor uns an und ich wurde freundlich dazu aufgefordert, einzusteigen. Das Fahrzeug war auf dem Weg nach Amman, um dort Ersatzteile aus der Werkstatt abzuliefern. Wie so oft kam ich am Ende irgendwie an.

Als ich meinen Gastgeber in Amman umarmte, erzählte ich ihm von meiner kleinen Ma'an-Exkursion. Daraufhin warf er mir einen überraschten und gleichzeitig entsetzten Blick zu. „Was? Du warst in Ma'an? Ma'an ist sehr gefährlich. Du hattest Glück!"

Sulzbach, 5. November 2019 – 19:56 Uhr

„Mir wurde oft erzählt, dass Dinge oder Orte gefährlich seien und daher maß ich seiner Aussage wenig Bedeutung zu. Ungefähr ein Jahr später musste ich zufällig an Ma'an denken und begann, über diese Stadt zu recherchieren", sage ich, während ich ungläubig meinen Kopf schüttle, „Ma'an ist als Hochburg von Schmugglern, Islamisten und Stammesführern verschrien und wird tatsächlich als sehr gefährlich eingestuft. Besonders für Fremde. Als ich das gelesen hatte, wurde mir schlagartig bewusst, warum die Menschen mich damals so angeschaut hatten, als hätten sie noch nie einen Reisenden gesehen: Weil sie vermutlich tatsächlich noch nie einen Reisenden gesehen hatten!" Ich beobachte zwei verschiedene Zuschauerreaktionen: Ein Teil von ihnen ist schockiert, der andere Teil lacht herzlich. „Ich stellte mir vor, wie sich die Leute in Ma'an nach unserer Begegnung fragten, ob die Menschen aus dem Westen wohl alle derart bunt waren. Aber was soll ich euch erzählen! Ich hatte eine schöne Zeit in der ISIS-Hochburg, habe nette Menschen getroffen und kam schlussendlich in Amman an. Trotzdem war dies auch ein Punkt, an dem ich mir Folgendes dachte: *Daniel, du bist ein ziemlicher Idiot.* Nach diesem Vorfall entschied ich mich dazu, in Zukunft etwas vorsichtiger zu sein und Gefahren zu meiden. So flog ich nach Georgien und trampte zum Tusheti Nationalpark, der nur über eine der gefährlichsten Straßen der Welt erreicht werden konnte. Die sieben-stündige Fahrt verbrachte ich sicher in einem Kofferraum zwischen Rucksäcken, Isomatten und Gasflaschen.

Georgien, Juli 2017

„Nimm dir unterwegs einen Stock mit. Es ist gut möglich, dass du im Wald von wilden Hunden angegriffen wirst", war einer der Sätze, die man sehr un-gern auf die Frage nach eventuellen Besonderheiten einer Wanderung hören möchte. Wenige Stunden später schleppte ich mich mit einem langen Stück Holz bewaffnet die steilen Waldwege im Tusheti-Nationalpark nach oben. Mein Ziel war ein 3.000 Meter hoher Gipfel, auf dem ich alleine eine Nacht im Zelt verbringen wollte. Ich schob mit meinen Armen die auf den Weg ragenden Äste beiseite und versuchte, nicht auf den Wurzeln der Bäume auszurutschen. Plötz-lich hörte ich ein Geräusch und mein Körper erstarrte. Der Griff um meine hölzerne Waffe wurde immer fester. Ich hörte, wie vor mir Äste zerbrachen. Ich hörte Schritte. Dann hörte ich Stimmen. Begleitet von einem erleichterten Seufzen lockerte ich den Griff um meine Wanderstütze und erhöhte mein Tempo, um so zu der mir unbekannten Wandergruppe aufzuschließen.

Es waren zwei Männer und zwei Frauen, ungefähr Anfang Zwanzig. Die Gruppe aus Tschechien begrüßte mich herzlich und bot mir an, mich ihnen anzuschließen. Auch sie wollten eine Nacht unter freiem Himmel verbringen. „Zum Glück haben wir dich getroffen. Wir haben eine 2-Liter Flasche Schnaps dabei, die wir niemals alleine gepackt hätten." Hungrige Hunde waren eine Gefahr, auf die man mich vorbereitet hatte, aber die Plastikbierflasche, in die jemand selbstgebrannten Tschatscha* gefüllt hatte, traf mich gänzlich unvorbereitet.

Nachdem wir unsere Zelte aufgeschlagen und die letzten Sonnenstrahlen des Tages genossen hatten, war es an der Zeit, besagte Gefahrenquelle zu eliminieren. Mein Auslandssemester in Australien hatte mich gelehrt zu leeren: Bierflaschen, Weinflaschen und generell alles, was in Flaschen oder Plastiksäcke abgefüllt wurde. Selbst Tschatscha. Australien verhalf mir außerdem zu einem schier unbegrenzten Repertoire an Trinkspielen. Meistens schlug ich jedoch dasselbe Spiel vor. Mein Lieblingstrinkspiel: Never have I ever …

Gäbe es dieses als Brettspiel, würde die Beschreibung auf der Rückseite der Spieleverpackung womöglich ungefähr so klingen: „Das perfekte Spiel, um sich besser kennenzulernen. Erfahre sämtliche Geheimnisse deiner Mitspieler. Erfahre, wer selten duscht, wer seine Unterwäsche nicht täglich wechselt, wer in der Schule nur Dreier hatte und wer heimlich in jemanden aus der Runde verliebt ist."

Ich persönlich würde die Beschreibung erfahrungsgemäß jedoch eher folgendermaßen formulieren: „Das perfekte Spiel, um sich besser kennenzulernen. Erfahre einen belanglosen Fakt über deine Mitspieler und beginne anschließend damit, sämtliche Aussagen in einem sexuellen Kontext zu formulieren. Erfahre, wer schon mal Sex in der Dusche hatte, wer keine Unterwäsche trägt, wer schon mal einen Dreier hatte und wer bereits mit jemandem aus der Runde geschlafen hat."

Was wie ein traditioneller Volkstanz klingt, ist in Wirklichkeit ein georgischer Obstbrand. Er wird umgangssprachlich auch Trauben-Wodka genannt und fast jeder Haushalt brennt ihn nach eigenem Rezept. Sein Alkoholgehalt schwankt ähnlich der Person, die Tschatscha konsumiert.

Die Regeln lassen sich folgendermaßen zusammenfassen: Abwechselnd macht jeder in der Runde eine Aussage, die mit *Never have I ever – Ich habe noch nie* beginnt, beispielsweise: „Ich habe noch nie mein großes Geschäft in einer Badewanne verrichtet*." Anschließend muss jeder Mitspieler, der besagte Handlung bereits vollzogen hat, einen Schluck von seinem alkoholischen Getränk nehmen. Darüber hinaus gilt es nur, eine weitere Regel zu beachten. Falls bei einer Frage nur eine einzige Person trinkt, muss diese die meist sehr intime Geschichte vor allen Mitspielern erzählen.

„Ich habe noch nie mein großes Geschäft in einer Badewanne verrichtet."

Glücklicherweise trank niemand.

„Ich habe noch nie eine Frau geküsst."

Ich trank.

„Ich habe noch nie einen Mann geküsst."

Ich trank.

„Ich habe noch nie meinen Partner betrogen."

Ich trank nicht.

„Ich hatte noch nie Sex im Freien."

Ich trank.

„Ich hatte noch nie Sex in einem öffentlichen Gebäude."

Ich trank.

Die unzähligen *Never have I ever*-Runden meines Lebens hatten alle eines gemeinsam: Ich hatte noch keine von ihnen nüchtern überstanden. Das Äquivalent im Kontext eines Buches wäre wohl ein Autor, der vor lauter Rotwein und Whiskey, ohne es zu merken, in die falsche Schriftart wechseln würde.

---

* *Um zu erklären, wie ich auf ein derart absurdes Beispiel komme, will ich von einer RTL 2 Sendung namens „Die Wahrheit und nichts als die Wahrheit" erzählen. Hier wurden die Kandidaten an einen Lügendetektor angeschlossen und mussten peinliche Fragen wahrheitsgemäß beantworten. Die obengenannte Frage wurde tatsächlich gestellt und sogar von der spielenden Frau mit „Ja" beantwortet. Die Show wurde nach wenigen Folgen abgesetzt.*

„Ich hatte noch nie Sex mit einer prominenten Person."

Ich trank nicht.

„Ich hatte noch nie einen One-Night-Stand."

Ich trank.

„Ich hatte noch nicht mit mehr als zehn Personen Sex."

Ich trank.

„Ich wurde beim Sex noch nie erwischt."

Ich trank.

„Ich habe noch nie für Sex bezahlt."

Ich trank nicht.

„Ich habe noch nie getrampt."*

Ich trank, lehnte mich zurück auf den warmen, mit Gras bedeckten Boden und sah dabei zu, wie nach und nach alles vor meinen Augen schwarz wurde.

Die Mittagshitze machte einen längeren Schlaf unmöglich. Als ich nach Kräften ringend unter meiner Zeltplane hervorkroch, wurde ich von vier munteren Tschechen begrüßt. „Ich bin zu alt für diesen Scheiß", sagte ich grinsend und nahm ihr Kaffeeangebot dankend an. „Du bist gestern Nacht in Ohnmacht gefallen. Wir haben dich anschließend in dein Zelt gezogen. Aber das Spiel war wirklich lustig", sagten sie und zeigten mir lachend die nun leere Plastikflasche.

„Ich habe mich noch nie über den Wolken betrunken."

Ich werde zukünftig trinken.

Sulzbach, 5. November 2019 – 20:00 Uhr

„Von Georgien aus trampte ich quer durch die Türkei. Das Bild hinter mir habe ich in Kappadokien aufgenommen und ich möchte euch dieses Gebiet

---

* *An dieser Stelle möchten wir, der Verlag, uns ausdrücklich von Daniels Entscheidung, die Schriftart Comic Sans MS zu verwenden, distanzieren.*

wärmstens ans Herz legen. Generell hatte ich in der Türkei eine fantastische Zeit." Während meine Zuschauer gefesselt auf das projizierte Foto starren und dieses vereinzelt mit W- und O-Tönen kommentieren, erläutere ich ihnen den Grund für die zahlreichen Luftballons und leite langsam zur letzten Geschichte meiner ersten Etappe über. Ich erinnere mich daran, wie ich frühmorgens auf einem Felsvorsprung fror und auf die ersten Ballons wartete. Daran, wie sie anschließend durch den magentafarbenen Himmel nach oben stiegen und durch die Täler Kappadokiens schwebten. Und daran, wie ich zwei Tage später verzweifelt an einer Tankstelle dabei zusah, wie ein Auto mit meinem gesamten Gepäck verschwand.

Türkei, September 2017

Es war das bis dato beeindruckendste Schauspiel, das ich auf meiner Reise erleben durfte. Ich kletterte eine kleine Felswand empor, breitete meine Decke aus und wartete auf dessen Beginn. Es war ein Ort, an dem mich ein Ballonfahrer um 5 Uhr morgens abgesetzt hatte. „Hier ist der perfekte Platz. Keine Menschen und eine wunderbare Aussicht. Genieß das Spektakel!", sagte er, ließ mich aussteigen und setzte seinen Arbeitsweg fort. Ich blickte in ein endloses Meer von Schwarz. In der Ferne leuchteten immer mehr Straßenlaternen und Zimmerfenster in einem warmen Gelb. Mit jedem angehenden Licht wurde die rötliche Linie am Horizont etwas kräftiger, bis die Sonne schließlich ihre ersten Strahlen über die Täler warf. Die Dämmerung eröffnete den Blick auf die atemberaubenden Felsformationen Kappadokiens, die vor Millionen von Jahren durch zahlreiche vulkanische Aktivitäten entstanden waren. Spitze Felsen, die in den verschiedensten Formen und Formationen aus dem Boden ragten. Mal sahen sie aus wie riesige Zacken, mal wie überdimensionale Spitzhüte, und manchmal glich ihre Form dem Geschlechtsteil eines Mannes. Letzterer Vergleich entsprang übrigens nicht meiner Fantasie, sondern es gibt tatsächlich ein kleines Gebiet, das von den Einheimischen liebevoll ‚Tal der Penisse' genannt wird. Nach und nach wurden in den Tälern immer mehr Flammen entzündet, die wenig später gemeinsam mit den ersten Sonnenstrahlen in Richtung Himmel aufstiegen. Einige von ihnen schwebten dicht nebeneinander, andere drifteten weit ab. Bei den richtigen Wetterbedingungen flogen in Kappadokien teils Hunderte Heißluftballons über die Landschaft und boten zahlenden Touristen so die Möglichkeit eines luftigen Frühstücks. Mir hingegen eröffnete sich ein wundervoller Anblick. Während ich dabei zusah, wie sich die Ballons langsam auf- und abbewegten und bei jedem Aufstieg das Geräusch ihrer Gasbrenner ertönte, versuchte ich, sie zu zählen. Aber es waren zu viele Ballons. Sie wirkten wie ein bunter Schwarm Vögel, der in Zeitlupe durch die Lüfte Kappadokiens wanderte.

Nach dem faszinierenden Tagesbeginn erkundete ich zu Fuß die Schluchten der türkischen Felsenlandschaft. In einem der abgelegenen Täler stieß ich auf ein Pärchen, das gemeinsam mit einem Einheimischen um einen kleinen Tisch saß.

Beysim trug kurz-rasiertes Haar, das in einen stoppeligen Vollbart überging. Die überwiegend grauen Haare ließen den 45-Jährigen – halb Türke, halb Bulgare – älter wirken, als er eigentlich war. Seine jüngere, bulgarische Freundin Trayana hatte sich ihre schulterlangen Haare rot gefärbt. Ohne darüber nachzudenken, bot mir das Paar einen kleinen Plastikhocker an und lud mich zum gemeinsamen Dattelessen ein. Es entstand ein interessantes Sprachdreieck, in dem Beysim überwiegend als Dolmetscher agierte. Der Einheimische, der mit am Tisch saß, war stiller Beobachter und grinste gelegentlich. Beysim sprach nicht nur Bulgarisch und Türkisch, sondern auch ein vorzeigbares Englisch und sogar Deutsch, da er zwei Jahre lang in meiner Heimat gearbeitet hatte. „Wohin ich als Nächstes möchte? Ich will übermorgen versuchen, nach Istanbul zu trampen." Es wäre durchaus möglich gewesen, die insgesamt 600 Kilometer bis zur Hauptstadt innerhalb eines Tages zurückzulegen, ich hätte aber einen Funken Glück benötigt. Erfreulicherweise hatte ich als Raucher nicht nur stets ein Feuerzeug in meiner Tasche, sondern zog glückliche Zufälle förmlich an. Von meinen Freunden zu Hause wurde ich beim Reisen oft als unglaublicher Glückspilz bezeichnet. Ich war mir jedoch nie ganz sicher, ob ich tatsächlich überdurchschnittlich viel Glück hatte – oder ob dieser Umstand einfach damit zusammenhing, dass ich das Glück suchte. „Das Glück hat dich gefunden", verkündete Beysim, „wir fahren übermorgen in Richtung Bulgarien und können dich in Istanbul absetzen."

Beysim und Trayana waren ein sehr ungleiches Paar. Sie war der bestimmende Partner und gab meist Anweisungen, während Beysim dafür bestimmt schien, ihr jeden ach so unscheinbaren Wunsch von den Lippen abzulesen. Ein Teil von mir hatte das Gefühl, dass Trayana es mit ihren Befehlen übertrieb. Ein wiederum anderer Teil von mir wollte mich dafür ohrfeigen, dass sich der andere Teil anmaßte, über die Beziehung der beiden zu urteilen. Sämtliche Teile waren sich jedoch darin einig, dass sowohl Trayana als auch Beysim eine unbeschreibliche Herzlichkeit und Hilfsbereitschaft ausstrahlten. Zwei Tage später umarmte ich die beiden fest und dankbar, bevor ich in ihren silbernen Volkswagen Touareg einstieg.

„Daniel, hörst du das?", fragte mich Beysim auf halber Strecke, „ich glaub, am Auto ist etwas kaputt." Ich konnte zwar kein Geräusch vernehmen, war aber gleichzeitig auch jemand, der von Fahrzeugtechnik nicht das Geringste verstand. „Scheiße! Schatz, halt bitte an der nächsten Raststätte an."

Beysim sprach mit einem der Tankstellenmitarbeiter und drehte mit ihm ein paar kleine Runden auf dem Parkplatz der Autobahnstation. Im Anschluss daran geschah alles sehr schnell. Ich stand am Rande der Tanksäulen und versuchte, mir trotz des stürmischen Nachtwindes eine rauchbare Zigarette zu drehen, als der VW nach seiner Testfahrt erneut neben mir hielt. „Daniel, wir müssen kurz weg. Warte hier auf uns." Das bulgarisch-türkische Pärchen fuhr mit dem älteren Tankstellenbesitzer in Richtung Autobahnauffahrt und wurde wenig später von der Dunkelheit verschluckt. Sie waren verschwunden.

Ich schlenderte ungeduldig an schlafenden LKW-Fahrern vorbei und versuchte, mich zwischen deren Fahrzeugen vor den tosenden Windböen zu schützen. Mit jeder Minute, die verging, erhöhte ich meinen abendlichen Tabakkonsum. Es war 9 Uhr abends und ich wartete bereits seit über einer Stunde auf ein Lebenszeichen der beiden. Mit Trayana und Beysim waren nicht nur das lieb gewonnene Pärchen, sondern auch mein gesamtes Hab und Gut verschwunden. Alles, was ich fünf Monate zuvor in meinen Rucksack gequetscht hatte, war mit dem Wagen verschollen. Ich hatte keine Telefonnummer, keine vollständigen Namen und erst recht kein Kennzeichen der beiden. War ihnen etwas passiert? Ich nahm von diesem Szenario schnell Abstand, da mich der bloße Gedanke daran traurig stimmte. Stattdessen stellte sich eine andere Frage, die mit zunehmender Wartezeit immer lauter wurde. War mir das Gleiche wie damals Michael passiert, als er in China von seiner Reisebegleitung beklaut worden war? War die von ihm handelnde Vertrauensanekdote zu meiner Realität geworden? Wurde ich ausgeraubt? Auch diesen Gedanken versuchte ich aus meinem Kopf zu verbannen, wurde ihn aber nicht gänzlich los. Ich war mir sicher, dass die beiden mich nicht getäuscht hatten. Aber ich schätze, auch Michael redete sich genau diese Gewissheit ein, als er damals in seinem leeren Hotelzimmer ankam.

Der Wind und die zunehmende Kälte brachten mich dazu, meinen Ort des Wartens und des Hoffens in das Innere der kleinen Tankstelle zu verlagern. Es war ein quadratischer Raum, in dem ein junger Mann vergebens auf Kundschaft wartete und sich die Zeit mit einem Spiel auf seinem Handy vertrieb. Er war sehr überrascht von meinem Erscheinen, konnte die Situation in keinen Kontext stellen, aber wusste mir in bester türkischer Manier zu helfen. „Tee?" Es waren nunmehr fast drei Stunden vergangen, seitdem ich das letzte Mal Beysims besorgtes Gesicht gesehen hatte. Ich glaubte nach wie vor daran, dass es für all dies eine einfache Erklärung gab und fragte mich, was die beiden gerade taten. Lagen sie in einem Krankenwagen? Bejubelten sie meine fünf benutzten Unterhosen, die sie bei ihrem Diebeszug erbeuten konnten? Oder merkten sie vielleicht auch gerade, dass wir keine Nummern ausgetauscht hatten und sie somit nicht in der Lage waren, mich zu kontaktieren. Vielleicht fragten sie sich sogar, ob ich die Möglichkeit eines Vertrauensbruches in Erwägung zog.

Während ich weiterhin im kleinen Tankstellenzimmer auf ein Wunder hoffte, schaute ich ratlos auf den alten Röhrenfernseher, der auf einem kleinen Tisch in der Ecke des Raumes stand. Obwohl die Serie in türkischer Sprache gezeigt wurde, meinte ich die Handlung verstehen zu können. Ich fragte mich, ob die gutaussehende Dame im TV den gewalttätigen Verlobten heiraten würde oder am Ende doch mit dessen freundlichem und attraktiven Bruder durchbrennen wird, als mir plötzlich eine Idee kam. Ich erinnerte mich daran, dass Trayana mich auf unserer gemeinsamen Fahrt bei Facebook als Freund hinzugefügt hatte. Ich nutzte mein Notfallguthaben dazu, mit meinem Handy online zu gehen, suchte in meiner Freundesliste nach der rothaarigen Frau, fand sie und rief an. Mit jedem Klingeln wechselten meine Gefühle zwischen Hoffnung, Wut und Angst. „Daniel! Schön von dir zu hören", sagte Beysim, „große Scheiße, Daniel, große Scheiße. Es kommt dich bald jemand abholen." Meine Gefühle verwandelten sich in Erleichterung.

Einige Zeit später fuhr endlich jemand vor und erlöste mich aus meiner ungewissen Lage. Ich wurde in eine zehn Kilometer entfernte Werkstatt gebracht, in der ich Trayana und Beysim erleichtert umarmte. „Daniel! Es tut uns leid. Als wir die Testfahrt machten, sagte der Tankstellenbesitzer, dass wir unverzüglich in eine Werkstatt müssten. Plötzlich ging alles so schnell. Er kannte jemanden und hat direkt dort angerufen." Die Werkstatt hatte zwar bereits geschlossen, öffnete jedoch erneut, um uns noch an diesem Abend zu helfen. Als ich dort ankam, waren bereits sieben Männer tatkräftig dabei, den Touareg zu reparieren. Es handelte sich bei den Männern – entgegen meiner Erwartung – nicht um Mitarbeiter, sondern um Familienmitglieder des Werkstattbesitzers. Sie hatten sich an diesem türkischen Feiertag gemeinsam getroffen und boten uns dennoch wie selbstverständlich Hilfe an. Nachdem unser Fahrzeug repariert war, versuchten sie sogar beharrlich, eine Zahlung abzulehnen, wovon Beysim sie nach einer kurzen Diskussion jedoch abbringen konnte. Die Hilfsbereitschaft, die uns an diesem Abend widerfahren war, beschäftigte nicht nur mich, sondern auch meine beiden Fahrer für den Rest unserer gemeinsamen Reise. Es waren Momente wie dieser, die meinen Glauben an die Menschlichkeit immer wieder bekräftigten.

„Kommen wir nun zum letzten Bild meiner ersten Etappe." Ich habe meine Show und somit meine Reise in insgesamt vier Etappen aufgeteilt, die alle damit beginnen, dass ich im Saarland starte und die auch jeweils damit enden, dass ich in meine Heimat zurückkehre. Auf dem Bild, das der Projektor an die Leinwand wirft, sind drei türkische LKW-Fahrer vor ihrer mit Essen zugestellten, seitlichen Ladeklappe zu sehen. An dieser Stelle schiebe ich einen kleinen Exkurs ein, um so meiner Show einen, wie ich es spaßeshalber nenne, Bildungscharakter zu verleihen. „Hat sich von euch mal jemand gefragt, warum an deutschen Autobahnen so häufig einzelne Schuhe liegen? Ich erkläre es euch. LKW-Fahrer haben stets zwei Paar Schuhe dabei. Hausschuhe für ihre Kabine und Schuhe für draußen. Beim Schuhwechsel stellen sie das eine Paar gerne auf ihrem Dach oder den Ladeklappen, die ihr hinter mir auf dem Bild seht, ab. Manchmal vergessen sie diese dort, fahren los und bei der ersten Bodenwelle landen die Schuhe einsam am Rande der Autobahn. Zurück zum Thema. Ich stand am Stadtrand von Sofia und wollte innerhalb von zwei Wochen über Ungarn zurück in meine Heimat trampen. Als ich jedoch mit meinem Daumen in Richtung der vorbeifahrenden Autos winkte, fiel mir etwas Interessantes auf."

Bulgarien, September 2017

Ich stand nach einer 90-minütigen Wanderung vom Zentrum Sofias aus schweißgebadet am Beginn der bulgarischen Autobahn. In der Regel versuchte ich, selbst Großstädte ohne das Nutzen von öffentlichen Verkehrsmitteln zu verlassen. Meist bedeutete dies ausgiebige Spaziergänge, die mich jedoch stets mit einem zufriedenen Gefühl erfüllten. Umso unbefriedigender war der Umstand, dass an diesem Tag trotz einer idealen Parklücke und regem Verkehr niemand anhalten wollte. Je länger ich an dieser Straße stand, desto mehr verblüffte mich die große Zahl an Autos mit deutschen Nummernschildern, die

1400 Kilometer entfernt von ihrer und meiner Heimat unterwegs waren. Es mussten deutsch-türkische Familien sein, die für das islamische Opferfest, dem höchsten Feiertag im Islam, in die Türkei gefahren waren und sich nun auf ihrem Rückweg befanden. Wie leicht musste es sein, von hier aus direkt nach Deutschland zu trampen?

Ich lief hastig auf die andere Straßenseite, drückte gegen die Glastür der Tankstelle und fragte freundlich nach einem Stück Pappe. Anschließend beschriftete ich es mit meinem neuen Zielort: Deutschland. Ich beschloss spontan, zurück in meine Heimat zu trampen und meine Familie und Freunde zu überraschen. Der vorübergehende Gedanke an ein weiches, vertrautes Bett fühlte sich fantastisch an. Zufällig fand in meinem Heimatdorf wenige Tage später auch dessen jährliche Kirmes statt – dies hatte aber selbstverständlich nicht das Geringste mit meiner Entscheidung zu tun. Wäre ich an diesem Tag selbst an mir vorbeigefahren und hätte ich mich mit einem Deutschland-Schild in Sofia stehen sehen: Ich hätte nicht nur gelacht, sondern auch unweigerlich die Handbremse gezogen. Leider fuhr ich nicht selbst an mir vorbei. Stattdessen wartete ich eine gefühlte Ewigkeit, bis ich schließlich mein Pappschild zur Seite legte und somit kurz darauf zumindest bis zur serbischen Grenze mitgenommen wurde. Die Tatsache, dass an dieser Grenze nun fast ausschließlich deutsche Kennzeichen unterwegs waren, vereinfachte mein Unterfangen jedoch in keinster Weise. Ich wartete die mit Abstand längste Zeit meines Lebens. Ich wartete insgesamt 20 Stunden.

Die einzigen Pausen, die ich mir während dieser Zeit zugestand, waren ein kurzes Frühstück mit drei freundlichen LKW-Fahrern auf deren Ladeklappe und ein halbwegs erholsamer Schlaf in meinem olivgrünen 2-Personen Zelt, das ich auf einem Spielplatz hinter mir aufspannte. Das Zelten wurde zu einem festen Bestandteil meiner Reise. Ich übernachtete oft in traumhaft schönen Gegenden, an denen ich nicht nur vor atemberaubenden Kulissen einschlief, sondern auch morgens mit einem strahlenden Grinsen aufwachen durfte. Ich zeltete in der Wüste Namibias, vor riesigen Wasserfällen in Bosnien und Herzegowina, vor der *Game of Thrones*-Festung in Dubrovnik, unter tanzenden

Nordlichtern, in den Weiten Sibiriens, in den Bergen Georgiens oder an malerischen Stränden in Litauen. Orte, an denen ich schlafen wollte und mit deren Bildern ich normalerweise auf folgende Reaktion stieß: „Wie schön. Dort hätte ich auch gerne gezeltet." Mindestens ebenso oft drückte ich die Heringe meines Zeltes jedoch aus einem wesentlich banaleren Grund in die Böden der verschiedensten Länder. Oft zeltete ich, weil ich keine andere Wahl hatte. Für mich als Tramper bedeutete dies, dass die Sonne gerade auf der falschen Seite unserer Erde stand und es somit zu dunkel war, um effizient* per Anhalter zu reisen. So zeltete ich an Autobahnraststätten neben Lastwagen, vor Toilettenanlagen, unter Autobahnbrücken, vor Tankstellen oder sogar auf einer Müllhalde neben alten Asbestplatten. Da das Zelten in freier Wildbahn in den meisten Ländern nicht gestattet ist, wurde meine Suche oft unnötig erschwert. Glücklicherweise bekam ich auf dem serbischen Spielplatz keinen Besuch, und so konnte ich am nächsten Morgen meine Reise in Richtung Heimat zwar gestärkt, jedoch zunächst ähnlich erfolglos fortsetzen.

Gegen Nachmittag entfachte ein schwarzes Fahrzeug nach unzähligen Stunden meine fast erloschene Hoffnung wieder. Ich fühlte mich kurz wie in einer Comedy-Show von Bülent Ceylan, als nach 20 Stunden endlich ein Fahrzeug anhielt: Es war ein Deutschtürke in einem schwarzen 3er BMW. Der Fahrer ließ sein Fenster herunter und signalisierte mir damit, dass in ihm eine gewisse Grundskepsis herrschte. „Ich weiß nicht", sprach er auf Deutsch, „ich würde dich ja mitnehmen, aber irgendwie habe ich etwas Angst. Sei ehrlich, hast du Tulpen dabei?" Es war eine Frage, die ich recht oft zu hören be-

---

Die Effizienz des Trampens kann man „Pi mal Daumen" mit dem Mitholgrad η beschreiben. Der Mitholgrad η ist das Produkt aus der Geschlechterkonstanten m = 0,2, bzw. f = 1 und dem Quotienten aus der Anzahl der vorbeifahrenden Autos ΔA_{vorbei} und der bisherigen Wartezeit ΔT_{warten}. Solange $\eta > 1$ lässt sich das Trampen als effizient bezeichnen. Ich will jedoch anmerken, dass es sich hierbei um eine stark vereinfachte Formel - eine Daumenregel - handelt, da in der Realität weitere Faktoren wie Bartlänge β, Tätowiertheitsgrad τ, Lichtintensität I und die Italienkonstante ω eine wichtige Rolle spielen. Spätestens jetzt wird wohl niemand mehr behaupten, dass mir mein BWL- Studium nichts gebracht hätte.

kam und die ich ehrlicherweise auch niemandem übelnehmen konnte. Ich war äußerlich zwar wie für diese Schublade gemacht, wurde aber fälschlicherweise in sie gesteckt. „Nein, ich habe nichts dabei. Versprochen!", redete ich auf ihn ein und versuchte, ihm seine Sorgen zu nehmen. Leider handelte es sich hierbei um ein scheinbar unmögliches Unterfangen. „Nicht, dass du mich anlügst, wir an der Grenze kontrolliert werden und ich wegen dir Probleme bekomme. Ich glaube, ich kann dich nicht mitnehmen. Es tut mir leid." Ich zog meinen Kopf aus dem geöffneten Fenster, nahm tief Luft und überlegte. Diese Mitfahrgelegenheit durfte ich mir nicht entgehen lassen. In Sekundenbruchteilen durchforstete ich mein Gehirn nach der Schublade mit Deutschtürken-Stereotypen, öffnete sie und suchte nach einer Lösung. Und plötzlich hatte ich eine Idee, für die mir Herr Ceylan in meinen Gedanken stolz applaudierte. Ich schob meinen Kopf zurück ins Innere des Fahrzeugs und startete meinen letzten Versuch. Ich schaute in die Augen des Mannes, versuchte nicht zu blinzeln, nahm einen tiefen Luftzug und sprach meine Worte mit größtmöglicher Überzeugung: „Ich habe keine Tulpen dabei. Ich schwöre auf meine Mutter."

Und es funktionierte. Ich konnte es nicht glauben, aber der Schwur auf meine Mutter war das Zünglein an der Waage, und ich wurde freundlich in sein Auto gewunken. Während ich mich auf eine lange Fahrt vorbereitete, versuchte ich, ein guter Beifahrer zu sein. Ich antwortete brav auf alle Fragen und stieg gemeinsam mit dem 35-Jährigen aus, als wir wenig später an einer einsamen Raststätte anhielten. „Komm mit", sagte er und führte mich zu einer versteckten Treppe, auf der ich neben ihm Platz nahm. Er griff in seine linke Jackeninnentasche und zog eine verräterisch lang gedrehte Zigarette hervor. Es stellte sich heraus, dass er im Gegensatz zu mir sehr wohl Tulpen dabeihatte. Nun hätte ich fragen können, warum ich wenige Stunden zuvor auf meine Mutter schwören musste, aber ich tat es nicht. Ich wollte diese Mitfahrgelegenheit auf keinen Fall verlieren. Wenige Stunden später hielten wir erneut an einer Raststätte, aber dieses Mal konnte ich nicht anders, als meinem Fahrer eine unangenehme Frage zu stellen: „Warum streichelst du meinen Oberschenkel?"

„Unhöflich", schnauzte ich dem wegfahrenden 3er BMW hinterher, „du hast mir noch nicht einmal Geld angeboten." Der Oberschenkel-Grapscher beendete unsere gemeinsame Fahrt früher als geplant an einer durchgängig geöffneten Tankstelle neben der serbischen Autobahn. Ich stellte meinen Rucksack neben der Eingangstür ab und begann damit, um 23 Uhr nachts nach einer neuen Mitfahrgelegenheit zu suchen. Ich fragte jede der Personen, die an diesem Abend ihren Kraftstofftank auffüllten, nach ihrem Interesse an einer spontanen Reisebegleitung. Ich formulierte meine Frage fast ausnahmslos auf Deutsch. Als ich nach fünf erfolglosen Stunden meine Augenlider nur noch mit Hilfe zweier gespreizter Finger oben halten konnte, musste ich kapitulieren. Eine kleine Holzbank im Inneren der Tankstelle stellte eine für mich geeignete Übernachtungsmöglichkeit dar, und so saß ich wenig später auf ihr und lehnte meinen Rücken gegen die kalte Betonwand. Kurz bevor ich meine Augen schloss, kam mir die Idee, meine Deutschland-Pappe auf dem Tisch vor mir aufzustellen, ähnlich wie man es sonst von kleinen Reserviert-Karten kannte. Selbst ich als überzeugter Optimist musste mir jedoch eingestehen, dass die Chancen auf einen mich weckenden, nach Deutschland fahrenden Engel gegen Null tendierten. Ich hätte es besser wissen müssen.

„Hey, ich bin unterwegs nach Deutschland und hatte gerade fast einen Unfall, weil ich zu müde bin. Ich brauche jemanden, der mich wachhält", sagte ein junger Serbe in englischer Sprache. Darko, so stellte er sich später bei mir vor, weckte mich genau eine Minute, nachdem ich auf der Tankstellenbank eingeschlafen war. Mit den letzten Kräften drückten sich meine Augenlider möglichst weit auseinander, um so über meine völlige Übermüdung hinwegzutäuschen. „Du brauchst jemanden, der dich wachhält? Ich bin dein Beifahrer!"

Darko und ich waren unterwegs nach Deutschland. Bei dem Gedanken an ein baldiges Wiedersehen mit Familie und Freunden – und an die Kirmes – schüttete mein Körper Unmengen an Adrenalin aus. Vielleicht konnte ich so unsere 14-stündige Fahrt überleben. Vielleicht war es aber auch eher die Mischung aus Nikotin, Kaffee und Red Bull in meinem Körper, die jeden Profisportler – außer vielleicht Radfahrer – umgehend disqualifiziert hätte. Jedenfalls wechselten wir uns stündlich mit dem Fahren ab und kamen letzten Endes an. Wir erreichten Deutschland gegen Nachmittag nach einer 1.300 Kilometer langen Fahrt. Kurz nach der Grenzüberquerung begrüßte uns nicht nur eine Textnachricht, die uns im deutschen Telefonnetz willkommen hieß, sondern auch ein blauer Streifenwagen. Er forderte uns freundlich dazu auf, an der nächsten Raststätte Halt zu machen. Bei dem kahlrasierten Darko ging es um seine Arbeitserlaubnis, bei mir hingegen um ein gänzlich anderes Themenfeld. Der schlank gebaute Polizist, der wesentlich jünger sein musste, als ich es war, öffnete langsam die grün-gelb-rote Schublade, in die auch er mich fälschlicherweise gesteckt hatte. Er formulierte seine Frage durch mein heruntergelassenes Beifahrerfenster: „Haben Sie Tulpen dabei?"

Sulzbach, 5. November 2019 – 20:08 Uhr

„Dieses Mal schwor ich nicht auf meine Mutter, sondern schaute dem Beamten dabei zu, wie er akribisch meinen Rucksack durchforstete. Zumindest tat er dies solange, bis er meinen Wäschesack in seinen Händen hielt. Glaubt mir, wenn ihr benutzte T-Shirts, getragene Unterwäsche und schweißgetränkte Socken in einen Jutebeutel schnürt und diesen für mehrere Tage in eurem Rucksack mitführt, entsteht ein sehr unangenehmer Geruch, den man sonst nur aus dem Chemie-Unterricht kennt. Dies als kleiner Tipp, falls ihr tatsächlich mal schmuggeln möchtet. Es gibt jedoch eine wesentlich einfachere Variante, um als Deutscher Dinge über Grenzen zu bringen. Dafür müsst ihr euch jedoch noch bis zur vierten Etappe gedulden."

Mittlerweile stehe ich seit ungefähr einer Stunde auf der Bühne und schaue in begeisterte Gesichter, die sich applaudierend auf die nächste Etappe freuen. Ich glaube und hoffe, dass die Zuschauer spüren können, wie sehr mich das Teilen meiner Geschichten mit Freude erfüllt. Gleichzeitig schallt jedoch in jeder noch so kurzen Pause die Stimme von Beatrice durch meinen Kopf. Die Stimme der Frau, die sich heute Morgen von mir getrennt hatte. „Ich weiß nicht warum, aber seit Indien kann ich mir für uns keine gemeinsame Zukunft mehr vorstellen", sagte Beatrice. Es war einer der wenigen Sätze von unserem Trennungsgespräch, an den ich mich noch genau erinnern konnte. Ein Satz, mit dem sie heute Morgen, als wir auf ihrem Bett lagen, ihre Entscheidung begründete. Ich suchte händeringend nach einer Antwort, die in der Lage gewesen wäre, ihre Meinung zu ändern und log mir somit vor, dass eine derartige Antwort überhaupt existierte. Lustigerweise war ich es, der sie zu ihrer Indienreise überredet hatte, von der Beatrice heute Morgen zurückgekehrt war. Ich hätte jedoch nicht damit gerechnet, dass sie sich dort in einen anderen Mann verlieben würde. Die Ironie schmeckte so bitter wie der letzte Masala Chai, den sie mir kurz vor unserer Trennung zubereitete. Er schmeckte so bitter wie die Wohlfühllüge, mit der ich sie ein letztes Mal küsste, ihr ein letztes Mal in ihre geröteten Augen blickte und mit der ich ihr ein letztes Mal über ihre feuchte Wange strich. „Du hast alles richtig gemacht. Leb wohl Beatrice." Heute Morgen war ich leider nicht die Person, die den Hund streicheln durfte.

Ich greife zur halbleeren Bierflasche, nehme einen tiefen Schluck und blicke hierbei zwangsläufig auf ein englisches Wort, das ich mir vor meiner Reise auf die Finger tätowieren ließ: Fate – Schicksal*. Während des Reisens begann ich immer häufiger damit, meinen Glauben an das Schicksal zu hinterfragen. Mit jeder Ungerechtigkeit und jeder unbeantworteten Frage nach dem Sinn entfernte ich mich ein Stück weiter von ihm. So weit, bis ich seine Umrisse irgendwann nur noch erahnen konnte. Ich verabschiedete mich heute Morgen nicht nur von Beatrice, sondern auch endgültig von dem Gedanken, dass alles aus einem bestimmten Grund geschieht.

---

* An dieser Stelle ein kleiner Ratschlag. Solltet ihr – weshalb auch immer – mit dem Gedanken spielen, euch FATE auf die Finger der rechten Hand zu tätowieren und ihr gleichzeitig eine Person sein, die für gewöhnlich einen breiten Ring am rechten kleinen Finger trägt, könnte dies zu einem winzigen Problem führen. Andere Menschen könnten fälschlicherweise davon ausgehen, dass man sich HATE – Hass auf die Hand tätowiert hat. Selbstverständlich spreche ich hier nicht aus eigener Erfahrung.

Ich zweifelte bereits zu der Zeit in Serbien an der Vorstellung, dass alles aus einem bestimmten Grund geschieht. Dennoch bedankte ich mich damals bei dem Schicksal für meine 1.300 Kilometer lange Mitfahrgelegenheit nach Deutschland.

Deutschland, September 2017

Nachdem ich mich von Darko – dem Mann, der mich nach Deutschland mitgenommen hatte – verabschiedet hatte, brachten mich drei weitere Mitfahrgelegenheiten in die Landeshauptstadt des Saarlandes. Aufgeregt und voller Vorfreude stolzierte ich am Rande der mir bekannten Straßen entlang zu dem Ort, den ich in Saarbrücken als finale Trampstelle gewählt hatte. „Hey ****", rief eine mir vertraute Männerstimme mich bei meinem Spitznamen, „was machst du denn hier? Ich fahre nach Hause, willst du mit?" Wie hoch standen wohl die Chancen, jemanden zu treffen, der im gleichen 600 Einwohner kleinen Dorf wie ich lebte und auf seinem Heimweg war? Wahrscheinlich ähnlich hoch wie die, von einem Serben 1.300 Kilometer nach Deutschland mitgenommen zu werden. „Steig ein", sagte er und beendete somit meine erste Reiseetappe.

Ich klingelte an unserer dunklen Haustür, grinste freundlich und hoffte, jemanden anzutreffen, den ich überraschen konnte. Kurz darauf umarmte ich meine ahnungslose Mutter. Es war ein schönes Gefühl, heimzukehren und das erste Mal seit fast sechs Monaten wieder in vertraute Gesichter zu blicken, in einem vertrauten Bett einzuschlafen und in unserem vertrauten Wintergarten Zigaretten zu drehen. Selbst das Gefühl des Heimkehrens wirkte ein Stück weit vertraut und erinnerte mich an das Ende meiner ersten Reise zwei Jahre zuvor. Gänzlich unerwartet und unverhofft traf mich hingegen der überwältigende Zuspruch, der mich während der dreiwöchigen Pause in meiner Heimat erreichte. *Fantastisch, beeindruckend* und *unglaublich* waren Adjektive, mit denen ich, dank der Zeitungsberichte, immer öfter konfrontiert wurde. Meistens antwortete ich mit einem verlegenen Augenrollen. Was hatte ich schon geleistet?

Ich hatte weder ein Heilmittel für Krebs erfunden, noch rettete ich Flüchtlinge vor dem Ertrinken. Stattdessen stellte ich mich an Straßen und streckte meinen Daumen nach oben. Ich mochte es nicht, wie jemand Besonderes behandelt zu werden, da ich in meinen Augen lediglich besonders tätowiert war. „Bist du nicht dieser Tramper?", war dennoch eine Frage, die mir sowohl damals, als auch heute noch ein Lächeln ins Gesicht zaubert.

Sulzbach, 5. November 2019 – 20:09 Uhr

„Nachdem ich ausgiebig unsere Kirmes gefeiert hatte, brach ich gestärkt und voller Vorfreude in Richtung des nördlichsten Punktes Norwegens* auf, um in einer klaren Nacht den mit grünen Lichtern durchzogenen Himmel anzustarren und um mir selbst etwas zu beweisen. Ich wollte mir beweisen, dass man auch im Spätherbst in Cordhose, Cowboystiefeln und einem für +10 °C gefertigten kostengünstigen Schlafsack von *Decathlon* bis an das Nordkap trampen konnte." Der Wunsch nach immer extremeren Vorhaben war womöglich die Reisesucht, von der mir andere Reisende erzählt hatten. Und ohne zu wissen, ob ich bereits abhängig war, mir dies noch bevorstand, oder ob ich der Sucht sogar entgehen konnte, spürte ich, wie sich die Trageriemen meines Rucksacks immer fester zuzogen.

„Starten wir mit der zweiten Etappe meiner Reise. Ich trampte nach Dänemark und wurde dort von einem einheimischen Mann mitgenommen, der mir wie fast alle anderen Fahrer zwei stets gleiche Fragen stellte."

---

* *Eine weitere Lüge. Der nördlichste Punkt des europäischen Festlands ist nicht das Nordkap, sondern Knivskjellodden. Als ich damals zum Nordkap trampte, hatte ich hiervon jedoch nicht den blassesten Schimmer. Vielleicht hatten die Norweger inoffiziell das Nordkap zum nördlichsten Punkt erklärt, damit es Reisenden wie mir erspart blieb, Knivskjellodden auszusprechen.*

ETAPPE 2

Dänemark, Oktober 2017

„Ich komme aus einem kleinen Dorf im Südwesten von Deutschland", antwortete ich, als mich meine erste dänische Mitfahrgelegenheit nach meiner Herkunft fragte. „Berlin?" oder „Frankfurt?" waren die beiden weiterführenden Fragen, die sich an dieser Stelle fast immer anschlossen. Ich versuchte, meine Antworten auf die Frage nach dem *Woher* in einer Art zu variieren, die sowohl unsere Hauptstadt *Berlin*, als auch unseren bekanntesten Flughafen *Frankfurt* ausschloss: „Ein ganz kleines Dorf. Selbst manche Deutsche kennen mein Bundesland nicht. Du wirst mein Dorf nicht kennen", bemühte ich mich vergeblich. Berlin und Frankfurt waren scheinbar unumgänglich. Es war so, als würde man jeden Slowaken fragen, ob er denn aus Bratislava käme. Und mir wurde bewusst, dass ich genau dies tat.

Meine erste dänische Mitfahrgelegenheit stellte jedoch die Ausnahme dar. „Das Saarland, da war ich schon mal. Ich habe dort mal Urlaub gemacht", sagte der freundliche Mann. Meine Augen strahlten und ich konnte kaum erwarten, wie sein Urteil über meine wunderschöne Heimat ausfallen würde. „Es war richtig scheiße. Sehr langweilig." Mein Gesicht verschwand langsam hinter meinen Handinnenflächen, und vor meinem geistigen Auge sah ich einem zufriedenen Jan Böhmermann dabei zu, wie er meinem dänischen Fahrer ein *High five* gab. Der Däne war die zweite Reisebekanntschaft, deren Leben sie an einen bestimmten Punkt in meine Heimat geführt hatte. „Das Saarland? Ich war mal in Saarbrücken. Ich habe früher Tulpen von Holland nach Jugoslawien geschmuggelt und musste dabei in Saarbrücken meinen Zug wechseln", erzählte mein lächelnder Gastgeber damals in Sarajevo, während er genüsslich an einer seiner größten Tulpen zog.

Eine weitere Frage, die mir der Däne ebenso wie fast alle anderen Mitfahrgelegenheiten stellte, war die nach dem *Wohin*. „Ehrlich gesagt, weiß ich nicht, wohin ich will. Ich weiß nichts über Dänemark. Aber du bist doch von hier. Wohin soll ich deiner Meinung nach trampen?", antwortete ich. Je länger ich auf den Straßen dieser Welt unterwegs war, desto mehr verließ ich mich auf etwas, dass ich früher Schicksal und mit der Zeit immer öfter Zufall nannte. Ich sah in jeder meiner Mitfahrgelegenheiten einen unbekannten Weg und in manchen sogar ein neues Ziel. „Du solltest nach Ribe", empfahl mir der kahlköpfige Däne und setzte mich an einer Straße in Richtung West-Dänemark ab. War es Schicksal, dass mich Tobias am selben Abend einsammelte und mit mir und seinem Bus drei Tage lang die Westküste bereiste? War es Schicksal, dass Alice ihr Praktikum in Spanien nicht genehmigt und uns somit die Chance auf ein gemeinsames Weihnachten verwehrt wurde? Vielleicht war es das Schicksal, welches Tarja meine kurzfristige Couchsurfing-Anfrage für Kopenhagen annehmen ließ und mich so mit einem weiteren Couchsurfer namens Daniel bekannt machte. Vielleicht war es vorherbestimmt, dass ich in ihm meine erste, längere Trampbegleitung fand. Vielleicht war es aber auch einfach Zufall. Und vielleicht machte es am Ende keinen Unterschied, ob es Schicksal, Zufall, oder etwas völlig anderes war.

Schweden, Oktober 2017

Daniel war 19 Jahre alt, trug für mein Verständnis kurzes, nach gängiger Meinung jedoch eher mittellanges, zurückgeföhntes, blondes Haar und befand sich auf seiner ersten Reise per Anhalter. Sein unschuldiges Erscheinen und seine kräftigen Wangen, in die wohl jede Großmutter dieser Welt liebend gerne gekniffen hätte, ließen ihn wie den Traum jeder Schwiegermutter erscheinen.

Seine Tinder*-Historie behauptete hingegen eher das Gegenteil. Ich hatte in ihm nicht nur einen Namensvetter, sondern auch jemanden getroffen, dessen Ausrüstung und Kleidung der meinen an Minderwertigkeit in nichts nachstanden. Daniel lebte in Liverpool, arbeitete als Schauspieler und hatte einen Hang zu Schimpfwörtern. Ich war mir nicht sicher, ob und wie diese drei Attribute in Korrelation standen.

„Du musst die Städtenamen größer schreiben. So können es die Autofahrer nicht lesen. Und bitte, zieh die Sonnenbrille aus! Leute wollen das Gesicht des Trampers erkennen", erklärte ich Daniel, der zwei Wochen zuvor seine Reise gestartet hatte. Ich fühlte mich stellenweise wie ein in die Jahre gekommener Lehrer, der nun seine Erfahrungen an die jüngere Generation weiterreichte. Ich fühlte mich im Kontext von einem meiner Lieblingsfilme – *Der Herr der Ringe* – wie Samweis Gamdschie, der dafür Sorge zu tragen hatte, dass Daniel Däumling den Schicksalsberg im tiefen *Nordor* unbeschadet erreichen konnte. Wir kämpften uns gemeinsam durch die eisige Kälte Norwegens, trotzten stürmischen und regnerischen Nächten unter Autobahnbrücken und bewährten uns gegen einen bösen Zauberer. Sein Name war Haltnichtan der Weiße und er ließ keine Gelegenheit aus, unsere Reise zu sabotieren. Der Zauberer versuchte, den ungeduldigen Daniel durch lange Wartezeiten an Norwegens Straßen zum Aufgeben zu zwingen. Mich hingegen, den geduldigen Daniel, wollte er trotz utopischer Zigarettenpreise zum Rauchen verführen. Aber durch das Band unserer Freundschaft konnten wir seinen Versuchen trotzen. Wir waren mehr als nur Reisebegleiter. Wir wurden zu Gefährten.

Das Trampen hatte mich gelehrt, mir Zeit zu nehmen und auf die Frage, ob man Zeit hätte, nach Möglichkeit mit „Ja" zu antworten. „Wenn das so ist,

---

* *Tinder ist eine Handy-Applikation, mit der Menschen durch eine Wischbewegung andere Menschen nach ihrem Äußeren beurteilen und – in der Theorie – so ihre große Liebe finden. Ich will hier übrigens nicht urteilen. Es gab Zeiten, in denen ich vom vielen Wischen Muskelkater in meinem Daumen hatte. Heutzutage kann mir dies nicht mehr passieren. Durch das viele Trampen ist die Sehne meines Daumens bestens trainiert.*

könnt ihr gerne eine Nacht mit mir im Ferienhaus meiner Eltern schlafen", sagte Victoria, die uns in der Nähe von Göteborg einsammelte. Als wir gemeinsam auf ihrer am Ufer gelegenen Veranda einen malerischen Sonnenuntergang bestaunten und kühles Bier tranken, begannen wir eine dreiköpfige *Never have I ever*–Runde.

Daniel wirkte auf mich wie ein Frauenheld, dem es an Beziehungen noch nie gemangelt hatte. Victoria hingegen wirkte, als wäre sie einsam und würde sich einen Partner wünschen, mit dem sie gemeinsam die Nächte in ihrer Ferienwohnung verbringen könnte. „Ich war noch nie verliebt", sagte Victoria, als sie an der Reihe war. Wie erwartet nahm ich einen tiefen Schluck. Völlig unerwartet trank außer mir jedoch niemand. Während die 26-jährige Victoria meine Vermutung bestärkte, ließ mich der sieben Jahre jüngere Engländer an diesem Abend zum ersten Mal hinter seine Fassade blicken. „Du warst der Einzige, der getrunken hat. Du musst erzählen. Wie fühlt es sich an?", befahl unsere Gastgeberin und ließ mich kurz innehalten.

Ich war bereits viel zu oft in meinem Leben verliebt. Ich trug mein Herz nicht nur auf der Zunge, sondern verlor es auch verhältnismäßig schnell und bereitwillig. Ich dachte an meine Jugendlieben, die meine Gefühle damals nie erwiderten. An Amelie, Elisa und viele Namen, die ich nie erfahren hatte. Ich dachte an meine erste Freundin im Alter von 17 Jahren und an die Ex-Freundin meines Cousins, von der ich nur noch ein schemenhaftes Bild vor Augen hatte. Ich dachte an Holly, meine letzte Australienliebe, der ich nie gesagt hatte, wie leid mir Hong Kong tat. Ich dachte an Monika, meine erste Australienliebe – und daran, dass ich kurz davor war, sie in Oslo zu treffen. Und ich dachte an Alice. Ich dachte daran, wie wir dabei waren, immer weiter auseinander zu driften. Wie aus täglich wöchentlich wurde und wie wir langsam lernten zu akzeptieren, dass Gefühle füreinander zu haben manchmal einfach nicht genug war.

„Es fühlt sich vollkommen an", sagte ich in Gedanken schwelgend, „kennt ihr das Gefühl des Heimkommens, wenn ihr eine lange Reise beendet und eure Familie und besten Freunde fest in die Arme nehmt? Und nun stellt euch vor, dass ihr dieses Gefühl jeden Morgen habt, wenn ihr neben dieser einen Person aufwacht und in ihre verschlafenen Augen seht. Es ist das vertraute Gefühl, genau dort zu sein, wo man hingehört." Ich trank erneut.

Zwei Tage später kam ich mit Daniel in Oslo an. Er akzeptierte die Schlaf-einladung unserer Mitfahrgelegenheit, ich jedoch stieg frühzeitig aus. Ich wollte Monika, die in der Hauptstadt Norwegens lebte, besuchen und gemeinsam mit ihr an die Anfänge meiner ersten Reise zurückdenken. Monika war nicht nur meine erste Australienliebe, sie war auch der Grund dafür, dass ich mir damals zwei Speckwürfel auf meinen Fuß tätowieren ließ.

Australien, August 2014

Monika entsprach dem klassischen Stereotyp einer Norwegerin. Sie war groß, schlank, hatte lange blonde Haare, hellblaue Augen und sprach ein besseres Englisch als die meisten Amerikaner, die ich auf meiner Reise getroffen hatte. Als ich nach Australien flog, war ich der Meinung, dass sich eine derartige Frau niemals für mich interessieren würde. Zumindest nicht in der Realität, in der ich bisher gelebt hatte. Wir lernten uns auf einer der unzähligen Partys kennen, teilten eine gemeinsame Vorliebe für billigen Wein und machten das Stehlen von Sandwichtoastern zu unserem Markenzeichen. Mein Auslands-semester fühlte sich nicht nach Realität an. Es war unbeschwert, aufregend und so unbeschreiblich anders. Keines, das ich mit *besser* oder *schlechter* beschrieben hätte, sondern ein anderes Leben. „Bring mir ein deutsches Wort bei", sagte Monika, während wir eng umschlungen in ihrem Bett lagen. „Speckwürfel," antwortete ich spontan. Die Art und Weise, mit der sie diese drei Silben wieder-holte, klangen derart lasziv, wie ich es sonst nur aus amerikanischen High-School-Filmen mit ihren aufgesetzten Akzenten von französischen Austauschschülerinnen kannte. „Speckwürfel", sagte Monika erneut und mein Herz schmolz dahin. Ich setzte es mir zur Aufgabe, in meinem weiteren Leben nach den sinnlichsten Speckwürfeln zu suchen und fragte fortan viele Menschen, ob sie genau dieses Wort für mich sagen konnten. „Was bedeutet Speckwürfel?", fragte sie anschließend und schüttelte wenig später lachend ihren Kopf. Es dauerte nicht lange, bis ich mich in sie verliebte und ebenso wenig Zeit verging, bis sie mich aus genau diesem Traum wachrüttelte. „Das ist nicht die Realität, sondern eine Pause vom normalen Leben. Das hier ist einfach nur Spaß", erklärte Monika und brach mir so damals zwar mein Herz, sorgte aber ironischerweise dafür, dass ich seitdem selbstbewusster wurde. Ich lernte während meines Auslandssemesters die wichtigste Lektion meines Studiums. Ich lernte eine der wichtigsten Lektionen des Lebens. Ich lernte, mich selbst zu lieben.

Norwegen, Oktober 2017

Unser Wiedersehen fühlte sich auf eine angenehme Art und Weise eigenartig an. Wir teilten nicht nur nostalgische Momente, sondern auch nostalgische Sandwichtoasts. Wir lachten über mein Speckwürfel-Tattoo, ließen alte Geschichten Revue passieren und machten uns darüber lustig, dass mittlerweile ich es war, der ihr Englisch berichtigte. Wir teilten die Erkenntnis darüber, in welch gegensätzliche Richtungen sich unsere Leben entwickelt hatten. Und sie hatte Recht. Spätestens bei unserem Wiedersehen erkannte ich, was sie damals mit „das ist nicht die Realität" meinte. Um ehrlich zu sein, fühlte sich mein Leben nach wie vor nicht nach Realität an, aber das musste es auch gar nicht. Es fühlte sich lebendig an.

„Kannst du noch einmal ‚Speckwürfel' für mich sagen?", fragte ich sie, als sie mich zu ihrer Wohnungstür brachte. „Speckwürfel." „Es tut mir leid Monika, du bist mittlerweile nicht mehr der erotischste Speckwürfel – aber nach wie vor weit oben dabei!", erwiderte ich lachend, drückte sie fest und verabschiedete mich mit dem Wissen, dass ich sie wohl nie mehr wiedersehen würde. Obwohl ich ihr nie sagte, wie sehr sie mir damals die Augen geöffnet hatte, konnte ich ein weiteres offenes Kapitel meines Lebens abschließen.

„Hast du sie wieder ins Bett bekommen?" „Nein Daniel, ich glaube, du hast die Intention unseres Treffens nicht verstanden", sagte ich, während ich dem

Engländer freundschaftlich auf die Schulter klopfte. Einige Stunden, nachdem wir Oslo verlassen hatten, hielt Frode für uns an.

Sein Name erinnerte mich an die *Herr der Ringe*-Trilogie, sein Äußeres hingegen eher an einen französischen DJ. „Hey, ihr beiden! Wir sind vor 30 Minuten bereits an euch vorbeigefahren und hielten nicht an, weil unser Auto voll ist. Anschließend haben wir eine Viertelstunde darüber diskutiert, ob ihr nicht doch irgendwie in unser Auto passt und haben daraufhin gewendet. Schön, dass ihr noch hier seid. Mein Name ist Frode, das ist meine Tochter Tuva", sagte der vermeintliche Zwillingsbruder von David Guetta. „Bitte, vergleicht mich nicht mit David Guetta. Ihr könnt mich mit Kid Rock vergleichen", sagte der vermeintliche Zwillingsbruder von Kid Rock. Während die 16-jährige Norwegerin, die ihren Kopf unter einer dicken Wollmütze versteckte, mit ihrem I-Phone für eine passende musikalische Untermalung sorgte, erzählte uns Frode von seiner Kindheit. „Ich bin damals mit 17 Jahren von zu Hause abgehauen und insgesamt vier Jahre durch Europa getrampt. Dann hatte sich mit meiner Tochter Tuva alles verändert und ich wurde sesshaft. Dennoch nehme ich nach wie vor jeden Tramper mit." „Straßenkarma*", schob ich ein und erkannte ein zustimmendes Nicken.

Dem blonden Norweger gehörte eine Modelinie, ein schönes Apartment in Meeresnähe und seine Frau hatte ihm wenige Monate zuvor ein weiteres Kind geschenkt. Es brauchte nicht viel, um zu erkennen, dass die kleine Familie herzensgute Menschen waren. Nachdem wir die Nacht in Frodes Haus verbracht und uns morgens an einer heißen Dusche erfreut hatten, lud er uns auf einen kurzen Ausflug mit seinem Fischerboot ein. Frode wollte uns seine Heimat zeigen, bevor er uns gegen Mittag an einem neuen Ort zum Trampen absetzte. „Ich finde unglaublich toll, was ihr beiden vorhabt – und ich will euch helfen.

---

* Als Straßenkarma wird im Trampjargon das Karma der Straße bezeichnet. Diese wunderbar nichtssagende Erklärung bedeutet in der Praxis, dass Menschen, die früher selbst getrampt haben, meistens andere Tramper mitnehmen, um sich so rückwirkend dankbar zu zeigen. Die meisten meiner Mitfahrgelegenheiten waren in ihren jüngeren Jahren selbst per Anhalter gereist.

Ihr werdet mehrere Fähren nehmen müssen, wenn ihr durch Norwegen bis ans Nordkap wollt. Hier, nehmt dieses Geld und nutzt es für die Fähren", sagte Frode, während er einen Geldschein in meine Richtung streckte. Wie damals in Israel versuchte ich, sein großzügiges Angebot abzulehnen und – wie damals in Israel – wurde mir dies nicht gestattet. „Vielen Dank, Frode", sagte ich dankbar, während ich den norwegischen Kid Rock zum Abschied umarmte. Ich warf einen flüchtigen Blick auf den Geldschein, bevor er kurz darauf in meiner Hosentasche verschwand. Es waren 100 Kronen, knapp 10 Euro. Wenige Tage später wurde mir bewusst, dass ich eine Null übersehen hatte und der junge Vater uns 1.000 Kronen mitgegeben hatte. Da wir auf jeder unserer Fähren von den jeweiligen Fahrern eingeladen wurden, konnten wir von Frodes Spende drei Wochen in Norwegen leben. So wurde eines der teuersten Länder der Welt zu dem billigsten, in dem ich je gereist war: Ich gab in drei Wochen ungefähr 20 Euro aus.

Je näher Daniel und ich dem Nordkap kamen, umso weniger Autos waren auf den meist malerisch schönen Straßen unterwegs. Ebenso zehrte das Wetter immer mehr an unseren Kräften. Es regnete öfter, als wir es uns gewünscht hätten, die Nächte wurden stetig kälter und wir mussten unseren ersten Gebirgspass überqueren. Ein 77-jähriger Mann, in dessen Begleitung meine Gesichtsbehaarung wie ein 3-Tage-Bart wirkte, brachte uns auf den schneebedeckten Gipfel. Der grauhaarige Fahrer war unterwegs zu einer seiner Hütten, um dort alleine ein Wochenende zu verbringen. Er erzählte auffallend viel von seinen Kindern und tat dies in einer Art und Weise, die uns fühlen ließ, wie sehr er sich mehr Zeit mit ihnen wünschte. So, als wäre er kurz davor, an seiner Einsamkeit zu zerbrechen. Als ich meinen Rucksack aus seinem Kofferraum hob, fiel mein Blick auf mehrere Schnapsflaschen, die er unter einer braunen Wolldecke versteckt hielt.

Meine englische Begleitung und ich verbrachten vier aufeinanderfolgende Nächte in unseren Zelten, schliefen unter Autobahnbrücken, neben Kirchen oder auch auf einem Schulhof und ernährten uns von Brot und Dosenfisch. Am fünften Tag standen wir in strömendem Regen an einer Baustelle und mussten uns eingestehen, dass auch wir langsam fast zerbrachen. Daniels Zeltstange brach eine Nacht zuvor, wodurch nun jeden Abend unsere Improvisationskünste auf die Probe gestellt wurden. Ebenso wie Daniels Zelt wurden auch seine Motivation und sein Wille zum Weitermachen immer instabiler. Für mich zerbrach etwas völlig anderes: Meine Beziehung zu Alice, die zwar nie eine richtige Beziehung war, sich aber dennoch so anfühlte. Ich konnte die Hoffnung, mit der ich vergeblich auf ein Wiedersehen wartete, nicht mehr ertragen und brach den Kontakt zu ihr ab. Ich redete mir ein, dies aus Selbstschutz zu tun. Womöglich hatte ich jedoch Angst davor, dass unsere erträumte Beziehung nicht an ihrer Komplexität, sondern letzten Endes wegen mir scheitern würde. Weil unsere Interessen zu verschieden waren, weil unsere Erinnerungen immer mehr zu Erinnerungen wurden und weil ich mich nicht genug bemühte. Vielleicht war es feige, den Kontakt abzubrechen. Vielleicht war es menschlich. Meine Gedanken an Alice wurden von einer freundlichen Frau unterbrochen, die Daniel und mich aus dem Regen rettete.

„Oje, ihr seid ja völlig durchnässt. Steigt ein, ich nehme euch mit zu mir nach Hause." Es war eine 60-jährige Frau namens Anita, die uns zu ihrer abgelegenen Waldhütte brachte und so den Wunsch nach einer heißen Dusche und einem warmen Bett erfüllte. Nachdem Anitas Mutter versucht hatte, uns ihre selbstgegründete Religion, nach der Mohammed das Produkt des Ejakulats von Jesus Christus war, näherzubringen, gab mir Anita eine Führung durch ihre Wohnung. In ihrem Wohnzimmer stand eine große Glasvitrine, in der sie eine zerbrochene Vase aufbewahrte. „Die Hitze hat sie damals in vier Scherben zerspringen lassen. Schau, diese hier sieht aus wie eine Pyramide, diese hier wie ein Boot. Weißt du, Daniel, manchmal lässt sich auch im Zerbrochenen Schönheit finden."

Acht Stunden, bevor uns Anita aus dem Regen erlöste und kurz nachdem wir unsere nassen Zelte zusammengepackt hatten, saß ich unter dem Dach einer Bushaltestelle. Während Daniel darauf fixiert war, Autos anzuhalten, wischte ich durch mein Facebook-Konto. Dabei stieß ich auf eine Veranstaltung, zu der Frode als Organisator hinzugefügt wurde. Es war eine Spendengala für

Leukämiepatienten, in deren Beschreibung ihr Veranstalter näher vorgestellt wurde: „Frode war 17 Jahre alt, als sein Vater Selbstmord begangen hatte. Später hat Frodes Leben ihn mit der Geburt seiner Tochter Tuva vor eine neue Herausforderung gestellt. Im Alter von drei Jahren wurde bei ihr Leukämie diagnostiziert. Eine seltene Art, mit der eine sehr geringe Lebenserwartung einhergeht. Seine Tochter kämpft noch heute um ihr Überleben. Das Leben kann unfassbar zerbrechlich und brutal sein." Ich begann zu verstehen, warum Frode damals von zu Hause abgehauen war und leider verstand ich auch, warum seine Tochter eine dicke Wollmütze trug. Es glich einem Wunder, dass sie noch am Leben war.

Als wir abends im Wohnzimmer von Anita saßen, schrieb ich sowohl Frode als auch seiner Ehefrau. „Kein Geld der Welt kann dir Gesundheit kaufen", sagte er. „Manchmal scheint es, als wären die guten Menschen diejenigen, die leiden, wohingegen die schlechten ein komfortables Leben führen", sagte Frodes Frau. Ich verstand ihren Ärger über die oft unfairen Aufgaben, vor die uns das Leben stellte. Dennoch lag es in den Händen jedes Einzelnen von uns, letztlich nicht daran zu zerbrechen. Vielleicht war es aber auch nötig, zu zerbrechen. Vielleicht hatte Hemingway Recht als er sagte, wir seien alle zerbrochen, da wir nur so das Licht in uns hineinlassen können – „We are all broken, that's how the light gets in." (Ernest Hemingway)

Obwohl es sich die Ärzte bis heute nicht erklären können, lacht Tuva nach wie vor. Sie lebt nach wie vor und sie kämpft nach wie vor.

Sulzbach, 5. November 2019 – 20:18 Uhr

„Wie sich herausstellte, war Anita eine ehemalige Sterneköchin und servierte uns ein 3-Gänge-Menü. Als Vorspeise gab es Feigensalat auf Rentiertatar, im Hauptgang servierte sie Rentier in Preiselbeersoße und als Dessert verwöhnte sie uns mit Eiscreme, die sie sogar filigran mit Cognac beträufelte. Es war die beste Mahlzeit meines Lebens. Nicht nur, weil es handwerklich perfekt zubereitet war, sondern vor allem, weil es unsere erste warme Mahlzeit seit fünf Tagen war. Dies bringt mich generell zum Thema der Wertschätzung und zu einer Sache, die ich auf meiner Reise gelernt habe: kleine Dinge wertschätzen. Beispielsweise eine heiße Dusche. Ich nehme sie noch genauso wie früher, genieße sie jedoch mittlerweile viel mehr. Wie ich das tue? Indem ich mir vor Augen führe, dass es nicht selbstverständlich ist, jederzeit die Möglichkeit einer heißen Dusche zu haben und schätze sie somit wert. Das Interessante daran ist, dass man so sein Leben verbessern kann, indem man nur seine Denkweise ändert. Es ist reine Kopfsache." Ich blicke in immer mehr nickende Gesichter und versuche anschließend, aktiv einen kleinen Impuls zu geben. „Ich lade euch recht herzlich zu einem kleinen Selbstexperiment ein. Wenn ihr heute Abend in eurem Bett liegt, denkt bitte mal kurz an mich. Aber wirklich nur kurz, ich will nicht, dass ihr Alpträume bekommt. Denkt kurz an mich und freut euch darüber, dass ihr in einem warmen Bett liegt. Vielleicht auch darüber, dass ihr neben einer Person einschlafen dürft, die ihr liebt. Und wenn ihr morgen früh aufwacht, denkt gerne erneut an mich, denkt an Frode und denkt an Freunde und Bekannte, die leider viel zu früh von uns gingen. Freut euch darüber, dass ihr aufgewacht seid. Denn wie Frode es damals sagte: Die Gesundheit ist das höchste aller Güter. Aber leider ist es auch das Gut, das wir viel zu selten wertschätzen. Meistens erst dann, wenn wir es nicht mehr haben."

Um die Stimmung wieder etwas zu lockern, erzähle ich kurz von einem kleinen Missverständnis, mit dem Daniel und ich irgendwo im Norden konfrontiert wurden. „Wir wurden von einem Mann aus Kenia mitgenommen und ich fragte ihn, ob es in Afrika viele Tramper gibt. *Are there many hitchhikers?*', worauf er uns eine überraschende Antwort gab, die mich laut lachen ließ. *Ja, bei uns gibt es viel HIV*. ‚Nein! Nicht HIV, Tramper, *hitchhiker*'", sage ich schmunzelnd und leite zum nächsten Bild meiner Show über. Es zeigt ein atemberaubendes Naturphänomen, das ich trotz meiner Handykamera erstaunlich gut einfangen konnte. „Wer von euch hat schon mal Nordlichter gesehen?"

Der Wecker meines Handys riss mich aus einem unruhigen Schlaf. Der Grund, warum ich mich mitten in der Nacht wecken ließ, war ein grünes Lichterspektakel, das von der Wettervorhersage prophezeit wurde. Da ich der Kälte und meiner unzureichenden Ausrüstung wegen oft mit angezogener Kleidung schlief, musste ich lediglich meine Jacke überwerfen und in meine Stiefel steigen. Als ich den gefrorenen Reißverschluss meines Zeltes öffnen wollte, brach er ab und zwang mich dazu, über das taunasse Gras zu robben. Begleitet von einem lauten Stöhnen, richtete ich meinen zitternden Körper auf und blickte in Richtung des Firmaments. Binnen Sekunden vergaß ich jegliche Kälte. Ich stand alleine an einem versteckten Strandabschnitt nahe der Lofoten, als ich die ersten Nordlichter meines Lebens erblickte. Sie tanzten in hell leuchtenden Farben über den Himmel, schlängelten sich vorbei an dunklen Bergsilhouetten und füllten die kahlen Baumkronen mit einem malerischen Hintergrund. Ein atemberaubendes Schauspiel, das sich nur schwer mit Worten beschreiben ließ. Es sah so aus, als würde man ein Kind fragen, ob es mit grünen Wachsmalstiften den Wind auf einen schwarzen Hintergrund zeichnen könnte. Auf diesen Moment hatte ich seit meiner Abreise hingearbeitet, und er übertraf selbst meine kühnsten Vorstellungen. Es war einer der schönsten Momente meines Lebens. Und dennoch waren meine Gedanken nicht bei den grünen Lichtern, sondern völlig woanders. Sie waren bei einer Person, die ich wenige Stunden zuvor kennengelernt hatte.

Zwölf Stunden zuvor brachte mich ein Lastwagenfahrer auf eine Autofähre und teilte mir unmissverständlich mit, dass er mich nach unserer Schiffsfahrt nicht weiter mitnehmen konnte. Daniel und ich hatten uns während unserer gemeinsamen Reise mehrmals getrennt. Wir taten dies immer dann, wenn ein LKW-Fahrer uns eine Mitfahrgelegenheit angeboten hatte. In der Regel fanden wir jedoch innerhalb eines Tages wieder zueinander. In gewohnter Tankstellenmanier begann ich damit, mich sämtlichen Fährengästen als potentiellen Beifahrer vorzustellen. Ich sprach mit jungen Männern, älteren Ehepaaren und müden Geschäftsmännern. Leider konnte oder wollte mich keiner von ihnen mitnehmen. Als unsere Fähre wenige Stunden später anlegte, versuchte ich, sie als erste Person zu verlassen, um so meinen Daumen am Ausgang des Hafens strecken zu können. Ich hoffte darauf, dass einer der Fahrer seine Meinung mittlerweile geändert hatte, um so einer Nacht auf dem Hafengelände zu entgehen.

„Hey, nachdem du mich eben gefragt hattest, habe ich mir erneut die Karte angeschaut. Ich kann dich nicht zu den Lofoten bringen, aber ich kann dich 20 Kilometer weit zu einer Kreuzung mitnehmen", sagte Sultan, während er mich auf seinen Beifahrersitz winkte. „Danke, du rettest mir den Abend." Der 25-jährige Sultan stammte ursprünglich aus dem Irak und flüchtete gemeinsam mit seiner Familie zehn Jahre zuvor nach Norwegen. Als jemand, der dem zunehmenden Fremdenhass in Deutschland mit großer Wut und Unverständnis begegnete, fragte ich den jungen Studenten nach seinen Erfahrungen in Norwegen. „War es leicht, hier zu immigrieren? Wurde euch viel Hass entgegengebracht?" Sultan gab ein langes Seufzen von sich und gab mir eine Antwort: „Um ehrlich zu sein, der Grund dafür, dass ich gerade von Trondheim zu meinen Eltern im Norden fahre, ist ein Telefonat, das ich heute Morgen mit meiner Mutter geführt habe. Meine kleine Schwester hat sich heute das Leben genommen, da sie das Mobbing wegen ihrer ausländischen Herkunft in der Schule nicht ertragen konnte."

Es folgte die unangenehmste, fünfminütige Stille meines Lebens, in der ich vergeblich nach Worten und mit den Tränen rang. Ich konnte ihm nicht sagen, dass alles gut wird und auch nicht, dass ich wusste, wie er sich fühlen musste. Ich hatte keine Vorstellung davon. Stattdessen umarmte ich ihn schweigend und verließ sein in die Jahre gekommenes Auto. Während er seine Fahrt auf der leeren Straße fortsetzte, blieb ich einige Minuten regungslos stehen. Ich suchte mit zitternden Händen vergeblich nach einer Zigarette und dachte an meine jüngere Schwester Anne. Würde mich meine Mutter anrufen und mir sagen, dass sich meine Schwester das Leben genommen hätte, wäre dies die schlimmste Nachricht und der mit Abstand schlimmste Tag meines Lebens. Genauso musste es für Sultan gewesen sein. Und dennoch entschied er sich dazu, anzuhalten, und mir an diesem Abend zu helfen.

Bevor ich weiter über Sultan nachdenken konnte, hörte ich aus weiter Entfernung die Geräusche eines Autos. Ich wischte meine Tränen beiseite und setzte ein schmerzhaftes Lächeln auf. Der Mann, der wenig später anhielt, war gerade auf dem Weg ins Krankenhaus. Seine Tochter war kurz davor, das Licht der Welt zu erblicken.

Und so stand ich wenig später unter den grünen Nordlichtern und versuchte den Moment, den ich mir in meinen Gedanken so oft ausgemalt hatte, zu genießen. Ich spürte die Gänsehaut auf meinem gesamten Körper und starrte in die Leere. Ich konnte nicht anders, als an Sultan zu denken. Daran, wie er mich durch seine Entscheidung zu genau diesem Ort und Moment gebracht hatte. Für mich hatten Glück und Unglück noch nie zuvor so nahe beieinander gelegen. Ich fragte mich, wie ich in Sultans Situation gehandelt hätte. Hätte ich angehalten? Wäre ich derart selbstlos gewesen und hätte in dem dunkelsten Moment meines Lebens geholfen? Obwohl ich mir selbst keine Antwort geben konnte und mich Sultans Geschichte emotional niederschmetterte, erwärmte sie auch mein Herz. Ich war gerührt, dass Menschen wie Sultan existierten.

Ich wünschte mir, den jungen Mann erneut in die Arme nehmen zu können und dieses Mal Worte zu finden, statt nach ihnen zu suchen. Ich wünschte mir aus seinem Mund zu hören, dass es ihm und seiner Familie gut geht. Ich wünschte mir, Sultan einen Brief schreiben zu können.

„Lieber Sultan, ich möchte mich bei dir entschuldigen.
Dafür, dass ich damals schweigend neben dir in deinem Auto saß und keine Worte fand. Ich habe mich seit unserer Begegnung oft gefragt, ob ich in deiner Situation angehalten hätte. Ich glaube, ich hätte es nicht. Ich wäre nicht stark genug gewesen. Du bist einer der tapfersten und stärksten Menschen, die ich in meinem Leben bisher kennenlernen durfte. Du hast mich mit deiner selbstlosen Hilfsbereitschaft nicht nur zu Tränen gerührt, sondern mir etwas Wichtiges gezeigt.
Ich werde in meinem weiteren Leben jedes Mal anhalten. Ich werde jedes Mal

helfen, egal wie schlecht es mir geht, und ich werde es können, weil ich dich damals getroffen habe.

Ich werde dank dir stark genug sein.

Du hast mir gezeigt, welche Art Mensch ich sein will.

Norwegen, Oktober 2017

Eine Woche, nachdem ich meine ersten Nordlichter gesehen hatte, wurden Daniel und ich von Julian mitgenommen. Seine Frisur ließ mich darüber nachdenken, wann genau die Emo-Kultur eigentlich verschwunden war. Bevor ich eine Antwort auf diese Frage finden konnte, setzte der junge Norweger uns an der letzten Stadt vor dem Nordkap ab. „Hier habt ihr zwei Dosen Bier für euren großen Tag. Viel Glück morgen", sagte Julian und verabschiedete sich von uns. Die Tage wurden kürzer, das Wetter wechselhafter und Supermärkte dienten uns immer öfter als Zufluchtsort. Honningsvag war eine Stadt, deren Namen man ohne weiteres hätte in einer *Winnie Puh*-Geschichte adaptieren können. Darüber hinaus war sie, trotz einer Entfernung von 40 Kilometern, die dem Nordkap am nächsten gelegene Siedlung und leitete somit unser großes Finale ein.

Nachdem wir unsere Zelte auf der durch ein Holzdach geschützten Laderampe des Supermarktes aufgebaut hatten, plünderten wir die lokalen Mülltonnen. Wir fanden Goldmünzen in Form von reifen Avocados und Goldtellern ähnelnde, eingeschweißte Pfannkuchen. Wir fühlten uns wie Piraten, die eine reichlich gefüllte Schatztruhe geöffnet hatten. Wir fühlten uns aber auch wie zwei junge Männer, die die Menge an weggeworfenen Lebensmitteln nachdenklich stimmte. Ich war mir über die Problematik von verschwendeter Nahrung bewusst. Aber selbst vor einem gefüllten Müllcontainer zu stehen und auf Essen zu blicken, von dem ich hätte mehrere Wochen leben können, war etwas völlig anderes. Das Hineinsehen war wesentlich schmerzhafter, als routiniert wegzusehen.

Am nächsten Morgen standen Daniel und ich an der Straße und warteten vergeblich auf Autos. Es tobte ein wilder Schneesturm, durch den man alles ab einer Entfernung von wenigen Metern nur erahnen konnte. Wir wollten unter Wetterbedingungen, bei denen kein normaler Tourist unterwegs sein wollte, zu einer Touristenattraktion trampen. Zu unserem Glück gab es einen Mann aus Rostock, der ähnlich verrückt war wie wir. Seit Kindheitstagen war es sein Traum gewesen, einmal am Nordkap zu stehen. An besagtem Wochenende hatte er vier freie Tage und hielt es anscheinend für eine glänzende Idee, in dieser Zeitspanne insgesamt 6 000 Kilometer mit drei jungen Kindern zurückzulegen. Wir erreichten kurz vor unserem gemeinsamen Ziel drei eingeschneite Kassenhäuser, die uns zu einer entscheidenden Frage führten: „Warum gibt es hier Kassenhäuser?" Es stellte sich heraus, dass das Nordkap einer der wenigen privatisierten Landmarken Norwegens war und der Einlass nur bei einer Zahlung von 25 Euro pro Person gewährt wurde. Nach einer gescheiterten Verhandlungsrunde mit der Kassiererin, legte mir Daniel lächelnd die Hand auf die Schulter. „Scheiß drauf?", fragte er. „Scheiß drauf", erwiderte ich.

Wir hatten es geschafft, ohne es geschafft zu haben. Auch unseren deutschen Fahrer, der von Daniel und mir ein Nordkap-Kassenhaus-Beweisfoto schoss, trafen die Eintrittsgebühren unerwartet. „Dann muss ich ja nicht nur für mich, sondern auch für meine drei Kinder jeweils Geld bezahlen. Nein! Könnt ihr von uns auch bitte ein Bild vor den Hütten hier machen?"

Dieser Mann fuhr mit drei Kindern in vier Tagen 6 000 Kilometer, um sich den Traum vom Nordkap zu erfüllen. Am Ende drehte er kurz vor dem Ziel um, da er zu geizig war, den Eintritt zu zahlen. Er war ein Deutscher wie er im Buche stand und wurde so zu einem Deutschen, der nun in einem Buch steht. Er war unser Held vom Nordkap. Und wie es sich für Helden gehört, brachte er uns durch den immer stärker werdenden Schneesturm zurück zu unserer Basis: dem Supermarkt von Honningsvag. An diesem Abend stießen wir nicht nur Julians Bierdosen aneinander, sondern tätigten auch unseren letzten Einkauf in Norwegen und benutzten dazu die übrigen Reste von Frodes großzügiger Spende. Als die freundlich lächelnde Kassiererin mir unser

Wechselgeld in die Hand legte, schüttelte ich ungläubig meinen Kopf. Es waren genau zwei 1-Kronen-Münzen. Zwei Münzen, die uns nicht nur an den norwegischen Kid Rock, sondern auch an den Abschluss unseres Abenteuers erinnerten. Wir mussten zwar noch 3 000 Kilometer nach Süden trampen, aber was hätte schon schiefgehen können, nun, da wir diese Glücksmünzen bei uns trugen.

Schweden, Oktober 2017

„Ihr seid die verrücktesten und am wenigsten vorbereiteten Tramper, die ich je getroffen habe", sagte Daniel zu Daniel und mir, als wir ihm auf seine Frage nach unserem Schlafplatz mit „im Zelt" antworteten.

Wenige Stunden zuvor stapften Daniel und ich entlang des Seitenstreifens einer kaum befahrenen Landstraße, die auf beiden Seiten durch kahle, verschneite Wälder begrenzt wurde. Da die lichtspendende Sonne zu dieser Jahreszeit bereits mittags um zwei Uhr hinter dem Horizont verschwand, wurde unsere Reise per Anhalter enorm erschwert. Auch die prognostizierten Temperaturen trugen hierzu bei. Die Wettervorhersage auf meinem Handy zeigte einen Negativwert, den ich in meinem Leben so noch nie gesehen hatte: -17 °C. „Hey Daniel, vielleicht sollten wir heute Abend gemeinsam im Zelt kuscheln", spaßte ich mit der Gewissheit, dass dieses Szenario gar nicht so abwegig war. Wir wanderten zu einer kleinen Pizzeria, in der wir unsere elektronischen Geräte laden und unsere Körper mit Kaffee erwärmen konnten und warteten auf ein Wunder. „Vielleicht müssen wir heute Abend wirklich gemeinsam …", sagte ich und wurde von Daniel unterbrochen. „Leck mich!"

War es naiv, auch in derartigen Situationen weiterhin auf mein Glück zu vertrauen? Kurz bevor das Restaurant seine Türen schloss, hielten mehrere Bauarbeiter an, von denen uns ein junger Mann namens Daniel eine Mitfahrgelegenheit anbot. Es war sicherlich naiv, auf das Glück zu vertrauen, aber naiv bedeutete nicht zwangsläufig falsch.

„Ihr könnt bei diesen Temperaturen doch nicht zelten", sagte der schwedische Daniel und begann nach einer kurzen Denkpause damit, mehrere Telefonate zu führen. Er rief seine Freundin an, die wiederum ihren Vater anrief, mit dem wir uns wiederum nach einer 400 Kilometer langen Fahrt an einem auf dem Polarkreis gebauten Restaurant trafen. „In der Hauptsaison wimmelt es hier von Touristen, die an diesem Ort essen, ein Bild mit der draußen stehenden Weltkugelskulptur machen und im Anschluss von mir ein Polarkreiszertifikat ausgehändigt bekommen. Im Winter schließe ich mein Restaurant", erklärte uns der Vater von Daniels Freundin, entsperrte das Schloss der Eingangstür und zeigte uns, wie seine Kaffeemaschine funktionierte. Als wäre diese warme Bleibe nicht bereits genug des Guten gewesen, lächelte uns neben dem Raum, in dem wir unsere Schlafsäcke ausbreiteten, eine einladende Sauna an. Und so verbrachte ich die kälteste Nacht meines Lebens nackt mit Daniel in einer Sauna.

Bevor ich in meinen Schlafsack kroch, verließ ich noch einmal das Restaurant. Es war an der Zeit, die letzte Zigarette meines Päckchens, das ich mir als Belohnung zum Erreichen - beziehungsweise Nicht-Erreichens - des Nordkaps gekauft hatte, zu rauchen. Ich starrte abwechselnd in den funkelnden Nachthimmel Schwedens und auf die Glücksmünze, die ihren Weg in meine linke Handinnenfläche gefunden hatte. Während ich merkte, wie meine nassen Haare langsam zu Eis wurden, fragte ich mich, ob mir jemals jemand diese Geschichten glauben wird.

Am nächsten Morgen wurden wir von Daniel und dem Restaurantbesitzer abgeholt und wir bekamen unsere eigenen Polarkreisurkunden überreicht. Ich fragte mich erneut, ob mir jemals jemand diese Geschichten glauben wird.

Sulzbach, 5. November 2019 – 20:28 Uhr

„Als Daniel Daniel und mich nach unserer Saunanacht abholte, wollte er uns seiner Aussage nach zu der perfekten Trampstelle bringen. Leider war dieser Ort für das Trampen denkbar ungeeignet." Im Hintergrund zeige ich ein Bild, auf dem ich mit erhobenem Daumen an einer Haltebucht mitten auf der Autobahn stehe. „Der Ort war dermaßen schlecht, dass ich keinem Auto das Vorbeifahren verdenken konnte. Es war Halloween 2017 und es war ein Tag, den ich niemals vergessen werde." Egal, wie oft ich diese Geschichte auch erzähle, sie fühlt sich immer noch wie ein verrückter Traum an. Glücklicherweise hatte ich mit Daniel damals einen Zeugen an meiner Seite. „Nach vierstündiger Wartezeit konnte ich meine Füße, die trotz zwei Paar Socken in meinen Zalando-Stiefeletten zitterten, nicht mehr spüren. Ich musste mich bewegen. Widerwillig stimmte Daniel zu, sich meiner 16 Kilometer langen Wanderung zu einer Tankstelle anzuschließen. Als wir völlig entkräftet und zudem im Dunkeln an dieser Tankstelle ankamen, entpuppte sie sich leider als Bushaltestelle. Daniel war generell jemand, der viel fluchte, aber er übertraf sich an diesem Tag selbst. Wir wanderten erneut drei Kilometer zur nächsten imaginären Tankstelle und fanden eine weitere Stunde später tatsächlich eine, die wirklich existierte. Leider war sie kurz davor zu schließen. Doch einer der Mitarbeiter bot uns eine Mitfahrgelegenheit zu einer weiteren Tankstelle an, die 24 Stunden geöffnet hatte. Hier wären wir zumindest vor der Kälte geschützt gewesen. Auf halber Strecke hatte sein Auto einen Motorschaden und wir durften den letzten Fußmarsch des Abends antreten.

Daniel berichtete, dass er schon so einige *beschissene* Halloween-Tage erlebt hatte, sogar einen, an dem er von seiner Partnerin verlassen wurde." Die Tatsache, dass Daniel zwei Wochen zuvor bei unserem *Never have I ever* Spiel gestand, dass er noch nie verliebt war, machte diese Aussage umso trauriger. Nachdem meine Gedanken kurz abgedriftet sind, führe ich meine Geschichte fort: „Er erklärte außerdem, dass dieses Halloween mit mir alle bisherigen toppte. Er ließ mich offen und direkt wissen, dass dies sein *beschissenstes* Halloween aller Zeiten war. Ich habe Daniel übrigens vor ein paar Wochen von meiner Live Show erzählt und ihn gefragt, ob er mir eine Sprachnachricht zusenden könnte, in der er für meine Zuschauer den damaligen Tag zusammenfasst. Er hat es liebend gerne getan. Viel Spaß mit Daniels Nachricht." Während ich den Zuschauern Daniels 50 sekundenlange Nachricht abspiele, muss ich selbst erneut darüber lachen, wie exzessiv der junge Engländer flucht.

„I honestly can't fucking believe this. We've just walked for fucking six hours, so you can fucking have a better place to fucking hide your shoes because you shit you wearing fucking stupid fucking cowboy boots. So, you can't fucking handle the snow, walk for ages to get to a fucking petrol station which doesn't even exist, only to then walk to another fucking petrol station that doesn't exist, only to find that the road is also fucking closed. Are you fucking for real? Oh my god, I just need a fu… Jesus fucking Christ. Fuck my life."

„Ja, Daniel und ich sind übrigens nach wie vor gute Freunde." Während die Zuschauer ausgelassen lachen, denke ich an den weiteren Verlauf des damaligen Abends zurück. Als Daniel und ich in der Tankstelle ankamen, wussten wir noch nicht, dass unser gemeinsames Halloween kurz davor war, so richtig halloweenesk* zu werden." Es ist eine Geschichte, die ich hoffentlich irgendwann einmal meinen Kindern erzählen werde.

Kolumbien, Oktober 2034

Die Wellen des karibischen Meeres verwischten die Herzen, die kurz zuvor ein verliebtes Pärchen in den Sand gemalt hatte. Ich schwang mich aus der Hängematte, die ich auf der Veranda meiner Strandbar aufgespannt hatte, legte meine Gitarre beiseite und bewegte mich mit langsamen Schritten in Richtung des kühlen Wassers. Der heiße Sand unter meinen Füßen erinnerte mich an Australien. Er erinnerte mich an den Anfang meiner Reise und ich konnte nach wie vor nicht richtig begreifen, wie gut das Leben mich in den letzten 20 Jahren behandelt hatte. Dankbar verzottelte ich die Haare meiner beiden Kinder Elica und Sultano, während sie im Sand mit unserem Hund Galaktroton spielten.

Als meine tätowierten Zehenspitzen das feuchte Nass berührten, blieb ich

---

* *Martin, ein deutscher Freund, den ich auf meiner ersten Reise in Neuseeland kennengelernt hatte, brachte mir bei, dass man Wörter durch das Anhängen der Endung -esk veredeln kann und so sowohl sehr intelligent, als auch extrem sympathisch wirkt.*

stehen und richtete meinen Blick gen Horizont. Ich blickte in Richtung meiner Heimat, die ich vor ach so langer Zeit verlassen hatte. Es war eine Entscheidung, die ich zu keinem Moment meines Lebens bereut hatte, mich aber dennoch oft daran erinnerte, was ich damals zurücklassen musste. „Wohin schaust du, Papa?", fragte mich meine fünfjährige Tochter, die mir unbemerkt gefolgt war. „Zu meiner früheren Heimat. Komm, wir winken deiner Tante Anne in Deutschland zu." Kurz darauf packte ich Elica und trug sie auf meinem mittlerweile tätowierten Rücken in das Innere der Dakuna Bar. „Komm Sultano, es ist Essenszeit."

Als später am Abend das Meer in ein rubinfarbenes Rot gehüllt wurde, saßen wir gemeinsam an einem kleinen Lagerfeuer. „Papa, heute ist doch Halloween, erzähl uns eine gruselige Geschichte", forderte mich der siebenjährige Sultano auf. „Na gut, aber wenn ihr heute Abend nicht schlafen könnt, seid ihr selbst schuld." Meine Frau rollte mit ihren Augen. „Hier kommt die Halloweengeschichte: Es war einmal ein junger Mann, der in Schweden an einer Tankstelle auf eine Mitfahrgelegenheit wartete. Was macht denn eurer Meinung nach eine gute gruselige Halloweengeschichte aus?" „Eine hübsche Blondine!", rief Sultano. „Eine hübsche Blondine? Woher zur Hölle hast du sowas. Na gut. Der Mann war mit einer blonden, überdurchschnittlich gutaussehenden Reisebegleitung unterwegs. Sie wärmten sich im Inneren der Tankstelle und hatten die Hoffnung auf eine Übernachtungsmöglichkeit schon fast aufgegeben. Was braucht eine Halloweengeschichte noch?" „Eine unheimliche Person", schlug Elica vor. „Genau. Während die beiden warteten, betrat ein grauhaariger Mann namens Bengtake den Raum und begann eine Unterhaltung. Er bot ihnen einen kostenfreien Schlafplatz im Büro seines Hotels an und wollte sie zudem am nächsten Morgen zu einer besseren Tankstelle fahren. Es war ein Angebot, das unsere beiden Helden nicht abschlagen konnten. Auf halber Fahrt erklärte Bengtake, dass sein Hotel sich noch in der Bauphase befinden würde, aber dies beunruhigte die beiden erstmal nicht, da sie kein Hotelzimmer, sondern ein Büro angeboten bekommen hatten. So, Sultano, was braucht eine Halloween-Horrorgeschichte noch?" „Einen unheimlichen Ort!" Ich nickte zufrieden und fuhr fort. „Ganz richtig. Irgendwann hielt der schwedische Mann vor einem riesigen Tunneleingang, der mit dosendicken Gitterstäben und zwei Vorhängeschlössern verriegelt war. Er stieg langsam aus seinem Auto aus. Die beiden Männer taten es ihrem Fahrer gleich und verließen das Fahrzeug." „Moment mal, du hast gesagt, er war mit einer hübschen Blondine unterwegs!", widersprach Sultano. „Nein mein Junge, ich sprach von einer blonden Reisebegleitung." „Okay", seufzte der Siebenjährige enttäuscht und fokussierte sich erneut auf meine Geschichte. „Die beiden Reisenden erkundigten sich mit fragenden Blicken nach dem Hotel, woraufhin Bengtake ihnen erklärte, dass er dies auf einem ehemaligen Kriegsschutzbunker errichten werde. Während er weiterhin damit beschäftigt war, die Schlösser zu lösen, schauten sich die jungen Tramper gegenseitig an und dachten genau dasselbe. Sie dachten, dass sie an diesem Abend entweder sterben würden oder anschließend eine richtig verrückte Geschichte zu erzählen hätten. Selbstverständlich traten sie durch die mittlerweile geöffnete Tür ein. Bengtake gab ihnen eine kurze Führung. Dabei bekamen sie auch einen Raum gezeigt, in dem der Schwede Pilze anbaute." Meine Frau warf mir einen bösen Blick zu und machte mir somit deutlich, dass ich meine folgenden Worte sorgfältig zu wählen hatte. „Ähm … anscheinend war Pizza mit Pilzen das Lieblingsessen des schwedischen Mannes. Also weiter. Die drei Männer schritten gemeinsam durch den engen Tunnel, und bei zwei von ihnen machte sich langsam aber sicher ein mulmiges Gefühl breit. Als sie schließlich vor seinem Büro standen, gaben die beiden Jungs ein erleichtertes Seufzen von sich und betraten gemeinsam mit Bengtake den Raum. Elica, was fehlt in meiner Geschichte noch?" „Ähmm. Einer, der einschläft und nicht wieder aufwacht?" „Richtig! In der Ecke seines Büros befand sich ein Miniaturmodell des geplanten Hotels. Der Reisebegleiter des blonden Mannes fragte den unheimlichen Mann, ob es denn schwer sei, einen Geldgeber für ein derartiges Projekt zu finden. Bengtake schüttelte seinen Kopf und antwortete. Er sagte, dass er bereits jemanden hatte, der das Hotel bezahlen wollte, dieser aber eingeschlafen und nie wieder aufgewacht war. Sein Geschäftspartner war Muammar al-Gaddafi, ein ganz böser Mann aus Libyen, und er wurde von den Amerikanern für immer schlafen gelegt. Bengtake versuchte, die geschockten Gesichter seiner Gäste zu beruhigen, indem er ihnen versicherte, dass Gaddafi zwar ein schlimmer Mensch, aber ein fantastischer Geschäftspartner gewesen sei. Angeblich war er sehr spendabel und zahlte immer pünktlich. Dem älteren der jungen Männer stieg die Situation etwas zu Kopf und er entschied sich zu einer Raucherpause am Eingang des Tunnels." „Fangt bitte nie an zu rauchen", sagte meine Frau an dieser Stelle zu unseren Kindern. „Genau, rauchen ist schlecht", sprach ich wie jeder andere Vater, der sein Leben lang an den glimmenden Stängeln gezogen hatte. „Also weiter in der Geschichte. Während der Raucher mit einer Hand am Gitter vor den erneut verschlossenen Toren stand, hörte er plötzlich Schritte, die sich ihm näherten. Ein letztes Mal. Was braucht eine Gruselgeschichte noch?" „Ich weiß es, ich weiß es", schrie Sultano, „eine Waffe." „Si. Der rauchende Mann drehte sich um und erblickte Bengtake, der mit einer Schrotflinte bewaffnet auf ihn zulief. Ende der Geschichte. Hat sie euch gefallen?"

„Das soll ein Ende sein? Und ehrlich gesagt war sie total unglaubwürdig. Wer würde schon mit einem Fremden in einen Kriegsbunker gehen", sagte Elica. „Genau, und auch die Sache mit Ga… Gad…, diesem Mann, der so ähnlich heißt wie Gandalf von *Herr der Ringe*. Das war doch an den Haaren herbeigezogen. Erzähl uns lieber eine Geschichte, die wirklich passiert ist. Erzähl uns deine Massagegeschichte, mit der dich Onkel Ben immer ärgert!" Ich blickte unzufrieden in das Lagerfeuer, konnte meinen Kindern ihre Skepsis jedoch nicht verübeln. „So, los jetzt. Ihr zieht euch nun eure Dinosaurierpyjamas an und dann geht's ins Bett", meinte meine Frau, während sie mir etwas ins Ohr flüsterte: „Die Massagegeschichte wirst du unseren Kindern niemals erzählen, versprochen?" Ich nickte, küsste ihre Wange und schaute meiner Familie dabei zu, wie sie im angrenzenden Haus verschwand. „Hmm… bei dem Regisseur Christopher Nolan funktionieren diese offenen Enden doch auch immer … und ich habe extra nicht erwähnt, dass die beiden Protagonisten Daniel hießen, um die Geschichte glaubhafter zu machen", grummelte ich ins Feuer und öffnete eine Flasche Wein, die sich neben zwei leeren Gläsern im Sand befand.

Ich stand vor der verschlossenen Gittertür, eine Hand an den Gitterstäben, die andere an meiner Zigarette. Plötzlich hörte ich Schritte, drehte mich um und erblickte Bengtake. Er marschierte in aller Ruhe, mit einer Schrotflinte bewaffnet, auf mich zu. Ich versuchte, meine Angst zu überspielen und fragte ihn mit witzigem Unterton, was er denn wohl mit der Waffe vorhabe. „Hey Bengtake, meinst du nicht, dass es etwas zu viel Lärm machen würde, wenn du uns mit einer Schrotflinte umlegst?"

„Ach, Entschuldigung", antwortete er überrascht, „die habe ich noch in meinem Büro gefunden und ich wollte nicht, dass ihr heute Nacht auf dumme Ideen kommt. Schlaft gut und haltet euch morgen früh um neun Uhr bereit. Dann komme ich euch abholen." Er verriegelte den Tunneleingang hinter sich und verschwand mit seinem alten Auto in der Dunkelheit. Ich ging zurück zu Daniel ins Büro, schaute ihn erschrocken an und brach mit ihm in ein lautes, langanhaltendes Lachen aus. „Ist das gerade wirklich passiert?", fragte er mich. „Hatte der Kerl wirklich eine Schrotflinte in der Hand? Alter Schwede … Frohes Halloween, Daniel."

„Wie ihr euch sicherlich denken könnt, waren wir am nächsten Morgen frühzeitig abfahrtbereit, warteten jedoch zunächst vergeblich. Bengtake tauchte mit zweistündiger Verspätung auf, aber das war selbstverständlich kein Problem. War ja nicht so, als wären wir in einem Kriegsschutzbunker eingesperrt gewesen."

In diesem Zusammenhang spreche ich kurz über die Gefahren des Trampens. „Ist trampen gefährlich? Meine Antwort lautet: Nein! Zumindest abgesehen davon, dass Autos statistisch gesehen eines der gefährlichsten Fortbewegungsmittel sind. Auch ich hatte eine gefährliche Situation in der Türkei. Mein Fahrer wollte, mit Hilfe eines speziellen Adapters, einen Wasserkocher an seinen Zigarettenanzünder anschließen. Er versuchte, beim Autofahren Tee zu kochen. Glücklicherweise war abgesehen davon, dass wir uns auf einer Autobahn mehrfach drehten, nichts Weiteres passiert. Ich vergleiche das Trampen gerne mit Haiangriffen in Australien. Es passiert sehr selten etwas wirklich Tragisches, aber sobald etwas passiert, geht es durch sämtliche Nachrichten. Ist das Trampen als Frau gefährlich? Gefährlicher, aber meiner Meinung nach auch nicht gefährlich. Unabhängig des Geschlechts will ich euch jedoch folgende Empfehlung geben: Falls ihr Bedenken habt, trampt nicht alleine, denn ihr werdet es nicht genießen können. Sucht euch eine Trampbegleitung, jemanden wie mich, mit dem ihr eure ersten Erfahrungen machen könnt."

Anschließend spreche ich kurz über mutmaßliche Bedeutungen von Gesten, die Personen beim Vorbeifahren vollführen. Ich spreche über gekreuzte Arme – den sogenannten Power Ranger – winkende Hände, nach links oder rechts zeigende Zeigefinger, die Kussgeste und auch über meinen klaren Favoriten: den Mittelfinger.

Ich richte hier eine kleine Bitte in Richtung der Zuschauermenge. „Solltet ihr jemals einen Tramper sehen und ihn nicht mitnehmen, dann ist das absolut in Ordnung. Aber bitte, gebt ihm ein Zeichen, winkt ihm zu oder zeigt ihm einen Trampdaumen. Diese Gesten ermutigen den Tramper und glaubt mir: Es gibt kein schlimmeres Gefühl, als stundenlang an einer Straße zu stehen und von sämtlichen Autofahrern ignoriert zu werden." Ich war mir sicher, dass viele Straßenmusikanten und Bettler sich genauso fühlen mussten.

„Kommen wir zum letzten Bild der zweiten Etappe, dem Matterhorn. Ich trampte über Tschechien in die Schweiz bis nach Zermatt, und genau dort wäre ich jetzt eigentlich. Mein Plan war es, dort zu arbeiten und mir so Geld für meine finale Reise zu sparen. Am Ende kam dann doch wieder alles ganz anders." Dieser Sprung in die Schweiz, den ich in meiner Show binnen Sekunden vollziehe, dauerte in der Realität ungefähr drei Wochen. In dieser Zeit ereigneten sich zwar keine spektakulären Geschichten, aber ich feierte insgesamt drei Wiedersehen mit Freunden, die ich damals auf meiner ersten Reise kennengelernt hatte. Ich traf sowohl Neuseeland-Martin als auch Thailand-Martin in Leipzig, und ich feierte in Zürich mein erstes Wiedersehen mit Philipp, den ich damals während meines Auslandssemesters in Australien kennengelernt hatte. Momente des Wiedersehens gehören zu den schönsten Augenblicken einer Reise. Ich wünschte, ich hätte auch Alice erneut in meine Arme nehmen können, doch stattdessen hatten wir seit dem Nordkap keinen Kontakt mehr gehabt.

Schweiz, Dezember 2017

Die Spitze des Matterhorns erhob sich majestätisch vor dem Balkon meiner Gastgeberin. Durch die hinter der Spitze aufsteigenden Wolken wirkte es so, als würde der Berg ununterbrochen rauchen. Wir hätten uns sicherlich gut miteinander verstanden. Das Bild auf den Toblerone-Schokoladenpackungen, die in den Supermärkten Zermatts auffällig oft in Augenhöhe gelagert wurden, konnte seiner wahren Gestalt jedenfalls in keiner Weise gerecht werden. In der urig eingerichteten Wohnung meiner Gastgeberin lag ein angenehmer Weihnachtsduft, der mich daran erinnerte, den auf der Herdplatte stehenden Glühwein vom Kochen abzuhalten. Mit ihm wollte ich Corinna nach ihrer Spätschicht begrüßen. Die damals 25-jährige Österreicherin war eine leidenschaftliche Motorradfahrerin, liebte das Reisen und nutzte die großzügigen Gehälter der Schweiz dazu, in verschiedenen Einrichtungen zu kellnern. So konnte sie sich Geld für ihre zukünftigen Reisen verdienen. Sie führte ein interessantes Leben, beherbergte dank Couchsurfing viele internationale Gäste und lebte in einer der schönsten Ecken, die ich auf meiner Reise erkunden durfte. Während ich auf Corinna wartete und abwechselnd den Wein testete, alleine durch ihr Zimmer tänzelte und die Aussicht auf ihrem Balkon genoss, hatte ich viel Zeit zum Nachdenken. Ich dachte daran, wie ich Daniel einen Monat zuvor in Berlin verabschiedet hatte. Es dauerte mehrere Tage, bis ich mich wieder daran gewöhnt hatte, alleine unterwegs zu sein. Ich hatte mir auf meiner weiteren Reise mehr als nur einmal diesen ungeduldigen, fluchenden Engländer herbeigesehnt.

Ich dachte auch an meine Familie und meine Freunde, die ich wenige Tage später erneut sehen sollte, und mit denen ich gemeinsam Weihnachten verbringen würde. Ich war müde und freute mich darauf, dieses Mal eine etwas längere Pause in Deutschland einzulegen.

Als ich morgens neben Corinna aufwachte und ihr dabei zusah, wie ihr schlanker Körper das warme Doppelbett in Richtung Badezimmer verließ, blickte ich in Richtung der hölzernen Zimmerdecke. Ich begann ein Gedankenspiel, das im Laufe meiner weiteren Reise zu einer konkreten Idee heranwuchs. Aus dieser Idee wurde letztendlich sogar ein Plan, weswegen ich nach meiner Reise für die Sommersaison 2019 in Zermatt nach einer Wohnung gesucht hatte.

Ich brauche an dieser Stelle wohl nicht erneut zu erwähnen, was letztlich der Grund dafür war, weswegen ich mich gegen einen Sommer an einem der bekanntesten Skiorte der Schweiz entschied. Stattdessen sollte ich wohl eher die folgende Frage beantworten: „Wie hieß der Grund?"

Sulzbach, 5. November 2019 – 20:38 Uhr

„Mein Plan war es, in Zermatt zu arbeiten und mir so Geld für meine finale Reise zu verdienen. Stattdessen entschied ich mich im Mai 2019 spontan dazu, auf mein Bauchgefühl zu vertrauen, an meine Show zu glauben und *Anekdoten eines Beifahrers* eine Chance zu geben. Und was soll ich sagen? Ich bin froh, dass ich es getan habe, ansonsten wäre ich heute Abend nicht hier. Ich hoffe, ihr seid es auch. Nun machen wir eine etwa 15-minütige Pause, in der ihr euch die Beine vertreten könnt. Ihr seid auch herzlich dazu eingeladen, mit mir draußen bei einer Zigarette noch etwas zu quatschen. Bis gleich."

Während die Menge applaudiert und sich langsam von ihren Stühlen erhebt, entferne ich die Ohrbügel meines Mikrofons, werfe mir einen schwarzen Mantel über und begebe mich zielstrebig an die frische Luft.

Die Entscheidung, *Anekdoten eines Beifahrers* zu meinem Beruf zu machen, war zwar in der Tat spontan, jedoch wie meine Kündigung damals nicht „nur" auf ein Bauchgefühl zurückzuführen. Es waren die Reaktionen der Zuschauer, die mich antrieben. Sie zeigten mir, dass meine Reisegeschichten nicht nur zum Reisen animieren, sondern darüber hinaus auch etwas verändern konnten. Ich fand Gefallen daran, Menschen zu bewegen und unsere Welt von ihrer schönsten Seite zu zeigen. Zudem war ich durch die Show in der Lage, den Geschichten meiner Reise eine Bühne zu bieten. Geschichten, die es verdient hatten, erzählt zu werden. Über diesen Aspekt hinaus hatte meine Entscheidung jedoch auch einen weiteren, wesentlich weniger philosophischen Grund. Dieser Grund war Beatrice. Der vermutlich entscheidende Grund war die Frau, die sich heute Morgen, wenige Stunden vor der Show, unerwartet von mir getrennt hatte.

Pause der Show

Sulzbach, 5. November 2019 – 20:43 Uhr

„Na, gefällt euch die Show?", frage ich in die kleine, nikotininhalierende Gruppe, die mit mir gemeinsam ihren Weg nach draußen gefunden hat. „Absolut! Ich habe da noch eine Frage. Ich stamme aus Montenegro und ich frage mich, warum du über dieses Land so negativ geredet hast", fragt mich eine der rauchenden Frauen. „Oje, das hast du falsch verstanden", antworte ich lachend, „ich habe Montenegro geliebt. Aber es gab nur eine verrückte Geschichte, die es in meine Show geschafft hat – und das war die des lüsternen Mannes. Das hat jedoch nichts mit meiner Meinung über das Land zu tun. Ich hatte eine tolle Zeit in jedem einzelnen Land, in dem ich unterwegs war." „Die Geschichte mit dem Handjob war echt krass", meint ein anderer Mann. „Sag mal, hast du nicht Fernweh? Du willst doch bestimmt wieder auf Reisen gehen, oder?" Ich ziehe hastig an meiner Zigarette, puste den Qualm in Richtung Himmel und beantworte die Frage: „Ja, ich will auf jeden Fall nochmal aufbrechen. Ich werde am Ende der Show noch genauer über die nächste Reise reden, du musst also leider noch bis zum Ende der Show bleiben", scherze ich. „Und zu der anderen Frage: Erstaunlicherweise habe ich kaum Fernweh. Aber irgendwie bin ich auch nach wie vor auf Reisen. Ich reise durch Deutschland und erzähle Geschichten über das Reisen. Ich glaube, ohne diese Show wäre ich jetzt schon wieder unterwegs. Oder wie geplant in Zermatt." Ich schaue kurz auf meine Uhr und merke, dass ich langsam wieder zurück auf die Bühne muss. „Wie hast du dich eigentlich unterwegs rasiert?", fragt ein junger Mann, während ich meine Zigarette im Aschenbecher ausdrücke. „Rasiert? Hast du dir die Bilder während meiner Show nicht angesehen? Gar nicht!", lache ich. „Spaß beiseite, ich hatte eine Schere dabei und war, glaube ich, insgesamt drei Mal beim Friseur – zum Bartschneiden. So, ich muss wieder rein. Raucht ihr noch in Ruhe zu Ende und dann geht es gleich weiter."

Ich mache mich auf den Weg zur Theke, um meinen Getränkevorrat aufzufüllen und begegne dabei Steffen, dem Freund meiner Schwester. Er ist mittlerweile ein fester Teil unserer Familie geworden und begleitet mich wie meine Mutter und meine Schwester zu fast allen Shows, die ich in der Nähe meiner Heimat veranstalte. „Hey ****", nennt Steff mich bei meinem Spitznamen, „wie machst du das bitte? Man merkt dir die Trennung einfach gar nicht an. Im Gegenteil. Ich würde sagen, dass das heute deine bisher mit Abstand beste Show ist." Seine Worte bedeuten mir unendlich viel.

„Danke", entgegne ich, während ich ihn fest in meine Arme nehme. Ich war ehrlich gesagt selbst darüber überrascht, wie gut ich meine Emotionen und meine Trauer an diesem Abend während der Show ausblenden konnte. Dafür wurde mir in jedem Moment der Stille umso schmerzhafter bewusst, dass der Schmerz und die Trauer existierten. Als ich Beatrice vor sechs Monaten kennenlernte, war ich überzeugt davon, dass wir gemeinsam unseren eigenen Liebesroman schreiben würden. Seit unserem Gespräch heute Morgen wusste ich, dass es kein Roman, sondern doch nur ein kurzes Kapitel meines eigenen Buches war. Dennoch hatten sie mich auf diese Bühne geführt – ein wichtiger, wenn auch schmerzhafter Trost. Der heutige Tag stellte jedoch nicht nur das Ende eines alten, sondern auch den Beginn eines neuen Kapitels dar.

KAPITEL II
DER KOKON

„Ein Kokon ist ein mittels eines Sekrets hergestelltes Gehäuse, das dem Schutz von Eiern oder Jugendformen der Tiere dient, die es erbaut haben. Wenn ein Kokon zum Schutz der Eier und der daraus schlüpfenden Jungtiere produziert wird, stellen ihn die Elterntiere her. Kokons, die zum Überdauern älterer Entwicklungsstadien, etwa der Puppenruhe, nötig sind, werden von den darin befindlichen Jungtieren selbst hergestellt … Die bekanntesten sind die von den Raupen bestimmter Schmetterlings-Familien hergestellten Kokons. Schmetterlingsraupen produzieren diese mittels einer aus Spinndrüsen austretenden Flüssigkeit, welche an der Luft sehr schnell zu Fäden erstarrt. Diese werden zum Kokon versponnen, in welchem sich die Raupe zur Puppe häutet, um dann die gesamte Puppenruhe darin zu verbringen.“
(Wikipedia, 2020)

Deutschland, April 2019

Meine Heimkehr und somit auch das vorläufige Ende meiner Reise lagen bereits sechs Wochen zurück, und in mein Leben kehrte ein gewisser Alltag ein. Ich entschied mich dazu, zwei Monate lang in meiner ehemaligen Firma zu arbeiten und mir somit ein kleines Startkapital für meinen ab Mai geplanten Schweiz-Aufenthalt zu erarbeiten. Als meine Mutter, bei der ich zu dieser Zeit lebte, ihr Haus für einen Wochenendtrip nach Italien verließ, kam mir die Idee, eine Party zu veranstalten. Nicht, weil sie mir in ihrer Anwesenheit eine Feier untersagt hätte, sondern vielmehr, weil mich der Gedanke an eine nostalgische Sturmfrei-Party sehr amüsierte. „Wie früher, kommt einfach um Sieben zu uns in den Keller und bringt euch Getränke mit", sagte ich zu mehreren Personen, die meiner Einladung an diesem Abend folgten. Unter ihnen war auch eine Frau, die ich bisher noch nie persönlich kennengelernt hatte. Ihr Name war Beatrice.

Sie stammte aus einem kleinen Dorf, das nur wenige Kilometer von dem meinen entfernt lag, und bereiste zu etwa derselben Zeit wie ich die Welt. Unser Kontakt wurde ein Jahr zuvor auf der Hochzeit eines guten Freundes hergestellt. „Schau mal auf ihrem Instagram-Profil vorbei. Die macht das Gleiche wie du. Sie reist um die Welt. Komisch, dass ihr euch nicht kennt", sagte eine ihrer Verwandten, nachdem sie mich als denjenigen, der um die Welt trampt, identifiziert hatte. Ein paar Wochen später schrieb Beatrice mir eine Nachricht und es folgten sporadische Unterhaltungen während unserer Reisen, die meist aus oberflächlichen Empfehlungen bestanden. Dies änderte sich, als wir unsere Reisen fast zeitgleich beendeten und aus Reiseempfehlungen eine Einladung zu indischem Masala Chai bei ihr zu Hause wurden. Ich kam ihrer Einladung jedoch zuvor: „Hast du Lust auf eine Sturmfrei-Party in unserem Partykeller?", fragte ich Beatrice und war verwundert, dass sie im Laufe des Abends tatsächlich auftauchte. „Ich habe mir Tee mitgebracht, werde keinen Alkohol trinken und kann auch nicht lange bleiben", sagte sie. Aus Tee wurde Wein und aus Wein wurde Kaffee, den wir nach einer kurzen Nacht morgens gemeinsam in meinem Bett tranken.

Beatrice war ein Mensch, den man mögen musste. Obwohl sie keinen Spagat machen konnte, schaffte sie den perfekten zwischen verrückt und vernünftig. Sie brachte Menschen zum Lachen, teilte meine Visionen und glaubte wie ich an das Gute in unserer Welt. „Wie ist es bitte möglich, dass wir uns nicht früher kennengelernt haben?", fragte ich, während meine Hand entlang ihres schlanken Körpers strich. „Tja, vielleicht weil du meistens irgendwo am Trampen bist", antwortete sie schmunzelnd. „Touché."

Wir trafen uns einige Stunden später erneut – dieses Mal vor einem Kino. Während ich vor dem Eingang meine Zigarette aufrauchte und Beatrice ein Kompliment für ihre ausgefallene Hose machte, beobachteten wir zwei Personen, die nacheinander über eine auf dem Boden liegende Aluminiumdose stolperten. Als ich mich auf den Weg machte, meine Zigarette in den Aschenbecher zu schnipsen, hob ich diese Dose auf und warf sie in einen der Mülleimer, der unmittelbar neben ihr stand. Es war interessant: Wenn ich denjenigen, der diese Dose weggeworfen hatte, darauf angesprochen und ihm gesagt hätte, dass man so etwas nicht macht, hätte ich nichts verändert. Ebenso wäre es bei den Menschen, die gerade über die Dose gestolpert sind. Aber ich bin mir sicher, dass ein paar der Personen, die mich gerade dabei beobachtet haben, wie ich als Unbeteiligter diese Dose entsorgt habe, sich fragen werden, warum sie dies nicht selbst getan haben. Und vielleicht wird der ein oder andere dies zukünftig tun. Manchmal ist es sehr leicht, positive Impulse zu setzen und somit etwas zu verändern.

Nachdem wir das Kino verlassen hatten und an meinem Auto ankamen, zog mich Beatrice zu sich. Der erste nüchterne Kuss war warm und schmeckte süß.

Später erzählte sie mir, dass sie das Aufheben der Dose bei unserem ersten Date sehr beeindruckt hatte und sie so ihr Herz verlor. So wie ich meins damals an Lok Ling verlor, als sie mir von ihrer Schulklasse und den Superheldenkostümen erzählte. Es war ein schöner Gedanke, dass derart kleine Gesten und Handlungen einen Unterschied machen konnten und mehr über eine Person erzählten, als es hunderte Geschichten jemals könnten.

In den darauffolgenden Wochen begann ich damit, immer öfter meine Pläne in der Schweiz zu hinterfragen. Schließlich war es im Mai an der Zeit, eine Entscheidung zu treffen, die ich unbewusst schon einige Wochen zuvor getroffen hatte. Eine Beziehung war das Letzte, das ich in meiner Situation wollte. Eine Beziehung war das Letzte, das Beatrice in ihrer Situation wollte.

An einem sonnigen Tag saßen wir im Garten von Beatrices Bruder. Ich auf einem gepolsterten Stuhl, sie auf meinen tätowierten Oberschenkeln. „Ich werde nicht in die Schweiz gehen. Ich habe viel nachgedacht und will meiner Show und vor allem unserer Beziehung eine Chance geben", sagte ich überzeugt. Es folgten einige der schönsten Monate, die ich in meinem Leben jemals durchleben durfte. Freunde nutzten uns als Beispiel für die perfekte Beziehung und wir nutzten die kommenden Monate dazu, uns eine gemeinsame Zukunft auszumalen.

Es war zu schön, um wahr zu sein – und am Ende war es zu wahr, um schön zu sein.

Meine Stiefeletten knarren abwechselnd auf den Holzstufen, die mich zurück auf die Bühne führen. Ihr Geräusch erinnert mich noch immer an den Gang in das Büro meines Chefs. Damals war ich aufgeregt, weil ich mein Kündigungsschreiben in der Hand hielt. Heute hat meine Aufregung einen ganz anderen Grund. Soll ich es meinen Zuschauern erzählen? Womöglich merkt mir sowieso niemand etwas an. Aber vielleicht sollte ich es mir dennoch von der Seele reden. Ich muss es mir von der Seele reden.

Während die Scheinwerferlichter langsam wieder stärker strahlen und ich in mittlerweile bekannte Gesichter blicke, frage ich mich erneut, ob meine Reise einen Sinn hatte. Ich merke, wie ich der Antwort mit jeder Geschichte, die ich heute Abend erzähle, ein Stück weit näherkomme.

„Vielen lieben Dank, dass ihr heute hier seid. Ehrlich, besonders heute hat dies für mich eine ganz besondere Bedeutung. Heute Morgen hat sich meine Freundin überraschend von mir getrennt – und hier vor euch zu stehen und mit euch zu lachen, lässt mich diese Situation für den Moment vergessen. Ihr seid der Grund dafür, dass ich am heutigen Abend nach vorne blicke und lächeln kann. Dafür kann ich euch nicht genug danken. Danke – von ganzem Herzen." Auf diese ungewohnte Einleitung folgt nicht nur der bisher längste Schluck, sondern auch der längste Applaus des Abends.

„Ich hoffe, ihr seid bereit für Etappe 3. Es geht in den südlichen Teil Afrikas. Mein Plan war es, von Südafrika bis nach Ägypten zu trampen. Aber auch dieses Mal kam alles wieder ganz anders. Warum? Diese Frage werde ich euch am Ende der Etappe beantworten."

Im Zuge der Show überspringe ich meinen zehnwöchigen Heimataufenthalt zwischen der zweiten und dritten Etappe gänzlich. Hätte ich die nötige Zeit, würde ich meinen Zuschauern gerne erklären, was der wirkliche Grund für meine verfrühte Heimkehr aus dem südlichen Afrika war.

Als ich kurz vor Weihnachten aus der Schweiz zurückgekehrt war und unseren Briefkasten öffnete, fiel mir ein an mich adressierter Briefumschlag in die Hände. Ich hatte eine ungefähre Vermutung, wer diesen Brief versendet haben könnte. Eine Vermutung, die mich dazu brachte, den Brief in unserem Wintergarten zu öffnen. Ich zündete mir eine Zigarette an und begann, die Oberseite des Kuverts vorsichtig aufzureißen. Unser Glasanbau war nicht nur zu einem Ort avanciert, an dem ich seit Jahren meine Nikotinsucht befriedigte, sondern auch zu einem Ort, an den ich mich in emotionalen Momenten gerne zurückzog. In dem Umschlag befand sich eine handbeschriebene karmesinrote Karte in Postkartenform.

It warms me knowing you're home for Christmas, with people who love you and who you love, even though it still stings a tiny bit thinking back about how we talked about a cozy Christmas together in Spain. I'd be lying if I say I hope you find someone to finish the bucket list with you, but I do sincerely hope you find someone amazing. You say you look for excitement, but I think at least a part of you is really looking for someone to love. Maybe all travellers are (I don't mean tourists). We don't know your destination yet, but whether or not it's faraway, please get there safe. And I'll see you again on the way someday. I'm optimistic about that. Let's move on without forgetting the adventure we've had that I still doubt to have been a dream until today. Merry Christmas Daniel.
Yours truly, Alice

Es wärmt mein Herz zu wissen, dass du Weihnachten zu Hause verbringen wirst. Mit Menschen, die dich lieben und die du liebst, auch wenn es mir gleichzeitig einen kleinen Stich versetzt, wenn ich daran zurückdenke, wie wir über ein gemütliches Weihnachten zusammen in Spanien gesprochen haben. Ich würde lügen, wenn ich sage, ich hoffe, du findest jemanden, mit dem du deine Bucket List beenden kannst, aber ich hoffe wirklich, dass du jemand Unglaubliches findest. Du sagst, du bist auf

der Suche nach Abenteuern, aber ich glaube, zumindest ein Teil von dir ist auf der
Suche nach der Liebe. Vielleicht sind das alle Reisenden (und ich meine nicht
Touristen). Wir kennen dein Ziel noch nicht, aber egal, ob es weit entfernt ist oder
nicht, bitte komm gut und sicher dort an. Und eines Tages werde ich dich auf dem
Weg wiedersehen. Ich glaube fest daran. Lass uns weiterziehen, ohne das Abenteuer
zu vergessen, das wir hatten, und von dem ich mir bis heute nicht sicher bin, ob es
nicht doch nur ein Traum war. Frohe Weihnachten Daniel.
Alles Liebe, Alice

Während sich die Haare an meinen Armen langsam aufstellten, legte ich die Karte beiseite und bemerkte, dass der Briefumschlag auch noch eine herausgetrennte Papierseite beinhaltete. Ich hob die ebenso handbeschriebene Notizbuchseite von unserem Glastisch und begann zu lesen.

Snippets of my diary where you appeared. (In chronological order)
„I wouldn't have taken that lift. I did it for you."
We knew people come and go, and have always known. We know, and we can handle.
I still noticed signs of goodbye.
I couldn't translate 捨不得 and I couldn't say it. But it's so beautiful only since we
are both wanderers anyways.
You came and left, leaving me a slight piece of you and taking a little piece of me.
You said we'd make a good team traveling. We will. We might.
He said he likes me, and I like that he likes me because I'm weird to him. I like to
pretend that his charm doesn't work on me. I like how his charm works on others. I
like it when he said flipping a coin reveals what you really want. I like how he is
covered with tattoos but has no piercing. I like how I can't keep him.
Let's count the chances, the statistics. Let's be scientists. Let's count the sad music to
the fourth decimal place. Let's hold on to the tiny heart that burns to create a bonfire,
the bonfire, our bonfire except for its non-existence. Let's be scientists.

Ausschnitte aus meinem Tagebuch, in denen du vorkommst (in chronologischer Reihenfolge).

„Ich hätte diese Mitfahrgelegenheit nicht genommen. Ich habe es für dich getan."

Wir wussten, dass Menschen kommen und gehen, wir haben es immer gewusst. Wir wissen es und wir können damit umgehen. Dennoch bemerkte ich Anzeichen eines Abschieds. Ich konnte 捨不得 nicht übersetzen, und ich konnte es nicht aussprechen. Aber es ist so wunderschön, weil wir ohnehin beide Umherstreifende sind.

Du kamst und gingst, hast mir ein kleines Stück von dir dagelassen und ein kleines Stück von mir mitgenommen. Du hast gesagt, wir wären ein gutes Team beim Reisen. Das werden wir. Das könnten wir.

Er sagte, er mag mich, und dass er mich mag, weil ich sonderbar für ihn bin. Ich tue gerne so, als würde sein Charme bei mir nicht wirken. Ich mag, wie sein Charme auf andere wirkt. Ich mag es, als er sagte, eine Münze zu werfen offenbare, was man wirklich will. Ich mag, wie sein Körper mit Tattoos bedeckt ist, er aber kein einziges Piercing hat. Ich mag, dass ich ihn nicht halten kann.

Betrachten wir mal die Wahrscheinlichkeit, die Statistiken. Lass uns mal Wissenschaftler sein. Lass uns die traurige Musik bis zur vierten Dezimalstelle zählen. Lass uns das winzige Herz festhalten, das lodert, um ein Feuer zu entfachen, das Feuer, unser Feuer – außer, dass es nicht existiert. Lass uns Wissenschaftler sein.

Beide Briefe fanden ihren Weg an eine meiner Zimmerwände. Damals, als ich zwei Jahre zuvor von meiner ersten Reise zurückgekehrt war, versuchte ich, die Lücke in mir durch Erinnerungen in Form von mit Reißbrettstiften durchbohrten Bildern zu füllen. Es waren Erinnerungen, die mich an meinen schlechten Tagen durchhalten ließen und dankbar stimmten. Im Laufe meiner zweiten Reise hatte ich diese Zimmerwand nicht mehr mit Bildern, sondern stattdessen mit Andenken und Geschenken verziert. So auch die beiden Briefe, die ich an diesem kalten Dezemberabend in unserem Wintergarten geöffnet hatte. Sie halfen und helfen mir oft. Sie erinnerten mich daran, wie lebenswert das Leben war. Sie waren in der Lage, jeglichen Schmerz zu heilen, obwohl sie bei jedem Lesen eben diesen verursachten.

Die Briefe waren auch der Grund dafür, dass ich erneut mit Alice Kontakt aufnahm. Wir waren zwei unglücklich ineinander verliebte Personen und wurden zu zwei zueinander hingezogenen Freunden. Alice musste im Rahmen ihres Praktikums nach Senegal statt Spanien fliegen. Um meinen Prinzipien treu zu bleiben, begann ich damit, eine Reise per Anhalter von Senegal nach Deutschland zu planen. Dieses Vorhaben scheiterte jedoch bereits in seinem Anfangsstadium, da viele Länder in West-Afrika teils horrende Visumgebühren verlangen. Mittlerweile nahmen Alice und ich das erneute Scheitern mit einer sarkastischen Bemerkung hin. Wir hatten uns damit abgefunden, dass irgendeine höhere Macht etwas an einem erneuten Treffen auszusetzen hatte – und dies mit aller Kraft abermals vereitelte.

Stattdessen fasste ich einen Plan, den ich einige Wochen später in die Tat umsetzte: Ich wollte von Südafrika nach Ägypten trampen. Während ich mich über verschiedene Einreisebestimmungen informierte und meine Krankenkasse* dazu überredete, sämtliche Impfkosten zu übernehmen, lernte ich unverhofft jemanden kennen. Ich tanzte mit ihr in einem Nachtclub und verzögerte hierdurch nicht nur meine Abreise, sondern fand in ihr auch eine Person, die für immer einen dunklen Schatten über meine Afrika-Etappe werfen wird.

Deutschland, Januar 2018

Die tiefen Bässe ließen meine Lungen vibrieren und erinnerten mich in Verbindung mit den bunten, umherfliegenden Lichterstrahlen daran, wie sehr ich das exzessive Feiern auf meiner Reise vermisst hatte. „Zwei Bier und zwei

---

* Kleiner Reisetipp: Wenn man von seiner Krankenkasse gewisse Impfungen bezahlt bekommen möchte und von ihr nach den Reiseplänen gefragt wird, sollte man Folgendes sagen: „Ich will von Südafrika nach Ägypten trampen. So werden sämtliche Kosten übernommen." Ich zitiere: „Herr Klesen, um Gottes Willen, wir bezahlen ihnen jede Impfung, die Sie machen möchten. Bitte lassen Sie sich impfen."

Sambuca bitte", schrie ich der Musiklautstärke geschuldet in Richtung der lächelnden Fremden, die an diesem Abend an der Theke des Clubs arbeitete. „Hallo Unbekannte, willst du mit mir trampen?", hätte ich sie gerne gefragt. Stattdessen bedankte ich mich bei der Fremden für unsere Getränke und leerte die beiden durchsichtigen Gläser mit einem meiner Freunde. Danach bewegte ich mich zurück auf die Tanzfläche und tanzte mit der schwarzhaarigen Luisa, die ich wenige Stunden zuvor kennengelernt hatte. Ich war nie ein besonders guter Tänzer, hatte im Laufe meines Lebens jedoch gelernt, wie man *rhythmisch* buchstabiert und wie ich durch derartiges Bewegen in meine eigene kleine Welt eintauchen konnte. Und so bewegte ich mich, bis wir uns irgendwann zu ihr nach Hause bewegten.

Ein Kuss in einem Club, der zu einer Beziehung führte, die dann wiederum zu einer glücklichen Ehe und einer gemeinsamen Tochter geführt hatte. So entwickelte sich das Aneinanderpressen zweier Münder in einer Diskothek bei einem meiner besten Freunde. Bei mir führte es an diesem Abend zu einem anderen Happy End.

„Glaub mir, die nächsten Monate werden schnell vorbeigehen – und wenn ich wieder zurück bin, finden wir heraus, wie unsere gemeinsame Zukunft aussehen könnte. Ich liebe dich", verabschiedete ich mich von Luisa und brach in das südlichste Land Afrikas auf.

„Wenn du dein Leben noch einmal leben könntest, würdest du alles nochmal genauso machen?", ist eine Frage, die mir aller Wahrscheinlichkeit nach noch sehr oft gestellt und mich dabei stets an eine Brillenwerbung erinnern wird. „Fast", werde ich antworten. Ich würde mir erneut im Alter von 15 Jahren meine erste Zigarette anstecken, um so vergebens eine blonde Frau zu beeindrucken. Ich würde mir erneut übergroße T-Shirts und Hosen zulegen, um so einem der damaligen Modetrends zu folgen. Ich würde erneut Physik als Leistungskurs wählen und kläglich daran scheitern. Ich würde erneut studieren, auch wenn viele Außenstehende dies in Bezug auf mein derzeitiges Leben als verschwendete Zeit bezeichnen würden. Ich würde sogar die letzte Woche meiner ersten Reise erneut zu Lok Ling nach Hongkong fliegen, meinen letzten

Abend dort alleine am Strand verbringen und vergeblich auf sie warten. Auf einige dieser Dinge bin ich zwar nicht stolz, aber ich habe aus ihnen etwas gelernt.

Eine Sache würde ich jedoch anders machen. Ich würde niemals wieder an besagtem Januarabend in diesen Club gehen und so Luisa kennenlernen.

Sulzbach, 5. November 2019 – 20:57 Uhr

„Zu Beginn von Etappe 3 möchte ich über eine komplizierte Thematik sprechen. Ich könnte eine ganze Show mit Themen wie Rassismus, Korruption und politischer Ungerechtigkeit füllen. Dies würde den Rahmen heute hier jedoch bei Weitem sprengen. Daher werde ich mich auch im Zuge dieser Etappe erneut auf besondere Begegnungen und Dinge, die ich so nicht erwartet hatte, fokussieren. Beispielsweise Pinguine!"

Im Anschluss an das Bild mit den putzigen Zweibeinern zeige ich ein Schild von einem der Strände, auf dem ausdrücklich darauf hingewiesen wird, dass man keine AK 47 bei sich führen darf. Danach spreche ich über das Internet, beziehungsweise darüber, wie ich es auf meiner Reise genutzt habe. „Gefühlt gibt es in jedem Land zahlreiche kostenfreie WLAN-Netze. In jedem Land – außer in Deutschland. Manchmal waren die lokalen SIM-Karten jedoch so unglaublich günstig, dass ich nicht widerstehen konnte. In Russland zahlte ich beispielsweise drei Euro für einen Monat und hatte 45 Gigabyte freies Datenvolumen zur Verfügung. Ja, davon könnte sich mein *Lidl Connect* durchaus eine Scheibe abschneiden. Auch in Südafrika waren die kleinen Karten zum Telefonieren unglaublich billig. Hier hatte ich die Wahl zwischen Vodacom und Telkom. Falls euch diese Namen an deutsche Anbieter erinnern, ist das an dieser Stelle selbstverständlich reiner Zufall."

ETAPPE 3

Südafrika, März 2018

Jonathan war ein ambitionierter Mann in seinen späten Dreißigern. „Ich schreibe momentan an einem Mathe-Lehrbuch für schwarze Studenten, die aus ärmeren Familien kommen. Diese können oft die regulären Lehrbücher nicht nutzen, da ihnen finanziell bedingt eine entsprechende Vorbildung fehlt. Es ist verrückt. Jugendliche, die noch nie in ihrem Leben Computer genutzt haben, sollen plötzlich an ihnen eine 20-seitige Hausarbeit schreiben", erklärte der zwei Meter große Amerikaner, der an einer Universität in Kapstadt unterrichtete. Nebenbei bot er Reisenden wie mir über Couchsurfing eine Übernachtungsmöglichkeit. Er war eine dieser guten Seelen, von denen unsere Erde durchaus mehr vertragen könnte.

Die Gesellschaftsschere klaffte in Kapstadt sichtbar auseinander. Die wohlhabende Bevölkerung quartierte sich in speziellen Distrikten ein, schützte ihre Häuser mit meterhohen Mauern samt neuester Alarmsysteme und hatte sogar ihre eigene Polizei. Nachts waren die Straßen wie leergefegt. „Schau dich oft um, und wenn dich jemand verfolgt, beginn zu laufen. Lauf zu einer der Bars. Dort bist du sicher", empfahl mir Jonathan, als ich mich an meinem ersten Abend auf die Suche nach einem WLAN-Netz machte, um so meine Freundin Luisa zu kontaktieren. Diese abendliche Suche wurde zu einer Routine, die sich in den weniger besiedelten Ländern Afrikas als immer anspruchsvoller erwies. Trotzdem sah ich mich gewissermaßen in der Pflicht. Schließlich war ich derjenige, der durch Afrika trampen wollte und so nach Meinung einiger Bekannter dabei war, sein eigenes Grab zu schaufeln.

„Ich war einmal mit einem Taxi unterwegs", erzählte Jonathan, „und plötzlich sah ich am Straßenrand eine Frau mit einem Roller, die wild mit ihren Armen wedelte, um so ein Auto zum Anhalten zu bringen." Als jemand, für den das Helfen eine Selbstverständlichkeit war, forderte der amerikanische Dozent seinen Taxifahrer umgehend zum Anhalten auf. „Der Fahrer tat dies nicht und klärte mich stattdessen darüber auf, dass dies eine bekannte Masche von Betrügern sei. Sobald man anhält, nähern sich bewaffnete Männer und rauben dich aus." Derartige Geschichten machten die Gefahr mit jedem Erzählen greifbarer, bis zu dem Punkt, an dem ich sie nicht mehr loslassen konnte, egal, wie sehr ich es versuchte. Sie wurde zu einer Kette, die ich nicht ablegen konnte.

Jonathan schloss diese Geschichte mit einem finalen Gedanken ab, den ich wohl nie vergessen werde: „Das Schlimmste für mich war jedoch nicht, dass ich ohne diesen Taxifahrer womöglich ausgeraubt worden wäre, sondern dass ich wegen dieser Geschichte zukünftig niemals anhalten werde, wenn jemand mit einem augenscheinlich defekten Roller an der Straßenseite steht. Selbst, wenn diese Person tatsächlich Hilfe benötigen würde."

Kurz nach meiner Ankunft in Kapstadt traf ich eine alte Reisebekannte namens Ola. „Ich habe gesehen, dass du durch Afrika trampen willst. Ich wollte schon immer mehr von dem Kontinent sehen, auf dem ich mittlerweile lebe. Aber alleine habe ich zu viel Respekt davor. Du hast nicht zufällig Lust auf eine Reisebegleitung?", schrieb sie mir einige Wochen zuvor. Ola und ich teilten uns nicht nur die Liebe zu Sarkasmus und schwarzem Humor, sondern auch unseren Gastgeber ein halbes Jahr zuvor in Istanbul. Olas Mutter stammte aus Russland, ihr Vater war Grieche und sie selbst lebte seit geraumer Zeit in Ägypten, um dort Arabisch zu lernen. Ihre kristallblaue Augenfarbe verdankte sie augenscheinlich ihrer russischen Mutter, wohingegen sie ihren griechischen Wurzeln mit einer Passion für Kaffee und Feta-Käse Tribut zollte. „Gerne!", antwortete ich damals.

Abgesehen von unserer Körpergröße waren Ola und ich ein sehr konträres Reisepaar. Ola hatte keine Tattoos, ihr Körper war anscheinend nicht in der Lage, Melanin zu bilden und sie trug keinen ungepflegten Bart. Sie war sehr auf Sicherheit bedacht und stellte unter diesem Aspekt viele meiner Vorhaben in Frage. Ich hingegen nahm die Rolle des naiven Trampers ein, der sich stets auf seine Intuition und das Gute im Menschen verließ. Wir erhofften uns viele verschiedene Dinge von unserer Reise in Afrika. Ola wollte möglichst viel über die

Geschichte der jeweiligen Länder lernen, mir beweisen, wie naiv ich war und dabei vor allem nicht sterben. Sicherlich suchte auch ein Teil von ihr nach dem Abenteuer und dem Adrenalin, aber das hätte sie nie zugegeben. Ich hingegen wollte möglichst viele inspirierende Menschen treffen, wilde Tiere sehen und zum ersten Mal in einer Wüste zelten. Sicherlich wollte auch ein Teil von mir den Menschen, die meiner Reise folgten, eine neue Sichtweise auf diesen Teil der Erde eröffnen. Eine Sichtweise, in der das Trampen in Afrika keinem Todeswunsch gleichkam. Bei einer Sache waren Ola und ich uns jedoch einig: Wir wollten gemeinsam in der Wüste liegen und umgeben von jaulenden Tieren das Titellied unseres Lieblings-Disneyfilms singen: *The circle of life – Der ewige Kreis**.

Nachdem ich Ola einen Tag nach meiner Ankunft an einer der Bahnstationen Kapstadts abholte, erkundeten wir gemeinsam die Stadt. „Ach Danny, du musst noch einiges über diese Länder lernen", schmunzelte Ola, als ich an einer der roten Verkehrsampeln stehen blieb. Sie tat es den Einheimischen gleich und überquerte völlig entspannt die dicht befahrene Kreuzung. Ich erzählte ihr von meiner schwarzhaarigen Freundin, mit der ich wenige Wochen zuvor meine erste Fernbeziehung beim Reisen eingegangen war. Sie konnte diese Neuigkeit jedoch mit Leichtigkeit übertreffen. „Ich habe mich gestern, einen Tag vor meiner Abreise, ungeplant mit einem Ägypter verlobt. Wenn du in meiner Heimat unter Zeugen behauptest, dass du mit jemandem verheiratet bist, damit du mit deinem Freund gemeinsam in einem Hotelzimmer übernachten darfst, kommst du aus dieser Nummer nicht mehr so einfach heraus", erklärte sie, begleitet von einem sarkastischen Lachen, „aber ich erzähle dir die ganze Geschichte später."

---

* *Für alle, die sich schon immer gefragt haben, was bei dem bekanntesten König-der-Löwen-Song zu Beginn von den Chören gesungen wird, will ich an dieser Stelle den Songtext zitieren: Nants ingonyama bagithi baba. Sithi uhhmm ingonyama. Nants ingonyama bagithi baba. Sithi uhhmm ingonyama. Ingonyama. Siyo Nqoba. Ingonyama. Ingonyama nengw' enamabaal. Ingonyama nengw' enamabala. Se-to-kwa! Ingonyama nengw' enamabala. Asana.*

Wir begannen unsere gemeinsame Tramreise an einer Bahnstation, um so mit einem der Züge den Stadtkern zu verlassen. Je länger wir uns im Zug befanden und uns so immer weiter von den wohlhabenderen Vierteln Kapstadts entfernten, umso einheitlicher wurde die vorherrschende Hautfarbe in unserem Zugabteil. Als wir den Zug schließlich in einem der ärmsten Randbezirke der südafrikanischen Stadt verließen, stießen wir auf eine Unmenge schwarzer Menschen, die uns allesamt mit misstrauischen Blicken begegneten. Die Tatsache, dass Ola und ich nicht nur die einzigen Weißen, sondern auch die einzigen Reisenden waren, löste in mir ein zutiefst unangenehmes Gefühl aus. Es machte mich unfassbar wütend. Es machte mich wütend auf mich selbst.

Ich habe gelernt, keinerlei Vorurteile gegenüber Menschen zu haben, besonders nicht auf Grund ihrer Herkunft, Religionszugehörigkeit oder gar Hautfarbe. Und dennoch hatte ich dieses eigenartige Gefühl, das dem damaligen beim Beginn meiner Reise sehr ähnlich war. Nicht in Bezug auf das Gefühl selbst, sondern dass ich es schlicht nicht beschreiben konnte. Es war unangenehm, aber nicht, weil es sich unangenehm anfühlte, sondern weil es mir unangenehm war, ein unangenehmes Gefühl zu haben. Ein Teil davon resultierte sicherlich aus den stetigen Warnungen und Geschichten, die allzu oft Schwarze, Armut und Gefahr in einen negativen Bezug setzten. Ich wusste, dass dies nicht nur rassistisch, sondern auch verallgemeinernd und vor allem absolut schwachsinnig war. Dennoch wurde ich dieses mulmige Gefühl nicht los. Manch einer würde es vielleicht als *gesunde Vorsicht* schönsprechen, aber das würde bedeuten, dass ich es auch bei weißen Menschengruppen haben müsste. Und das war nicht der Fall. Diese Einsicht machte mich zwar wütend auf mich selbst, konnte an meinem damaligen Gefühl jedoch nichts ändern. Einzig die Erkenntnis, dass mich diese Problematik überhaupt beschäftigte, und ich sie nicht einfach hinnahm, konnte mich positiv stimmen. Vielleicht war es eine der Ketten, mit der ich in unserer Gesellschaft aufgewachsen war, und die ich nicht ablegen konnte, egal, wie sehr ich es versuchte. Vielleicht musste ich lernen, mit ihr zu leben. Und so akzeptierte ich, dass dieses unangenehme Gefühl vielleicht für immer ein winziger Teil von mir sein wird. Gleichzeitig versprach ich mir selbst, dass ich auch weiterhin Menschen niemals auf Grund ihrer Herkunft und besonders nicht wegen ihrer Hautfarbe beurteilen werde. Also noch mal von vorne:

Wir begannen unsere gemeinsame Trampreise an einer Bahnstation, um so mit einem der Züge den Stadtkern zu verlassen. Je länger wir uns im Zug befanden und uns so immer weiter von den wohlhabenderen Vierteln Kapstadts entfernten, umso einheitlicher wurde das verwunderte Grinsen, mit dem uns die Einheimischen mit jeder Station, an der wir nicht ausstiegen, immer öfter begegneten. Als wir den Zug schließlich in einem der ärmsten Randbezirke der südafrikanischen Stadt verließen, stießen wir auf eine Unmenge an Menschen, die uns allesamt überraschte Blicke entgegenwarfen. Sie hatten wohl selten das zweifelhafte Vergnügen, auf rucksacktragende Tramper zu stoßen. Nach einer kleinen Wanderung, vorbei an kleinen Gassen und Wellblechhütten, erreichten Ola und ich die Hauptstraße. Eine Stunde später hielt unser erstes Auto an. „Seid ihr lebensmüde? Ich bin früher vier Jahre lang als Anhalter gereist und trotzdem hätte ich fast nicht angehalten, weil es hier so gefährlich ist", erklärte unser Fahrer. Wie sollte das Trampen in Südafrika nur funktionieren, wenn selbst frühere Anhalter nur zögerlich anhielten? Machte es Sinn, an unserem Plan festzuhalten?

Sulzbach, 5. November 2019 – 20:59 Uhr

„Wir wollten eigentlich durch ganz Südafrika trampen, mussten uns aber schnell eingestehen, dass dies gar nicht so einfach war", sage ich, spicke diese Aussage mit einer Prise Ironie und mache eine kurze Pause, in der ich den Zuschauern beim Lachen zusehe. Der Grund für ihre Ausbrüche ist ein Bild, das an dieser Stelle auf die Leinwand projiziert wird. Es zeigt mich mit einer Daumen-nach-unten-Geste vor einem Verkehrsschild, auf dem ein durchgestrichener, nach oben zeigender Daumen abgebildet ist. „Nicht jedoch, weil das Trampen oft verboten war, sondern weil die Menschen Angst davor hatten, Fremde mitzunehmen. Daher mussten Ola und ich 100 Kilometer östlich von

Kapstadt eine Entscheidung treffen. Entweder würden wir umdrehen und versuchen, auf direktem Weg nach Namibia zu trampen, oder wir würden weiter unser Glück in Südafrika erzwingen. Wir haben diese Entscheidung mit einem kleinen Trick getroffen, den ich auf meiner Reise lieben gelernt habe. Dieses Geheimnis möchte ich heute Abend gerne mit euch teilen."

Südafrika, März 2018

Ola und ich kämpften am Rande einer wenig befahrenen Straße neben einem riesigen Silo mit der Hitze Südafrikas. Auf sämtliche Phasen mit ausgestrecktem Daumen folgten stets kürzere Pausen. In diesen hatten wir uns beide stets beschwert – Ola über die langen Wartezeiten und ich meine Lungen mit Teer. Hinter uns trampten Einheimische, indem sie den vorbeifahrenden Autos mit Geldscheinen entgegenwedelten. „Wir sind zu Weiß für die Schwarzen und zu Schwarz für die Weißen", sagte Ola in einer politischen Unkorrektheit, in der sich unser Humor sehr bezeichnend widerspiegelte. Nachdem unser beider Ungeduld immer größer wurde, mussten wir eine Entscheidung treffen.

„Ich habe eine Idee. Wir werfen eine Münze", schlug ich vor und bekam von meiner Reisebegleitung ein seufzendes „Oh Danny" als Antwort serviert. „Bei Kopf werden wir an unserem Ursprungsplan festhalten und versuchen, weiter durch Südafrika zu trampen. Bei Zahl trampen wir zurück nach Kapstadt und machen uns auf den direkten Weg nach Namibia." Ola, die ihren Kopf weniger aus religiösen Gründen, sondern vielmehr der Sonnenstrahlen halber in einen gelben Seidenschal gewickelt hatte, stimmte zögerlich zu. Ich schnippte die Münze in Richtung des strahlend blauen Himmels, fing sie in meiner rechten Handfläche auf und schlug das verdeckte Geldstück beherzt auf meinen linken Handrücken. Anschließend hob ich jedoch nicht meine rechte Hand, um so den Ausgang des Münzwurfes zu offenbaren, sondern schaute Ola in ihre skeptischen Augen.

„Jetzt kommen wir zu meinem kleinen Geheimnis. Steht man vor einer Entscheidung zwischen zwei Optionen, hat man fast immer eine Tendenz, will sich dies jedoch entweder nicht eingestehen, oder sie befindet sich so weit im Unterbewusstsein, dass man sie nicht klar identifizieren kann. Nun kommt der Münzwurf ins Spiel. In dem Moment, in dem die Münze durch die Luft segelt, hat man ein kurzes Gefühl, eine kleine Tendenz, eine Hoffnung darauf, dass entweder die eine oder die andere Seite oben liegt. Und über dieses Gefühl muss man sich bewusst werden, es erkennen und somit seine Entscheidung treffen." Mein Blick ließ nicht von Ola ab und ich beobachtete, wie sie auf den Boden starrend über das von mir Gesagte nachdachte. Wenig später trafen sich unsere Blicke erneut.

„Wir trampen nach Namibia, oder?", fragte ich. „Wir trampen nach Namibia", erwiderte sie. Und so traf an diesem warmen Nachmittag ein südafrikanisches Geldstück eine wegweisende Entscheidung, ohne sie tatsächlich getroffen zu haben. Ich hatte in meinem Leben bereits unzählige Münzen geworfen und am Ende war das Ergebnis stets zufriedenstellend. Mittlerweile führe ich diesen Münzwurf übrigens durch, ohne eine Münze zu werfen. Ich gehe inne, besinne mich auf mein Bauchgefühl und suche nach einer unterbewussten Tendenz, während sich die Münze imaginär durch die Luft dreht.

Wir ließen es uns nicht nehmen, nach unserer Entscheidung dennoch den Ausgang der Münze zu begutachten. Ich hob langsam meine rechte Hand und verkündete lachend das Ergebnis: „Kopf!" Die Münze hatte sich gegen Namibia entschieden.

Auf unserem 700 Kilometer langen Weg nach Namibia fand das Straßenkarma zu uns zurück. Unsere erste junge Mitfahrgelegenheit stellte sich als Xavier vor. Nicht nur sein Name, sondern auch sein Äußeres erinnerte mich stark an einen Musiker aus meiner Heimat. Erfreulicherweise hatte er, davon abgesehen, nichts mit dem wirren Verschwörungstheoretiker gemein. Während ich mich auf die Ladefläche seines Pickups legte, nahm Ola auf dem Beifahrersitz Platz und überredete Xavier, uns seiner Familie vorzustellen. Diese besaß einen kleinen Schreinerbetrieb in einem nahegelegenen Dorf und unterzog uns einem 30-minütigen Kreuzverhör, indem wir unzählige Fragen beantworteten. Nachdem wir uns als absolut unbedenkliche Gäste beschreiben konnten, boten sie uns einen Schlafplatz in ihrer Firma an. Um genauer zu sein, wurde uns ein Schlafplatz in Opis kahlen vier Betonwänden angeboten. Vier Wände waren im Falle des Sicherheitsbeauftragten der Firma jedoch kein Synonym für ein Eigenheim, sondern ein kleiner Raum, der ihm neben dem Schreinerbetrieb zur Verfügung gestellt wurde. „Ihr könnt bei mir schlafen", sagte Opi, „ich habe noch ein zweites Klappbett. Und macht euch keine Sorgen. Es ist sicher hier bei mir. Hier wurde erst zweimal versucht einzubrechen, und für den Fall aller Fälle habe ich eine Schrotflinte neben meinem Bett liegen."

Der stets lächelnde Opi sorgte in dem kleinen Familienbetrieb für Sicherheit und amüsierte sich herzlich, als ich ihm von der Verwendung seines Namens in der deutschen Sprache berichtete. Er trug ein weißes Polo-Shirt und Jeans, auf denen Reflektionsstreifen aufgeklebt waren. „Ich habe eine Frau und drei Kinder, die in einem 50 Kilometer weit entfernten Dorf leben", erzählte Opi mit einem nach wie vor breiten Lächeln, das jedoch immer mehr in eine ernstere Miene überging, je länger wir gemeinsam in den Nachthimmel Südafrikas starrten.

Sulzbach, 5. November 2019 – 21:04 Uhr

„Für uns hier in Deutschland sind 50 Kilometer keine Distanz. Ich würde behaupten, dass einige von euch täglich mehr als diese Strecke zu ihrer Arbeit pendeln. Für Opi waren 50 Kilometer jedoch eine Entfernung, die er so ohne weiteres nicht zurücklegen konnte. Es war eine Distanz, wegen der er seine Familie nur einmal alle zwei Monate in den Arm nehmen konnte. Sein Traum war es, irgendwann einmal genug Geld zu sparen, um sich eine kleine Wohnung in der Nähe der Firma leisten zu können, um so sein Leben gemeinsam mit seiner Frau und seinen Kindern zu verbringen. Und hier stehe ich, ein 29-jähriger Mann, der früher davon geträumt hatte, sich einen Lamborghini zu kaufen. Mir wurde erneut bewusst gemacht, welch kostbares Privileg es doch war, derartige Träume träumen zu dürfen. Gleichzeitig fühlten sich meine früheren Träume so unbeschreiblich unbedeutend an." Ich hoffe von ganzem Herzen, dass Opis Traum irgendwann in Erfüllung gehen wird.

„Ich werde nach meinen Shows oft gefragt, warum ich denn keine negativen Erlebnisse in *Anekdoten eines Beifahrers* teile. Was soll ich euch sagen? Sie sind kein Teil meiner Show, weil sie schlicht nicht existieren. Mir war auf dieser Reise bis auf *eine* unangenehme Situation nichts Negatives geschehen. Und genau diese unangenehme Situation trug sich auf unserem Weg nach Namibia zu."

Südafrika, März 2018

Nachdem wir eine Nacht mit unserem Zelt im Garten eines Polizeireviers verbringen durften, standen Ola und ich abwechselnd an der wenig befahrenen Hauptstraße in Richtung Norden. Ich zog mein T-Shirt aus, ließ die Sonne auf meine Haut brennen und versuchte vergeblich, die selten vorbeifahrenden Fahrzeuge anzuhalten. Ola bezeichnete das Trampen ohne Autos als extrem langweilig und ich musste zustimmen. Es war solange langweilig, bis ein Südafrikaner langsam am Straßenrand in unsere Richtung schlenderte. Er trug eine olivgrüne Arbeiterhose, ein weißes, verdrecktes Unterhemd und einen Wintermantel. Letzterer ließ ihn temperaturbedingt erst lustig, mit abnehmender Distanz zwischen ihm und uns aber gleichzeitig auch immer mehr wie einen Filmbösewicht wirken.

Als der schätzungsweise 30-jährige Mann uns erreichte, wurde ich herzlich begrüßt, wohingegen Ola weitgehend ignoriert wurde. Auf Grund des Inhaltes unserer Gespräche war sie über diese Tatsache jedoch wenig verärgert. „Männer sind Götter – und Frauen sind dazu da, uns zu dienen", sagte der tätowierte Einheimische – und fasste mit diesem Satz seine augenscheinliche Weltanschauung recht gut zusammen. Zum Glück war Sexismus in meiner Heimat kein Problem. Oder etwa doch?

Er hätte sich sicherlich bestens mit einem bekannten Berliner Komiker verstanden. Ich stellte mir vor, wie ein Gespräch der beiden verlaufen wäre:

„Hallo Mann", sagt der Berliner Komiker, „kennste den hier? Kennste? Kennste? Warum sprechen Frauen nur halbe Sätze?"

„… Warum sollten sie reden?", antwortet der Südafrikaner.

„Ne, Ne, du verstehst den Witz nich. Ik sag es nochmal langsam. Frauen sprechen nur halbe Sätze. Warum?"

„… Weil sie nicht zur Schule gegangen sind?"

„Ne, ne! Du hast ja kene Ahnung. Du hast ja 'n völlig falsches Frauenbild. Ik jeb dir noch enen Versuch", erwidert der Berliner ungeduldig.

„… Weil … sie am Kochen sind?"

„Ne, aber dit is jut, det merk ik mir für mene Show. Den werden die Zuschauer lieben."

Nachdem ich den Kauf seiner harten Drogen abgelehnt hatte, erzählte der Südafrikaner von seiner Zeit im Gefängnis, während er Ola weiterhin den Rücken zukehrte. Er bewunderte außerdem meine Tattoos. Wir teilten uns diese Leidenschaft, er hatte im Gegensatz zu mir jedoch überwiegend Zahlen und Namen tätowiert, die stark an Gang-Tattoos erinnerten. Dies wurde spätestens an dem Punkt deutlich, an dem der Namenlose seinen Wintermantel auszog und somit freie Sicht auf seine Arme gewährte.

Mit zunehmender Länge seines Monologes wurde unsere Situation immer unangenehmer. Gemeinsam mit ihm konnten wir die ohnehin schon seltenen Autos nicht anhalten und auch die Intention seines Vorhabens lag nach wie vor im Dunkeln. „Habt ihr etwas Geld für mich?, und „Habt ihr noch was zum Essen im Rucksack?" waren zwei Fragen, die wegen der aufdringlichen Art und Weise, in der er sie stellte, unsere kleine Versammlung immer ungemütlicher machten. Waren wir kurz davor, ausgeraubt zu werden? Ich durchsuchte meine Hosentasche, reichte ihm Geld im Wert von drei Euro und begann damit, meinen Rucksack zu öffnen, um nach Essen zu suchen. Bei dieser Bewegung sorgte ich dafür, dass mein Schweizer Taschenmesser unbemerkt in der Seitentasche meiner Hose verschwand. Während ich ihm einen Teil unseres Brotes überreichte, bot ihm Ola einen Pack Feta-Käse an, den sie als Halbgriechin jederzeit dabeihatte. Als der Mann nach wie vor nicht weiterziehen wollte und nach mehr verlangte, stieß meine Reisebegleitung einen schmerzhaften Laut aus und sackte zusammen. „Ich habe Magenkrämpfe", erklärte sie mit schmerzverzerrter Stimme, „wir müssen zurück zur Tankstelle. Ich brauche eine Toilette." Ohne groß nachzudenken, warf ich mir ihren Rucksack über die Schulter, packte meinen eigenen, entschuldigte uns und folgte Olas strammen Schritten. Sie hatte Tage zuvor bereits erwähnt, dass sie ihre Periode hatte und mich auf derartige Eventualitäten vorbereitet. Daher konnte ich die schauspielerische Qualität, mit der sie diese Krämpfe vortäuschte, erst wenig später wertschätzen. „Lass dir nichts anmerken", sagte sie flüsternd, während wir auf die Tankstelle zuliefen, „ich habe das alles gerade nur vorgetäuscht. Du konntest es nicht sehen, aber als er mir den Rücken zukehrte und seinen Mantel ablegte, habe ich erkannt, dass der Mann sowohl ein langes Messer, als auch eine Handfeuerwaffe in seinem Gürtel stecken hatte." Nachdem er uns eine Zeitlang folgte, ließ der Südafrikaner irgendwann von uns ab und verschwand im Nirgendwo.

Obwohl nichts passiert war, stand die große Ungewissheit im Raum, ob ohne Olas Schauspiel etwas passiert wäre. Die Situation sorgte neben einem mulmigen Gefühl in unseren Mägen dafür, dass wir für den Rest des Tages auf öffentliche Verkehrsmittel umstiegen. „Fährt von hier ein Bus nach Springbok?", fragten wir einen der Tankstellenmitarbeiter. „Ja, selbstverständlich. Der Bus fährt jeden Montag", antwortete er an diesem Freitagnachmittag. Wenige Stunden später fanden wir ein privates Taxi und teilten uns einen alten Van mit acht weiteren Einheimischen. Er brachte uns sicher zur letzten größeren Stadt vor Namibia.

Wir werden nie erfahren, ob ohne Olas oscarreife Darbietung Schlimmeres geschehen wäre. Dennoch wurde dies zur einzigen Geschichte meiner Reise, die ich neben persönlichen Kämpfen, gebrochenen Herzen und dem Gefühl der Einsamkeit, in einen negativen Kontext stellen würde.

Am nächsten Morgen standen Ola und ich wie gewohnt an der Straße und überquerten wenige Stunden später die Grenze zu Namibia. „Wo ist euer Auto? Seid ihr am Füßeln?", erkundigten sich die verwunderten Grenzbeamten. „Ja, genau", entgegnete ich, „wir füßeln durch Namibia." Ich war mir sicher, dass diese Wortneuschöpfung der namibischen Männer irgendwann ihren Weg auf meinen Körper finden würde: *„footing"*.

Unser erster Abend in Namibia lief nach einem uns bekannten Schema ab. Mit Einbruch der Nacht hingen wir unsere Daumen an den Nagel und suchten nach einem geeigneten Zeltplatz, den wir neben einer abgelegenen Tankstelle fanden. Auf Grund der Geschichten von Überfällen und der Verantwortung, in der ich mich mit einer weiblichen Reisebegleitung sah, versuchten wir das Zelten in freier Wildbahn zu vermeiden. Stattdessen verbrachten wir viele Nächte an durchgängig geöffneten Tankstellen. Als wesentlich anspruchsvoller stellte sich die Suche nach funktionierenden und gleichzeitig zugänglichen WLAN-Netzen dar. Wir waren keine Personen, die viel Wert auf ihre Smartphones legten, wollten aber auch nicht, dass sich unsere Partner Sorgen machten. Olas Verlobter Shrif war händeringend damit beschäftigt, ihre bevorstehende Hochzeit zu organisieren, während Luisa sich größte Mühe gab, meine Reise im südlichen Afrika bestmöglich zu erschweren. Unsere abendlichen Telefonate handelten meist von nicht vorhandenen Problemen, Nichtigkeiten und Vorwürfen darüber, dass ich sie alleine gelassen und zu dieser Reise aufgebrochen war. Da ich eine Beziehung niemals am Telefon beendet hätte und es nach wie vor einen kleinen Teil in mir gab, der an ein Happy End glaubte, traf ich an dem damaligen Abend eine folgenschwere Entscheidung. Ich versprach meiner Freundin, innerhalb der nächsten fünf Wochen frühzeitig zurückzukehren.

„Oh Danny. Ich bin froh darüber, dass du bei mir bist. Im Vergleich zu deiner Beziehung wirkt meine so sagenhaft unkompliziert", sagte Ola abends in meinem Zelt. Ich warf ihr einen bösen Blick zu und wir brachen wenige Sekunden später in lautes Lachen aus.

Sulzbach, 5. November 2019 – 21:08 Uhr

„Namibia ist, von seiner Fläche betrachtet, nach der Mongolei das am zweitgeringsten besiedelte Land der Welt. Und dies wurde uns beim Trampen schnell bewusst. Als wir die Hauptstraße verlassen hatten, um so zum zweitgrößten Canyon der Welt, dem Fish River Canyon, zu trampen, warteten wir an dieser Stelle sechs Stunden, ohne auch nur ein einziges Fahrzeug zu sehen. Uns wurde bewusst, dass wir unsere Pläne anpassen mussten. So folgten wir der Hauptstraße und gelangten schließlich zu einem besonders für Deutsche sehr interessanten Ort: der Kolmannskuppe. Namibia war früher eine deutsche Kolonie. Als Sklaven Eisenbahnschienen durch die Wüste legten, fand einer von ihnen einen Diamanten im Sand. An dem Ort, der später Kohlmannskuppe genannt wurde, gab es eines der reichsten Diamantenvorkommen dieser Erde. Daher wurden schnell Häuser gebaut, die man heute besichtigen kann. An jedem dieser Häuser hängen Schilder mit deutschen Worten in altdeutscher Schrift: 𝔎𝔯𝔞𝔫𝔨𝔢𝔫𝔥𝔞𝔲𝔰, 𝔐𝔢𝔱𝔷𝔤𝔢𝔯𝔢𝔦 und sogar 𝔎𝔢𝔤𝔢𝔩𝔟𝔞𝔥𝔫. Irgendwann war das Vorkommen erschöpft und die Kolmannskuppe wurde aufgegeben." Im gleichen Moment projiziere ich eines meiner liebsten Reisebilder an die Wand hinter mir. Auf diesem Foto liege ich inmitten einer Wüste in einer verlassenen Badewanne. Der kleine Witz, den ich an dieser Stelle beiläufig mache, bringt stets den Großteil meines Publikums zum Lachen. Ich bin mir jedoch sehr sicher, dass viele die eigentliche Referenz nicht wirklich verstehen. „Warum liegt hier eigentlich eine Badewanne? Ja genau, warum liegt hier eigentlich Stroh?" Nachdem ich diese Frage beantwortet habe, erzähle ich zwei weitere Geschichten über die zur Geisterstadt gewordene Touristenattraktion. Ich erzähle davon, wie es dort damals das erste Röntgengerät auf der Südhalbkugel unserer Erde gab. „Nicht jedoch aus gesundheitlichen Gründen, sondern weil die Sklavenarbeiter oft versuchten, Diamanten in ihren Mägen zu schmuggeln. Daher wurde jeder vor seiner Entlassung geröntgt und gegebenenfalls in Isolationshaft gesteckt." Außerdem erzähle ich davon, wie die deutschen Soldaten, die in der Kolmannskuppe stationiert waren, sich nach Frauen sehnten. Sie lockten sie unter falschen Tatsachen mit Bildern, die sie vor einer Fotowand aufnahmen, nach Namibia. Auf der Tapete waren Meer, Sand und Palmen zu sehen. „Als die deutschen Frauen ankamen, mussten sie feststellen, dass es zwar mehr als genug Sand, aber weder Palmen noch Wasser gab. Darüber hinaus gab es auch kein Zurück." Als Fotowand-Pendant des 21. Jahrhunderts spreche ich kurz über Männer, die sich auf ihren Tinder-Profilbildern mit Hunden ablichten lassen, um so Frauen zu einem Date zu locken. Anschließend erzähle ich von der größten Sanddüne der Welt. Heute kann ich leider nicht von Sami erzählen, den ich in der Nähe der Kolmannskuppe kennengelernt hatte. Er verschaffte mir das zweifelhafte Vergnügen, zum ersten Mal Rotwein mit Eiswürfeln zu trinken.

Namibia, März 2018

„Der Schlüssel liegt unter meiner Fußmatte. Fühlt euch wie zu Hause", schrieb Travis, der sich zum Zeitpunkt unserer Couchsurfing-Anfrage selbst nicht in Namibia befand. Dennoch vertraute er uns und einer weiteren Reisenden aus Kanada seine Wohnung in der Küstenstadt Luderitz an. Sami, ein Minenarbeiter in unserem Alter, hatte die Wohnung gegenüber gemietet und lud Ola und mich zum gemeinsamen Mittagessen ein, als wir uns in der Häusergasse über den Weg liefen. Er war sehr interessiert daran, verschiedene Reisende zu treffen, besonders, wenn es sich hierbei um welche des weiblichen Geschlechts handelte: „Bringt auch gerne die Kanadierin mit."

Ola, Camilla und ich trafen uns zur abgemachten Zeit in Samis Apartment, wurden in sein Wohnzimmer geleitet und bekamen als erstes Zeichen seiner Gastfreundschaft Rotwein in unsere bunten Plastikbecher eingeschenkt. „Deine französischen Wurzeln müssen doch gerade riesige Tränen weinen, oder?", fragte ich die aus Québec stammende Camilla, während Sami unsere Rotweinbecher wie selbstverständlich mit Eiswürfeln auffüllte.

Unser Gastgeber pendelte zwischen seiner Küche, in der er für uns Mittagessen zubereitete, und unserer mit jedem Becher geselliger werdenden Wohnzimmerrunde. Während der gemeinsamen Mahlzeit versuchte Camilla händeringend zu erklären, warum sie sich für ein veganes Leben entschieden hatte. Es war das erste Mal, dass Sami mit der Idee, aus ethischen Gründen keine Tierprodukte zu essen, konfrontiert wurde. Seine Verwirrung erinnerte mich an meinen damaligen Versuch, das Ende der TV-Serie *Lost* zu verstehen.

Später gesellte sich eine Freundin von Sami samt ihrem dreijährigen Sohn zu unserer Runde. Die schenkellange Hose des Kindes versuchte vergeblich, eine recht fortgeschrittene Infektion an seiner Wade zu verdecken. „Die örtlichen Ärzte können nicht helfen. Wir warteten lange auf einen Termin bei einem Spezialisten, und als wir ihn schließlich bekamen, verunglückte mein Mann einen Tag vor dem Termin tödlich bei einem Autounfall. Nun fehlt uns das Geld für eine Behandlung", erklärte die 25-jährige Mutter, als wir sie auf das Bein ihres Sohnes ansprachen. Ich musste an den Facebook-Beitrag einer deutschen Bekannten vom Vorabend zurückdenken. Er zeigte ein Bild von ihr in einem Krankenhausflur samt folgender Bildunterschrift: „Wenn du Schmerzen hast und der einzige Arzt im OP ist und du deshalb zwei Stunden warten musst: #WillkommenInDeutschland."

Sicherlich trug das nunmehr fünfte Glas kalter Rotwein seinen Teil dazu bei, es war jedoch vorrangig genau dieser Gedanke, der mich fast aufstoßen ließ. Es war eine Situation, die mich an eine meiner damaligen Mitfahrgelegenheiten in Georgien erinnerte.

Georgien, August 2017

Georgien war das Land, in dem ich im Durchschnitt die kürzeste Zeit am Rande der Straße verbrachte. Es dauerte selten länger als drei Minuten, bis eines der Autos für mich anhielt. Georgien war außerdem das erste und einzige Land, in dem mich eine Person mitnahm, die ein deutsches Fußball-Nationaltrikot trug. „Ich liebe Deutschland", schrie David euphorisch, als ich ihm meine Heimat preisgab, „ich war über einen Zeitraum von zwei Jahren immer wieder zu Besuch in Deutschland!" Ich lernte auf meiner Reise die verschiedensten Gründe für den Besuch meines Geburtslandes kennen. Weihnachtsmärkte, unsere Hauptstadt Berlin, das Schmuggeln von Drogen, schnelles Autofahren auf unseren Autobahnen, das Oktoberfest oder auch schlicht das Arbeiten. In Israel gesellte sich leider das Gedenken an verstorbene Familienmitglieder zu dieser Liste hinzu. David, der 40-jährige Mann aus Georgien, besuchte Deutschland jedoch aus einem völlig anderen Grund. „Ich hatte Krebs", erklärte David. Er war einer der wenigen Georgier, die viel Geld verdienten und sich so eine Behandlung in Deutschland leisten konnten. „Es war eine sehr harte Zeit für mich, aber ich hatte großes Glück. Und eines kann ich dir sicher sagen: Ohne die deutschen Spezialisten hätte ich dich heute nicht mehr mitnehmen können."

Ich freute mich unglaublich für David und seinen gewonnenen Kampf, musste aber gleichzeitig an den *Durchschnittsgeorgier* denken, der sich bei einem durchschnittlichen Monatseinkommen von 380 Euro selbst eine touristische Reise nach Deutschland kaum hätte leisten können. Sie hätten an Davids Stelle wahrscheinlich kein Deutschlandtrikot getragen. Vermutlich hätten sie nie wieder die Gelegenheit gehabt, irgendein Trikot zu tragen.

Namibia, März 2018

Als sowohl der Abend, als auch der zweite Kanister Wein zu Ende gingen, bestand unsere Runde nur noch aus Sami, Ola und mir. Der junge Mann aus Namibia las einen seiner alten Liebesbriefe vor und zeigte uns eine Kerze, auf die ein Bild seiner einjährigen Tochter gedruckt war. Er verlor sie drei Jahre zuvor bei einem Autounfall. „Ich habe jetzt eine neue Tochter, auf die ich aufpassen und für die ich stark sein muss", fuhr er fort. Ola konnte – wie so oft – ihr einzigartiges Feingefühl beweisen. Sie schaffte es, durch ihren unverwechselbaren Humor, für den man sie entweder liebte oder hasste, unser Gesprächsthema zu wechseln. „Entschuldige die Frage, aber benutzt ihr eigentlich auch Kondome?" Nachdem ich kurz meine Luft anhielt, atmete ich erleichtert auf, als Sami ihre Frage mit einem beherzten Lachen erwiderte. Er erklärte uns anschließend sogar, dass man in jeder Bar kostenfrei von der Regierung gesponserte Kondome zur Verfügung gestellt bekommt. Auf unsere

Frage, ob von diesem Angebot denn wenigstens Gebrauch gemacht werden würde, gab er uns eine spontane und recht simple Antwort: „Nicht wirklich. Kondome sind scheiße."

Wenige Tage später erreichten wir gemeinsam mit einem französischen Pärchen, das uns mit ihrem Mietwagen aufgesammelt hatte, einen der magischsten Orte Namibias: das Sossusvlei. Es war nicht nur die Heimat der größten Sanddünen der Welt, sondern zeigte mir auch, wo das Foto meines Windows-Hintergrundes aufgenommen worden war. Als wir gegen Nachmittag ankamen, fuhren wir zu einer der kleineren Dünen und spurteten barfuß in Richtung ihrer Spitze, um so den bevorstehenden Sonnenuntergang bestaunen zu können. Während das französische Pärchen im Lichte der immer schwächer werdenden letzten Sonnenstrahlen verliebte Blicke und Küsse tauschte, versuchte ich überdimensionale Ameisen daran zu hindern, meine Beine zu erklimmen. Ola hatte den Aufstieg auf halber Strecke abgebrochen, um sich alleine Gedanken zu machen. Gedanken, die über den weiteren Verlauf ihrer Reise entscheiden sollten.

„Oh Danny, ich muss nach Hause", erzählte sie mir später an unserem Zeltplatz, „ich sitze hier in dieser atemberaubenden Landschaft, schaue dabei zu, wie die Sonne langsam ihren Schatten über die zahllosen Sanddünen wirft, und dennoch bin ich mit meinen Gedanken fast ausschließlich bei meinem Verlobten in Ägypten."

Unsere gemeinsame Reise endete zwar früher, aber genau in der Art, wie wir es uns erträumt hatten. Wir lagen nebeneinander auf dem sandigen Wüstenboden, schauten in den sternenklaren Himmel und sangen. Wir sangen unseren König der Löwen-Song. Mal auf Deutsch, mal auf Französisch, mal auf Russisch, mal auf Griechisch, aber meist auf Englisch. Ich konnte Ola nur allzu gut verstehen. Auch meine Gedanken waren öfter, als ich es selbst wahrhaben wollte, bei meiner Freundin in Deutschland. „Es ist die richtige Entscheidung, Ola, mach dir keine Sorgen um mich", ermutigte ich sie, „und jetzt verpiss dich ins Zelt. Du musst morgen früh raus."

Nachdem ich Ola mit einer rührenden Umarmung verabschiedet hatte, blieb ich noch eine Zeitlang auf dem lauwarmen Wüstensand liegen und ging meiner Lieblingsbeschäftigung nach: Ich starrte in den Himmel und betrachtete all die verstorbenen Könige, die über die jetzigen Könige wachten und ihnen den Weg zeigten. Ein ewiger Kreislauf.

Woher kommt nur diese Faszination, mit der ich und Millionen anderer Menschen so häufig in den Himmel starren? Es war eine Frage, die ich mir bereits unzählige Male gestellt hatte und sie dennoch bis heute nicht beantworten kann. Woher rührte diese Anziehungskraft, mit der ich stundenlang in Richtung der leuchtenden Punkte am Horizont blicken konnte? Vielleicht war es das Gefühl der weiten Entfernung, durch die ich mich so unbeschreiblich klein fühlte. Oder vielleicht war es die tiefverwurzelte Gewissheit darüber, dass das Leben einst dort oben entstanden ist. Als hätte ein kleiner Teil meiner DNA nie vergessen, dass die Atome, aus denen ich bestehe, irgendwann in einer längst vergangenen Zeit auf einem dieser Sterne geschmiedet wurden. Eine Erinnerung, die Vögel immer wieder in Richtung Himmel streben lässt und uns Menschen daran erinnert, dass wir nach den Sternen greifen und unsere Köpfe aufrichten sollen. Vielleicht spürte ich deshalb bei meinen Blicken in Richtung des funkelnden Firmaments häufig dieses aufregende Kribbeln:

Weil ein Teil von mir wusste, dass ich von irgendwo dort oben stammte. Weil ein Teil von mir wusste, dass wir alle aus Sternenstaub bestehen. Weil ein Teil von mir wusste, dass wir alle Sterne sind.

Sulzbach, 5. November 2019 – 21:14 Uhr

„Nachdem ich mich von Ola verabschiedet hatte, lud mich einer der Park-Ranger zu sich nach Hause ein. Ich verbrachte die Nacht mit ihm und zwei seiner Freunde in einer der kleinen Holzhütten. Begleitet wurde dieser Abend von einer überschaubaren Anzahl an Bier, Smirnov-Vodka und Musik aus Namibia, die mir meine Gastgeber über die Plattform Youtube auf ihrem Fernseher vorführten. Ich gebe euch jetzt mal kurz Zeit darüber nachzudenken, wie ihr euch Musik aus Namibia vorstellen würdet", sage ich und nutze die kurze

Pause dazu, etwas zu trinken. Anschließend zeige ich meinen Zuschauern einen kleinen Ausschnitt aus einem der Musikvideos, die mir die Männer damals gezeigt hatten: *Ees – Sundowner feat. The Hunta.* Während ich mir gemeinsam mit meinen Zuschauern das Video anschaue, wird mir erneut bewusst, wie willkürlich seine Handlung ist:

Ees trägt ein weißes Hemd, sitzt genervt in einem Büro und singt in seinen Telefonhörer. Seine Chefin schmeißt ihm einen dicken Haufen Akten auf den Schreibtisch und Ees erinnert sich durch einen Blick auf sein Handy daran, dass gleich Feierabend ist. Ab hier wird die Stimmung des Videos fröhlicher. Ees packt sechs Dosen Bier in eine orangefarbene Kühlbox, klettert ein Dach hinauf und beobachtet mit drei elegant gekleideten Frauen den Sonnenuntergang. Er nimmt sie hierbei abwechselnd in den Arm. Ees wirkt wie ein Frauenheld. Nun folgt ein Wechsel zu The Hunta. Er trägt eine kurze Hose, einen braunen *Indiana Jones*-Hut und wirkt wie jemand, der am *Ballermann* betrunkene Deutsche mit geistreichen Liedern unterhält. The Hunta sitzt mit Ees gemeinsam auf zwei Angelstühlen vor einem See. Sie trinken Bier und angeln. Soweit normal, aber auch The Hunta hat eine orangefarbene Kühlbox dabei. Ein komischer Zufall. Er nimmt sich eine Bierflasche und öffnet sie mit einem Jagdmesser. Nachdem The Hunta davon berichtet, dass ein Farmer viel Zeit hat, hängen sich die beiden Sänger in den Armen und schunkeln miteinander. Das Biertrinken am See wird relativ lange zelebriert. Am Ende geht es noch kurz mit schönen Drohnenaufnahmen zum Fish-River-Canyon, um mir so vor Augen zu halten, was Ola und ich damals verpasst hatten.

„Es war Musik auf Deutsch! Ihr müsst wissen, dass ein sehr kleiner Bevölkerungsanteil von Namibia nach wie vor die deutsche Sprache spricht, und anscheinend ist es dort angesagt, Hip Hop-Musik auf Deutsch zu produzieren. Da ich früher selbst viel Hip-Hop gehört hatte und die Qualität des mir Gezeigten eher als minderwertig beurteilt hätte, wollte ich meinen Gastgebern den Lieblingssong meiner Jugend präsentieren: *ASD – Sneak Preview.* Auch hiervon habe ich euch einen kleinen Ausschnitt mitgebracht." Das Publikum lacht laut, als es erkennt, dass dieses deutsche Hip Hop-Video an den Sanddünen in Namibia gedreht wurde. Genau vor der Sanddüne, neben der wir uns das Video ansahen. Auch mich traf damals dieser Zufall völlig unerwartet, da ich dieses kleine Detail völlig vergessen hatte. Und so ließ ich mir ein neues Glas Vodka einschenken.

„Von dort ging es für mich durch Botswana weiter nach Sambia und ich hatte hier erneut eine sehr interessante Mitfahrgelegenheit. Um diese Geschichte zu verstehen, müsst ihr jedoch Folgendes wissen: Damals, im Alter von 15 Jahren, wurde mir in meiner Schule der Spitzname **** gegeben."

Deutschland, November 2005

Während meines sechzehnten Lebensjahres veränderte sich etwas in mir. Ich sehnte mich abseits von Christina Aguilera und Shakira nach Zuneigung des weiblichen Geschlechts. Damals sah ich zu meinem zwei Jahre älteren Cousin auf, der in dieser Beziehung merklich erfolgreicher war. Er hatte seinen Kleidungsstil der Hip Hop-Bewegung verschrieben und als ich ihn an dem Gedenktag von Sankt Martin in einer neuen Kunstpelzjacke traf, sah mein *Teenager-Ich* in einem Wechsel des Kleidungsstils die perfekte Gelegenheit, meine Chance auf eine baldige Freundin zu erhöhen. Fortan kaufte ich unzählige überteuerte Markenprodukte, die ich in Form von viel zu weit geschnittenen Jeanshosen, übergroßen T-Shirts, Snapback-Mützen und einer Pelzjacke meiner damaligen Lieblingsmarke trug. Wie zu erwarten war, steigerte sich meine Attraktivität dadurch nicht, aber ich begann, aufzufallen. An meinem Gymnasium besuchte ich zu dieser Zeit die neunte Klasse und war der erste Schüler, der sich kleidungstechnisch extrem auf den deutschen Hip Hop-Trend fixierte. Ich begann damit, *Aggro Berlin* zu feiern, immer öfter ein *Alter* an meine Satzenden anzuhängen und trug teilweise sogar weiße Kopftücher unter meinen Mützen. Als ich mich damals in meiner neuen Montur zum ersten Mal in der Schule blicken ließ, war ich ähnlich aufgeregt, wie ich es ein Jahr später vor meinem ersten Kuss sein sollte. Ich war ähnlich aufgeregt, wie Menschen es wohl am Abend vor ihrer ersten Weltreise sein mussten.

Nachdem ich zahlreichen Mitschülern Frage und Antwort bezüglich des Tragens von T-Shirts in der Länge eines Abendkleides stehen musste, richtete sich der Hauptfokus auf meine schwarze Jacke, deren Kapuze mit einem Kunstpelz verziert war. Obwohl mir diese Jacke zwei Jahre später auf einer Veranstaltung gestohlen wurde, ist sie nach wie vor ein Teil meines Lebens geblieben. Ihr verdanke ich den Spitznamen, bei dem ich sowohl damals, als auch heute noch oft genannt werde. Auf der linken Brusttasche der Jacke war ein markantes *K* aufgenäht, das für die Modemarke *Karl Kani* stand. Ehrlich gesagt, gewöhnte ich mich recht schnell an meinen neuen Spitznamen, der im deutschen Sprachgebrauch einen wesentlich angenehmeren Klang als *Dani* oder *Dani Sahne* hatte. Dies führte im Laufe der Jahre sogar soweit, dass viele meinen richtigen Namen noch nicht einmal mehr kannten. Aber seien wir mal ehrlich: Ich habe schon wesentlich schlimmere Spitznamen als *Kani* gehört.

Botswana, März 2018

Nachdem ich meine erste Nacht in Botswana neben einer kleinen Tankstelle verbracht hatte, entdeckte ich morgens beim Zeltabbau einen ausgetrockneten Skorpion. „Du hast dort hinten geschlafen? Hast du keine Angst vor den Skorpionen und Schlangen?", fragte eine ältere Mitarbeiterin, als ich den Tag mit einem starken Kaffee und einer billigen Zigarette einläutete. Hätte sie mir diese Frage zehn Stunden zuvor gestellt, hätte ich in dieser Nacht sicherlich einen wesentlich unangenehmeren Schlaf gehabt. Unwissenheit schützt zwar nicht vor Strafe, aber sehr wohl vor Angst.

Im Laufe des Tages nahmen mich zwei junge Männer aus Botswana in ihrem grün verblassten Auto mit. Sie brachten mich dazu, online nach meinem eigenen Spitznamen zu suchen.

Laut der Internetseite *Forebears* tragen insgesamt 74.721 Menschen den Vornamen *Kani* und machen ihn somit zum 13.160-häufigsten genutzten Vornamen der Welt. Die meisten *Kanis* leben demnach in Indien, die größte

Kani-Dichte hingegen herrscht in Mali. Die dichtesten Kanis lebten jedoch zweifellos in Deutschland. In Botswana heißen gemäß dieser Webseite vier Menschen mit Vornamen *Kani*. Ganze 55 tragen hier *Kani* als Familiennamen.

„Hallo, mein Name ist Fani Kani", begrüßte mich der Beifahrer, woraufhin ich laut lachen musste und ihm anschließend erklärte, dass auch ich gewissermaßen ein Kani war. Es war ein amüsanter Zufall, über den ich lange lachte – so lange, bis sich der Fahrer bei mir vorstellte: „Mein Name ist Kani Kani."

Obwohl Spieltheorie und Wahrscheinlichkeitsrechnung während meines Studiums nie eine meiner Stärken waren, würde ich die Chance auf eine derartige Namenskonstellation dem des Gewinnes eines Eurojackpots gleichsetzen. Sie erschien dermaßen gering, dass ich nach seinem Ausweis als Beweis fragen musste. Als ich die kleine Karte samt verblasstem Passbild und überraschend niedriger Geburtsjahreszahl in meiner Hand hielt, musste ich unter Tränen akzeptieren, dass wir irgendwo in Botswana gerade genau diesen Jackpot geknackt hatten.

Und so fuhren wir durch das wenig besiedelte Botswana, durchquerten Nationalparks und teilten uns Glimmstängel. Ich, Dani Kani auf der Rückbank, Fani Kani auf dem Beifahrersitz und die wichtigste Person unserer Gruppe, Kani Kani, konzentrierte sich am Lenkrad bestmöglich darauf, den unzähligen Schlaglöchern auszuweichen. Es war nur eine Frage der Zeit, bis eines der Schlaglöcher zu unserem Verhängnis wurde und unser Auto mit einem lauten Knall am Rande der Fahrbahn zum Stehen kam. „Scheiße", sagte Fani Kani, „Scheiße", schloss sich Kani Kani an und auch ich, Dani Kani, wollte die Kette nicht unterbrechen: „Scheiße."

Wir befanden uns in einem der Nationalparks Botswanas und trotz vollkommener Dunkelheit ließ das Licht des hellen Mondes neben der Straße die schwarzen Silhouetten von wilden Elefanten erahnen. Während die Anwesenheit dieser majestätischen Lebewesen ihre Wirkung auf mich entfaltete, machte es sich Kani Kani zur Aufgabe, unsere Weiterfahrproblematik zu lösen. Er öffnete seinen Kofferraum, in dem er als vorbildlicher Fahrzeughalter ein Ersatzrad gelagert hatte. „Scheiße, der ist auch platt", offenbarte Kani Kani und stieß auf Zustimmung seitens Fani Kani: „Scheiße, der ist echt platt." Während die Elefanten weiterhin aus der Ferne trompeteten und sich vermutlich wunderten, warum ihre Nachtruhe durch derart viele vulgäre Äußerungen gestört wurde, fragte ich mich immer mehr, welche anderen Tiere uns in dieser sternenklaren Nacht wohl noch umkreisten. Wie hoch waren wohl die Chancen, dass im nächsten Moment ein ausgewachsener Carnivore* auftauchen und unsere Runde so um einen weiteren Kani erweitern würde? Es war eine Angst, die mir Fani Kani glücklicherweise nahm: „Mach dir keine Sorgen, in dieser Gegend greifen Löwen normalerweise nicht an. Wir müssen in eine Werkstatt, aber wir haben hier keinen Empfang – und zu dieser Uhrzeit fährt wegen der gefährlichen Straßen niemand durch diese Gegend." Ich lachte und schüttelte langsam meinen Kopf.

„Ich und Kani Kani schlafen im Auto. Du anderer Kani kannst dein Zelt einfach hinter dem Kofferraum aufstellen. Morgen früh halten wir jemanden an und trampen zur Werkstatt." Während ich langsam meine löchrige Zeltverpackung vom Rucksack löste und mich fragte, inwiefern der Hobbybiologe Fani Kani die Gefahr eines hungrigen Löwen korrekt eingeschätzt hatte, wurden wir von zwei gelben, am Horizont auftauchenden Augen überrascht.

Als die hellen Scheinwerfer neben uns anhielten, stellte sich ein LKW-Fahrer aus Simbabwe vor und bot uns seine Hilfe an. Er war ein unscheinbarer Mann mittleren Alters und begann nach einem kurzen Lagebericht von Fani Kani und Kani Kani damit, ein Feuerwerk aus handwerklicher Expertise und Magie zu zünden. Ich stand als unbeteiligter Beobachter am Rande der Straße, versuchte mit meiner Taschenlampe bestmöglich Licht zu spenden und bezeugte Szenen, die ich sonst nur aus *MacGyver*-Episoden kannte. Ich bezeugte an diesem Abend das Wunder von Botswana.

---

* *Carnivore ist das lateinische Wort für Fleischfresser und wird oft in Zusammenhang mit Dinosauriern benutzt. Allen, die es nicht kennen, würde ich empfehlen, den ersten Jurassic-Park-Film zu schauen. In diesem Klassiker wird das Wort Carnivore zwar nicht benutzt – aber er ist trotzdem einer der besten Filme aller Zeiten.*

Als ersten Teil seines Planes kroch der Mann aus Simbabwe unter seinen Lastkraftwagen und tauchte nach wenigen Momenten mit einem kleinen Metallstück wieder auf. Dieses schlug er mit einem plötzlich aufgetauchten Hammer auf einem zweiten plötzlich aufgetauchten Hammer zu einer kleinen Nadel, mit der er anschließend das Ventil unseres platten Reifens bearbeitete. Nachdem er auch die Felge mit diesen Hämmern ausgebeult hatte, verschwand er erneut unter seinem LKW. Dieses Mal kam er mit einem dünnen Gummischlauch zurück. Den gelben, einen Meter langen Schlauch nutzte er dazu, das Ventil unseres platten Reifens mit dem seines intakten Ersatzrads zu verbinden. Durch den Druckunterschied pumpte so sein volles Ersatzrad unseren platten Reifen auf. Da der Engel aus Simbabwe als Lastwagenfahrer zwei Ersatzräder dabeihatte, wiederholte er diese Prozedur und testete anschließend den Luftdruck mit einem beherzten Griff an das Reifengummi unseres ehemals defekten Reifens. Er zeigte uns seinen Daumen und verschwand genauso unscheinbar, wie er eine Stunde zuvor aufgetaucht war.

Bevor wir unsere Fahrt fortsetzten, sah Kani Kani mich mit ernster Miene an, begann langsam, seine seitlichen Mundwinkel in Richtung Stirn zu ziehen und sprach drei Worte, die unseren gemeinsamen Abend perfekt zusammenfassten: „This is Africa.“

Sulzbach, 5. November 2019 – 21:22 Uhr

„Nachdem ich eine Nacht bei Kani Kani verbracht hatte, fragte ich ihn am nächsten Morgen nach seiner Adresse. Ich sagte ihm, dass ich ihm unbedingt etwas schicken müsse, sobald ich zurück in Deutschland bin.“ Der nächste Klick auf meinen Pointer zeigt das Bild eines meiner früheren T-Shirts, auf dem in einer verzierten Schrift dessen Marke *Kani* geschrieben steht. „Ich hoffe, dass Kani Kani mittlerweile mit einem Kani-T-Shirt durch Botswana läuft.“ An der Reaktion meiner Zuschauer meine ich erkennen zu können, dass sie das Gleiche hoffen.

Bevor ich die dritte Etappe meiner Reise beende und so auch dem Ende meiner Show langsam näherkomme, stelle ich eine wichtige Person vor, die ich damals in Sambia kennengelernt hatte. „Das ist Ivor und er ist die Person, mit der ich gemeinsam ein soziales Projekt begonnen habe."

Sambia, April 2018

Für mich hatte die 5-Tage-Regel während des Reisens weniger mit Fruchtbarkeitszyklen, als vielmehr mit meinem Zelt zu tun. Dieser 120-stündige Countdown fing jedes Mal genau dann an zu ticken, sobald ich mein Zelt, ohne es gänzlich getrocknet zu haben, zusammengerollt und anschließend in seine Hülle gequetscht hatte. Innerhalb dieser Spanne musste ich zwar mit einem leicht klammen Zeltboden Vorlieb nehmen, konnte, davon abgesehen, jedoch ganz normal übernachten. Sobald ich aber die erwähnten fünf Tage auch nur minimal überschritten hatte, gesellte sich ein Geruch in die Zeltkabine, der das Schlafen fast unmöglich machte. Es roch wie in einem Tierheim, in dem durch einen technischen Defekt sämtliche Sprinkleranlagen ausgelöst wurden.

Da ich genau damals die 5-Tage-Regel erstmalig brach, bestand meine erste Aufgabe in Sambia darin, mein Zelt vor Ivors Haus mit Wasser und Reinigungsschaum grundzusanieren. Die restliche Arbeit überließ ich der Sonne, in der ich es zum Trocknen auslegte. Dies war wohl einer der Gründe dafür, dass meine Unterrichtsversuche bei Ivors Schülern kläglich scheiterten und schnell diversen Spielen, die mein Zelt beinhalteten, weichen mussten. Die 15 Kinder hatten in ihrem Leben noch nie zuvor ein Zelt gesehen.

Mein lebensfroher Gastgeber Ivor lebte gemeinsam mit seiner Frau in einem kleinen Haus am Rande von Livingstone. Früher arbeiteten sie gemeinsam in einer Schule, in der Kinder sozial schwacher Familien kostenlos unterrichtet wurden. Als ihre Schule privatisiert und fortan zu einem, in Sambia üblichen, bezahlten Schulmodell überging, kündigten Ivor und seine Frau. Das junge Paar entschloss sich dazu, diese Kinder stattdessen in ihrem eigenen Wohnzimmer zu unterrichten und ihnen somit weiterhin die Chance auf schulische Bildung zu geben. Unterstützt wurden sie von Freiwilligen wie mir, die über die Plattform Couchsurfing auf ihr Projekt aufmerksam geworden waren. An dem Tag, als mein Gastgeber 32 Jahre alt wurde, gingen wir gemeinsam mit seinen Freunden in eine der einheimischen Bars, spielten Billard und tranken Maisbier aus alten Milchkartons. Später am Abend saß ich alleine mit Ivor auf den Steinstufen vor seiner Wohnung.

„Hast du deine Entscheidung jemals bereut?", fragte ich Ivo, dessen Spitzname seinem eigentlichen Namen wesentlich ähnlicher war als der meine. „Weißt du, manchmal frage ich mich das tatsächlich. Früher hatten wir wesentlich mehr Geld. Aber dann sehe ich morgens die Kinder, die bereits 30 Minuten vor Unterrichtsbeginn in unserem Garten warten, weil sie sich freuen, hier sein zu dürfen. Und so werde ich jedes Mal daran erinnert, dass es die richtige Entscheidung war."

Spätestens während meiner Zeit bei Ivor wurde mir bewusst, in welche Richtung ich mein Leben lenken muss, um glücklich zu werden. Ich wollte helfen, zurückgeben und unsere Welt ein klein wenig besser machen. Und um dies zu tun, brauchte man erfreulicherweise keine Unmengen an Geld und auch keinen grünen Lamborghini. Könnte ich den lächelnden Mann aus Java heute erneut treffen, würde ich ihm gerne erzählen, dass ich mit seiner Hilfe schließlich auch ohne eine Karte das Geheimnis des Glücklichseins gefunden hatte.

Als ich mich ein Jahr später dazu entschied, aus meinen Reisegeschichten eine Live-Show zu machen, waren aus den damals 15 Kindern insgesamt 30 geworden, die jeden Morgen Ivos Wohnung aufsuchten. Als der Vermieter verbot, die Kinder im Inneren zu unterrichten, mussten sie den Unterricht in einen kleinen Holzunterstand neben dem Haus verlegen. Wegen dieser Entwicklungen fasste ich den Entschluss, mit Ivo und einem Teil der Erlöse meiner Show, ein Projekt in Sambia ins Leben zu rufen. Der junge Mann aus Sambia war einer der Menschen, die selbst nicht viel hatten und trotzdem den Wunsch verspürten, Menschen, die noch weniger haben, zu helfen. Er verdeutlichte mir auf eindrucksvolle Art und Weise, dass jeder helfen kann. Und so kauften wir mit den Erlösen aus *Anekdoten eines Beifahrers* ein Grundstück in der Nähe seiner Wohnung und begannen damit, eine kleine Schule zu errichten. Für einige der Kinder wird dies die erste Schule ihres Lebens werden.

„Solltest du nicht zuerst an deine eigene Zukunft denken und dir zu deren Absicherung Geld beiseitelegen?", fragte die Stimme meiner Vernunft gelegentlich. „Weißt du", antwortete ich, „das ist das Schöne am Trampen. Zum einen kostet es kaum Geld und zum anderen kann man die eigene Zukunft meist durch das bloße Anlegen eines Sicherheitsgurtes sichern."

Nachdem ich mich von Ivo verabschiedet hatte, brachten mich insgesamt zwölf Mitfahrgelegenheiten bis zur ungefähren Mitte Sambias. Leider hatten diese, bis auf eine Person, die mich mitnahm, weil sie in mir eine Reinkarnation von Jesus Christus sah, alle eines gemeinsam: Sie fragten am Ende unserer Fahrt nach Geld. Nun bestanden sie jedoch nicht auf kleine Beträge, die beispielsweise die Benzinkosten gedeckt hätten, sondern fragten nach Summen, die die Kosten für öffentliche Verkehrsmittel bei weitem überstiegen. Dies war kein Umstand, den ich den Menschen übelnahm, schließlich hatten die meisten sehr wenig und sahen in mir wohl eine Möglichkeit, daraus weniger *wenig* zu machen. Aber es raubte mir den Spaß am Trampen. Daher entschied ich in Lusaka, der Hauptstadt Sambias, vorerst nicht mehr per Anhalter zu reisen und stattdessen die restliche Strecke mit alten, klapprigen Bussen zurückzulegen.

Sulzbach, 5. November 2019 – 21:24 Uhr

„In Tansania beendete ich schließlich frühzeitig meine dritte Etappe. Dies hatte zwei Gründe. Zum einen hatte ich wenige Wochen vor meiner Abreise eine Beziehung mit einer Deutschen begonnen und diese war, um es glimpflich auszudrücken, eine einzige Katastrophe. Der zweite Grund …", fahre ich fort und versuche so, die Aufmerksamkeit weg von Luisa zu lenken. Ich tue dies nicht, um einer nichtexistenten Bitte nachzukommen, sondern aus Respekt ihr gegenüber. Vielleicht verdiente sie ihn, vielleicht verdiente sie ihn nicht. Nichtsdestotrotz wird mein Publikum heute Abend nicht erfahren, dass die für sie namenlose Luisa nicht nur der entscheidende Faktor für meine verfrühte Rückkehr, sondern auch der Hauptgrund für meine weniger positive Reiseerfahrung im südlichen Afrika war. In Tansania erreichte unsere Beziehung ihren Tiefpunkt. Sie tat dies an einem schwülen Sommerabend, an dem ich zum letzten Mal mit Gott sprechen sollte.

Tansania, April 2018

Mein touristenaffiner Gastgeber in Arusha hörte auf den Namen Frank. Er arbeitete in der Reisebranche und vermittelte in einem undurchschaubaren Netz von Provisionen Reisende an verschiedene Unternehmen. Sein Plan war es, eine eigene Tour zu etablieren, die sich um einen Besuch bei seiner Familie in einem der Massai-Dörfer drehte. Er lud mich dazu ein, mir ein Bild von dieser Idee zu machen und tat dies nicht nur im übertragenen Sinne, sondern erhoffte sich auch ansprechende Werbebilder von meiner Handykamera. Nach einer mehrstündigen Busfahrt, auf der in regelmäßigen Abständen Pakete aus dem Bus und lebende Ziegen in den Bus verladen wurden, erreichten wir Franks Heimatdorf. Die meisten visuellen Eindrücke deckten sich mit meinen Vorstellungen, die durch verschiedene Dokumentationen geformt worden waren. Die Massai bedeckten ihre Körper mit auffallend bunten Tüchern, trugen oft traditionellen Schmuck in ihren Ohren und lebten in meist ovalen Hütten, deren Wände aus einem Gittergeflecht von Holzstangen und einer Lehm-Kuhdung-Mischung bestanden. Für die Dächer wurde wiederum eine Kombination von Kuhdung, Schlamm und eine Grasschicht genutzt. Als einer der Massai über Nacht zum Vater wurde, feierten wir zu diesem Anlass ein kleines Fest und zelebrierten verschiedene Rituale. Einer dieser Bräuche war das Trinken von frischem Blut, weswegen eine der Ziegen zu einer kahlen, von hohen Gräsern umringten Stelle gebracht wurde. Ich hätte zwar nichts lieber getan als wegzuschauen, stimmte jedoch zu, die Männer zu begleiten.

Vor meiner ersten Reise war ich eine Person, die Fleisch als existenzielles Grundnahrungsmittel bezeichnet hätte. Ich kaufte, hauptsächlich finanziell bedingt, nicht bei Metzgern oder lokalen Höfen, und war mir bewusst darüber, welche Industrie und eventuelle Gräueltaten ich damit unterstützte. Der Grund dafür, dass ich die Massai begleitete, war folgende Einstellung: Ich fand, dass jemand, der ohne zu zögern Fleisch isst, auch in der Lage sein sollte, bei der Tötung eines Tieres zuzusehen.

Somit schluckte ich tief, spürte, wie sich mein Magen immer mehr drehte und schaute dabei zu, wie einer der Männer der Ziege mit einer Machete die Kehle aufschnitt, während die übrigen das Tier auf dem Boden fixierten. Ich schaute dabei zu, wie das Tier unter Schmerzen verzweifelt versuchte, sich zu befreien, wild zuckte und langsam in eine untergestellte Schüssel ausblutete. Ich schaute zu, bis die Ziege schließlich damit aufhörte, sich vergeblich zu befreien.

Es war ein grauenvoller Anblick, der nichts mit einem schmerzfreien Tod gemeinsam hatte. Ich fragte mich, ob und inwiefern mein Fleischkonsum anders gewesen wäre, wenn ich diese Szenen zu einem früheren Zeitpunkt in meinem Leben gesehen hätte. Im Laufe meines Lebens merkte ich, wie ich intuitiv immer weniger Fleisch aß.

Ein weiteres Phänomen, auf welches mich keine Dokumentation vorbereitet hatte, war die Lieblingsbeschäftigung von Franks Vater, der nach einem Land, in dem ich zehn Monate zuvor getrampt hatte, benannt war. Die digitale Revolution hatte auch vor diesem abgelegenen Dorf nicht haltgemacht und so verbrachte Israel seine Abende meist am Handy und sah sich auf Youtube abwechselnd Fußballvideos und Verschwörungstheorien im Zusammenhang mit *Osama bin Laden* und dem 11. September an.

Als ich eines Morgens mit Israel einen der umliegenden Hügel bestieg, um der Sonne dabei zuzuschauen, wie sie langsam die endlos wirkende Steppe mit Licht ausfüllte, wurde mir etwas bewusst: Meine Zeit in Afrika neigte sich allmählich ihrem Ende zu. Ich hatte meinen Rückflug wenige Tage zuvor gebucht und es gab nach wie vor einen Traum, den ich mir bisher nicht erfüllen konnte: Ich wollte Löwen und Elefanten in freier Wildbahn sehen. Daher entschied ich mich dazu, mit der Hilfe von Frank einen Tagestrip in den Serengeti National-park zu buchen.

„Schau", sagte das junge Mädchen, das sich mit mir und zwei weiteren Reisenden einen Jeep teilte, „da hinten ist ein Nashorn", und reichte mir im selben Atemzug ihr Fernglas. Ich sah Nilpferde, Elefanten, Nashörner und Löwen, die um unser Fahrzeug schlichen und sich im Schatten unserer Reifen ausruhten. Trotzdem hatte dieser Moment nicht ansatzweiße die Wirkung, mit der ich gerechnet hätte. Vielleicht war einer der Gründe hierfür die große Zahl an Jeeps, die auf der Suche nach Tieren waren und so der Wildnis gewisser-maßen ihre Wildnis nahmen. Wahrscheinlich war es aber hauptsächlich der Betrag, den ich trotz des einheimischen Kontaktes von Frank für die Tour zahlte. Sie kostete mich ungefähr 180 Euro. Ein Betrag, mit dem ich sonst zwei Monate per Anhalter unterwegs gewesen wäre. Das größte Problem hierbei war jedoch nicht der Betrag selbst, sondern vielmehr die Verteilung dieses Geldes. Hätte es den Einheimischen geholfen oder wäre es den Tieren zu Gute gekommen, hätte ich den Betrag liebend gerne gezalt. Statt eines guten Gewissens blieb jedoch leider nur die Gewissheit, dass diese 180 Euro fast ausschließlich in den Park-gebühren begründet waren und größtenteils an den Staat weitergereicht wurden. Der konnte mit diesen Einnahmen sein korruptes System betreiben. Es war eine traurige Spirale, mit der die enormen Gelder, die durch den Tourismus im süd-lichen Afrika eingenommen werden, letzten Endes die Situation der Bürger nur peripher oder teils gar nicht verbesserten.

Einige Stunden nach meiner Safari lag ich an einem schwülen Sommer-abend auf dem vergilbten Bettlaken einer kleinen Absteige in der Nähe des Nationalsparks. Ein halbstündiges Telefonat mit meiner Freundin Luisa löste bei mir wie gewohnt ein Gefühl der Ratlosigkeit aus. „Freust du dich wenigstens, dass ich in zehn Tagen zurückfliege?", war eine Frage, die sie mir nicht zufrieden-stellend beantworten konnte. Ich ahnte zu diesem Zeitpunkt bereits, dass meine frühzeitige Rückkehr die falsche Entscheidung war. Wir stritten uns über Probleme, die nicht existierten, waren Musiker, die die richtigen Töne nicht trafen und verabschiedeten uns am Ende fast jedes unserer Telefonate mit einer

Gewissheit, die keiner von uns aussprechen wollte. Ich schaute dabei zu, wie sich der defekte Ventilator an meiner Zimmerdecke imaginär drehte. Es war ein Gefühl des Abdriftens. Ein Gefühl, das mich an unseren ersten gemeinsamen Abend wenige Monate zuvor erinnerte, als ich Schneeglöckchen in kleine Bahnen zerbröselte. Damals hatten sich alle defekten Ventilatoren der Welt gedreht. Ich wusste, dass es falsch war, den Blütenstaub in meine Nase zu ziehen. Und ich wusste ebenso, dass es falsch war, mit Luisa eine Beziehung einzugehen. Dennoch tat ich es. Wir sangen Lieder, die keiner von uns hören wollte.

Einige Minuten später erreichte mich eine Nachricht von Toni, Siles bestem Freund. Sile war der junge Mann aus Bosnien und Herzegowina, der mich ein Jahr zuvor zu sich nach Hause einlud und dessen Mutter kurz davor war, ihren Krebs zu besiegen. „Ganz gut soweit, wie geht es euch?", antwortete ich ihm. „Siles Mutter ist vor wenigen Tagen völlig unerwartet an Krebs gestorben. Wir sind alle für ihn da", schrieb Toni. Ich schaute erneut zu dem defekten Ventilator, der sich nun nicht mehr drehte und ließ mein Handy auf den Boden fallen. Kurze Zeit später schlug ich mit voller Kraft gegen die weiße Betonwand meines Zimmers. Ich wusste, dass Menschen sterben. Aber manchmal war es einfach nicht fair. Siles Mutter Ilonka hatte ihren Kampf letzten Endes doch verloren.

Ich starrte unter Tränen noch lange in Richtung der weißen Zimmerdecke und stellte Fragen, die mir niemand beantworten konnte: Wie konnte dies und so viele andere Dinge, die ich unterwegs gesehen habe, vorherbestimmt sein? Wie konnte eine derartige Ungerechtigkeit vorherbestimmt sein? Wie konnte es vorherbestimmt sein, dass Menschen wie Siles Mutter uns verlassen? Wie hätte ich an ein derart ungerechtes Schicksal glauben können? Und wie konnte dies alles Teil von Gottes Plan sein? An diesem schwülen Sommerabend sprach ich das letzte Mal zu Gott.

Liebe Ilonka,
ich hoffe, du hast irgendwo dort oben einen Platz gefunden, an dem wir alle die gleiche Sprache sprechen. Ich weiß, du wolltest immer, dass ich Gott danke, aber das kann ich nicht. Ich danke dir.

Ich hatte ein denkbar ungutes Gefühl, als ich mein Gepäck in Daressalam aufgegeben hatte. Würde Luisa am Flughafen auf mich warten? Mir in die Arme fallen und sich über meine Rückkehr freuen? Vielleicht würde ja alles anders werden, sobald wir uns wiedersahen. Mir schwirrten unendlich viele Fragen durch den Kopf, während ich ungeduldig auf mein Flugzeug wartete. Wenige Tage nach meiner Ankunft und unserem Wiedersehen trennten wir uns. Ich begann zu akzeptieren, dass der Mensch, in den ich mich damals verliebt hatte, leider nie existierte. „Ich war bei dir selten ich selbst", schrieb sie mir kurz nach unserer Trennung, „alles hat irgendwie einen Sinn", fuhr sie fort. Ich fragte mich, wie angenehm bequem es wohl sein musste, in allem immer einen Sinn zu sehen. Ich fragte mich, ob es nicht nur bequem, sondern auch feige war.

Immerhin hatte unsere Beziehung zu guter Letzt ein Happy End. Ich wusste bis dahin nur nicht, dass dies in unserem Fall sowohl für Luisa als auch für mich eine Trennung bedeutete. Ich habe seitdem nie wieder etwas von ihr gehört.

Wie bei all meinen gescheiterten Beziehungen folgte auf Trauer Akzeptanz und auf schmerzliche Bekanntschaften folgten Menschen, die das Gegenteil bewirkten. In meinem Fall half mir ein Palindrom Namens Anna, die ich auf der Hochzeit eines Freundes kennenlernte. Sie half mir nicht nur dabei zu vergessen, sondern wurde auch zu einer guten Freundin, die als Gastgeberin die vierte Etappe meiner Reise in der ehemaligen Bundeshauptstadt Bonn einleitete. Die Hochzeit, auf der ich Anna kennenlernte, war neben Luisa der zweite Grund, warum ich meine Reise in Afrika frühzeitig beendet hatte und sie brachte mich zu einer wichtigen Erkenntnis.

Sulzbach, 5. November 2019 – 21:25 Uhr

„Der zweite Grund meiner frühzeitigen Rückkehr waren zwei meiner besten Freunde, die ihren Frauen jeweils das Ja-Wort gaben. Wisst ihr, ich werde ab und an von Menschen angesprochen, die sinngemäß Folgendes zu mir sagen: ‚Das, was du machst, ist so unglaublich toll. Ich würde es gerne genauso machen, aber kann dies leider aus verschiedenen Gründen nicht tun. Du führst das perfekte Leben.' Auf diese Aussage antworte ich stets mit der immer gleichen Gegenfrage: ‚Könntest du dir vorstellen, zwei Jahre, wie in meinem Falle, ohne enge Freunde und Familie zu sein?' Und spätestens an diesem Punkt geraten die meisten Menschen ins Grübeln und antworten mit einem überraschten ‚Nein, eigentlich nicht.' Genau das habe ich getan. Man lernt zwar unendlich viele Menschen kennen, aber es sind immer nur temporäre Bekanntschaften – und so hatte ich gewissermaßen selten einen richtigen Freund an meiner Seite.

Ich saß auf den beiden Hochzeiten, schaute dabei zu, wie meine Freunde mit ihren Frauen vor dem Altar standen, sie sich mit feuchten Augen zum Ende des offiziellen Teils küssten und fragte mich erneut: ‚Führe ich das perfekte Leben?' Um ehrlich zu sein, sah dies dort vorne gerade ziemlich perfekt aus. Und ich hoffte, dass ich irgendwann einmal in genau derselben Situation sein würde. Nicht nächste Woche, auch nicht nächstes Jahr, aber irgendwann.

Versteht mich bitte nicht falsch! Ich will euch nicht sagen, dass ihr heiraten sollt. Aber mir wurde damals bewusst, wie ich mir das Ende meiner eigenen Suche vorstellte.“

Es gibt nicht das eine perfekte Leben, aber es gibt perfekte Leben. Mindestens eines für jeden von uns. Die Schwierigkeit liegt jedoch darin, genau dieses Leben zu finden. Die Suche gestaltet sich für jeden von uns anders, dauert mal erfreulich kurz, mal erschöpfend lang und nimmt viele Umwege. Als ich auf den unbequemen Holzbänken der angenehm kühlen Kirchen saß, wurde mir bewusst, dass zwei meiner Freunde genau diese Suche für sich selbst beendet hatten. Gleichzeitig wurde mir jedoch auch vor Augen geführt, dass meine eigene Suche niemals in einer endlosen Reise enden wird, sondern mich in Richtung eines sesshaften Lebens mit einer eigenen Familie führt. Nicht nächste Woche, auch nicht nächstes Jahr. Aber hoffentlich irgendwann.

ETAPPE 4

Ich packte meinen Rucksack ein viertes Mal und schrieb mein Ziel mit großen Buchstaben auf einen braunen Weinkarton: Mongolei. Die letzte Etappe meiner Reise begann mit vielen Ungewissheiten. Ich wusste nicht, ob ich es tatsächlich bis in die Mongolei schaffen würde. Genauso wenig wusste ich, ob sich mein Bauchgefühl bewahrheiten würde und ich Anna in Bonn zum letzten Mal geküsst hatte. Und zu guter Letzt wusste ich auch nicht, ob ich laut Gesetz dieses Fahrzeug nach Berlin fahren durfte. „Das ist ein Sattelschlepper und du hast einen BMW geladen, ich habe jedoch nur einen normalen Führerschein. Bist du dir sicher, dass ich das darf?", fragte ich den Fahrer eines gelben Transporters, dessen Nummernschild mir eine Mitfahrgelegenheit in die 300 Kilometer entfernte Hauptstadt Deutschlands in Aussicht stellte. „Ich nehme dich mit", murmelte der 40-jährige Serbe, „aber nur, wenn du fährst." Auf meine skeptische Gegenfrage antwortete er mit: „Klar darfst du das." Obwohl ich mir eigentlich sicher war, dass ich es nicht durfte, setzte ich mich an das Steuer des gelben Sattelschleppers.

„Schalt bitte jedes Mal, wenn es nicht berghoch geht, in den Leerlauf. Der Transporter ist sehr alt und kaputt", forderte mich mein Beifahrer Mickey auf, dessen realer Name sicherlich ein wesentlich schwerer auszusprechendes, serbisches Pendant hatte. Er sollte den geladenen BMW als Freundschaftsdienst bei seinem Cousin abliefern und arbeitete hauptberuflich als Hochzeitssänger. Hierdurch war er in der Lage, unsere fünfstündige Fahrt zeitweise durch spontane Gesangseinlagen aufzulockern. Als etwa 50 Kilometer vor Berlin meine Augenlider immer schwerer wurden, musste ich überrascht feststellen, dass Mickey meine Bitte um einen Fahrerwechsel kategorisch und konsequent ablehnte. „Nein. Du fährst!" Obwohl ich zu müde war, um mir ernsthaft Gedanken über den möglichen Grund seiner Entschlossenheit zu machen, stellte ich letztendlich dennoch eine sarkastisch angehauchte Frage: „Du hast aber schon Papiere für den BMW, oder?"

„Klar habe ich das", schmunzelte Mickey und bedankte sich eine Stunde später für meinen professionellen Chauffeurdienst, erleichterte sich vor einer Baumallee und verschwand mit seinen zwei Fahrzeugen in einer der dunklen Nebengassen Berlins.

Ich fragte mich einige Tage später, ob ich nur der Geschichte wegen in Mickeys Sattelschlepper eingestiegen war. War ich aus demselben Grund auch damals in den Kriegsbunker gegangen? Um am Ende eine verrückte Geschichte erzählen zu können? Manche Fotografen riskieren leichtfertig ihre Leben, um an gefährlichen Orten Bilder zu machen. Tat ich das Gleiche mit Geschichten? War es verwerflich, Entscheidungen einer Geschichte wegen zu treffen?

Sulzbach, 5. November 2019 – 21:29 Uhr

„Mittlerweile bin ich mir recht sicher, dass ich damals ein Fahrzeug nach Berlin geschmuggelt hatte, aber wir wurden zum Glück nicht angehalten. Kommen wir zu einem anderen Thema: Krankenversicherung. War ich versichert? Ja, ansonsten hätte mich meine Mutter wahrscheinlich nicht aufbrechen lassen." Sämtliche Mütter nicken an dieser Stelle zustimmend mit ihren Köpfen. „Und obwohl ich abgesichert war, bin ich froh darüber, dass mir auf meiner Reise nie etwas passiert ist. Denn die medizinischen Standards in verschiedenen Ländern sind teilweise doch recht abenteuerlich. In Indien lernte ich beispielsweise einen Australier kennen, der dort von einem Hund gebissen und anschließend operiert werden musste. Als er in den sterilen Raum gefahren wurde, bemerkte er in dessen Ecke eine Taube, die in aller Ruhe ihr Nest baute. Als er die Ärzte darauf hinwies, jagten sie die Taube mit einem Kehrbesen nach draußen und fragten anschließend, ob nun alles in Ordnung sei. In Polen wurde ich von zwei Freunden besucht, die wenige Wochen zuvor mit dem Skaten begonnen hatten. Ich schloss mich ihnen an, griff mir eines ihrer Bretter und tourte mit ihnen und ihrem alten Bus von Skatepark zu Skatepark. Dabei verletzte sich Stocki, einer der jungen Männer, an seiner Schulter, und wir fuhren gemeinsam in ein Krankenhaus. Dort wurde er geröntgt und bekam Entwarnung vom Chefarzt. Ein einfacher Gips würde reichen, um alles auf natürliche Weise erneut zusammenwachsen zu lassen. Als Stocki anschließend für eine halbe Stunde mit dem älteren Arzt in einem der Behandlungszimmer verschwand, ahnten wir noch nicht, was man in Polen anscheinend unter einem einfachen Gips verstand." An dieser Stelle zeige ich ein Bild des fertigen Gipsverbandes von Stocki und lache gemeinsam mit den Zuschauern über das Werk des polnischen Arztes. „Der Arzt hatte ihm eine Ritterrüstung aus Gips angelegt! Die beiden Jungs waren ohnehin auf ihrem Heimweg und hielten daher zur Sicherheit in der Uniklinik von Leipzig an. Dort wurden erstmal alle Angestellten zusammengetrommelt, um von und mit ihm Bilder zu machen. So etwas hatten die dortigen Ärzte noch nie in ihrem Leben gesehen. Am nächsten Morgen wurde Stocki schließlich notoperiert. Aber gut. Mir ist, wie gesagt, erfreulicherweise nie etwas passiert. Stattdessen traf ich im Norden Polens wenige Tage später eine ganz besondere Frau. Ihr Name war Marta."

Polen, August 2018

Würde ich einen Reiseratgeber schreiben, stünde *Skateboarden lernen* wohl ziemlich weit oben auf einer Liste von Dingen, die man beim Reisen tunlichst vermeiden sollte. Generell wären in einer derartigen Lektüre zwei Sätze besonders oft vertreten: „Ändere deine Pläne nicht für eine Person des anderen Geschlechts" und „Mach es nicht so wie ich." Ich würde mir dennoch insgeheim wünschen, dass meine Leser genau dies täten. Ich brach meine eigenen Regeln viel zu gerne – und so forderte ich mit jedem der zahlreichen Stürze mein Glück aufs Neue heraus. Gleichzeitig amüsierte ich mich über die schockierten Blicke, welche mir Passanten beim auf dem Boden-Liegen zuwarfen. „Mir geht es gut, macht euch keine Sorgen!", schrie ich jedes Mal, sobald ich unsanft von meinem

Longboard gefegt wurde und lachte gleichzeitig laut über mich selbst. Es fühlte sich so an, als würde eine höhere Macht dafür sorgen, dass ich mich nie ernsthaft verletzte und so meine finale Etappe nicht frühzeitig beenden musste. Vielleicht hatte sich jedoch ein kleiner Teil in mir unbewusst genau hiernach gesehnt.

Es war köstlich zu beobachten, wie die Augen der auf den Halfpipes sitzenden Kinder immer größer wurden, als sie Josch, Stocki und mich in den Skateparks erblickten. Joschs lange Lockenmähne, Stockis modischer Oberlippenbart und mein tätowierter Oberkörper ließen uns wie professionelle Skater aussehen. Wir wirkten, als hätten wir in unserem Leben nie etwas anderes getan. Umso amüsanter war es zu registrieren, wie aus den gespannten Blicken schnell verlegene wurden, sobald wir mit unserer Darbietung begannen und wider Erwarten langweilig unsere Kreise drehten. Wir fühlten uns jung.

Dank der beiden durfte nicht nur ein polnischer Arzt seine persönliche David-Skulptur erschaffen, sondern sie waren auch der Grund dafür, dass ich fortan meinen ohnehin bereits viel zu schweren Rucksack mit einem Longboard zusätzlich beschwerte. „Skatest du in die Mongolei?", fragte mich einer der vorbeifahrenden Radfahrer, als er an meinem Rucksack das Longboard und mein darauf geschnalltes Mongolei-Trampschild sah.

„Ganz genau, ich skate in die Mongolei."

Während ich mich langsam wieder daran gewöhnte, alleine unterwegs zu sein, traf ich im Norden Polens eine Frau, die sowohl Angst vor Trampern, als auch Angst vor Fremden hatte. „Du bist der erste Anhalter, den ich jemals mitgenommen habe", sagte die 36-jährige Marta, deren Akzent mich an verschiedene britische Reisebekanntschaften erinnerte. Die blonde Polin, die ihre Haare in etwa derselben Länge wie ich trug, hatte fünf Jahre lang in London gelebt, bevor sie ihr Weg wieder zurück in die Heimat führte. Auf meine Frage, warum sie ausgerechnet mich mit meinen Tattoos und meinem langen Bart als ersten Tramper aufgesammelt habe, konnte sie mir keine wirkliche Antwort geben: „Ich weiß es ehrlich gesagt nicht. Ich hatte dieses Bauchgefühl." Nach unserer 15-minütigen Kennenlernphase bot Marta mir einen Zeltplatz in ihrem Garten an. „Ich habe zwar noch nie einen Fremden in unserem Garten übernachten lassen, aber irgendwie habe ich bei dir ein gutes Gefühl", sagte sie. Überrascht und überwältigt von ihrem Vertrauen nahm ich sowohl ihr Übernachtungsangebot, als auch ihre Einladung auf ein Glas Rotwein an. „Weißt du", fuhr Marta fort, als sie eine dunkelgrüne Rotweinflasche öffnete, „eigentlich kannst du auch drinnen in unserem Gästezimmer übernachten. Ich habe zwar noch nie jemand Fremden bei uns schlafen lassen, aber ich habe bei dir irgendwie ein gutes Gefühl. Auch unser Hund scheint dich zu mögen. Normalerweise mag er keine Unbekannten." Ich streichelte ihren pelzigen Freund und fragte mich kurz, ob es sich hierbei um eine dieser Wohlfühllügen handelte.

Ich ließ mir anschließend eine kleine Führung durch ihre Wohnung geben. „Nun muss ich nochmal kurz los. Ich habe noch etwas zu erledigen, werde aber in einer Stunde wieder zurück sein. Fühl dich wie zu Hause, nimm eine Dusche und bediene dich an unserem Kühlschrank." Mit diesen Worten verabschiedete sich Marta und ließ mich alleine in ihrer großen und gemütlich eingerichteten Wohnung zurück. Die Tatsache, dass sie als eine Person, die Angst vor Trampern und Fremden hatte, sich nach unserem kurzen Gespräch dazu entschied, auf ihr Bauchgefühl zu hören und mir zu vertrauen, erwärmte mein Herz. Sie hatte nicht mein Couchsurfing-Profil gelesen, hatte nicht gesehen, dass ich dort knapp 100 durchweg positive Referenzen von verschiedenen Gastgebern angesammelt hatte, sondern vertraute mir blind.

Wir saßen an diesem Abend noch lange vor ihrem Haus und wurden abwechselnd von ihren Bekannten besucht, die Marta zuvor am Telefon als leichtsinnig und verrückt bezeichnet hatten. Später ließen sie jedoch gemeinsam mit uns im Lichtschein des Mondes ihre Gläser klirren. Zwei Nächte später lernte ich auch Martas Mann kennen. Wir besuchten gemeinsam Musikkonzerte und hatten eine fantastische Zeit. Als ich die kleine Familie nach insgesamt vier Nächten verließ, fühlte es sich so an, als hätten wir uns bereits ewig gekannt. Es fühlte sich so an, als hätte Marta durch mich ihr Misstrauen Fremden gegenüber abgelegt.

Von Polen aus führte mich meine weitere Reise durch die baltischen Staaten. Hier wurde ich mit einer für mich völlig neuartigen Problematik konfrontiert. Eine Problematik, die für Deutsche in den meisten Ländern nicht existiert: Mir wurde in Estland kein Visum für Russland ausgestellt.

Estland, September 2018

Katrin und ich saßen gemeinsam an einem sterilen, weißen Tisch, der von den übrigen durch kopfhohe Wände abgetrennt war. Der Sitzbereich des modernen Einkaufszentrums war unter Schülern offensichtlich ein bekannter Treffpunkt. Meine junge Gastgeberin, die ich über die Plattform Couchsurfing fand, hatte sich zum Wohnen einen kleinen Raum in einem Kindergarten gemietet. „Nimm es mir nicht übel, aber du musst morgens den Kindergarten verlassen, bevor die Kinder ankommen und kannst nachmittags erst zurück, wenn die Kinder weg sind. Wenn dich jemand im Aufenthaltsraum sehen würde, bekämen die Kleinen den Schrecken ihres Lebens", belehrte mich Katrin, als sie mich kurz nach meiner Ankunft in Tallin abholen kam. Ich konnte es ihr und besonders den Kindern nicht verübeln. Mit ihren rotgefärbten Haaren, einer Vielzahl an Sommersprossen und ihrem losen Mundwerk wirkte meine 17-jährige Gastgeberin wie eine Astrid-Lindgren-Romanfigur. Sie war die jüngste Tramperin, die ich je getroffen hatte.

Während Katrin damit beschäftigt war, sich auf ihre Abiturprüfung vorzubereiten, nutzte ich das kostenfreie WLAN des Einkaufszentrums dazu, mein Russlandvisum zu beantragen. In der Theorie hätte dies kein allzu großes Problem dargestellt, aber wie so oft, klaffte zwischen Theorie und Praxis eine riesige Lücke. Ich benötigte ein Passfoto, ein Schreiben einer Touristenorganisation, in der meine Reiseplanung und Hotelbuchungen aufgeführt waren, und ich musste mit dem ausgefüllten Visumantrag einen Termin in der Botschaft vereinbaren. Ersteres erwies sich zwar als einfachstes Unterfangen, die Passbilder zeigten mir jedoch schonungslos, dass ich mich unbedingt zeitnah rasieren musste. Auch der Erhalt des benötigten Touristenschreibens gestaltete sich als ungeahnt simpel. Ich nannte willkürlich fünf verschiedene Städte Russlands, überwies zwölf Euro an eine zwielichtige Adresse und erhielt kurze Zeit später eine E-Mail samt Stempel, Unterschrift, Firmenlogo und allen Namen und Adressen meiner Hotels, in die ich nur auf dem Papier eingebucht war.

Gemeinsam mit sämtlichen Unterlagen stand ich wenige Tage später vor der russischen Botschaft, durchschritt die dortige Sicherheitsschleuse und positionierte mich vor einem bankähnlichen Schalter, der von einer jungen Dame besetzt war. „Es tut mir leid, Herr Kle..es?" „Einfach Daniel." „Es tut mir leid, Herr Daniel", ich grinste unauffällig, „aber seit gestern dürfen Deutsche in Estland kein Russlandvisum mehr beantragen. Keiner weiß warum, aber so lautet die Anordnung." Ich grinste mittlerweile auffällig, ließ die Willkür der Situation kurz auf mich wirken und richtete meinen Blick in Richtung der jungen Frau am Schalter. Sie starrte peinlich berührt auf ihre Formulare, als ich meine Frage stellte: „Politik?"

„Politik", antwortete sie, entschuldigte sich unzählige Male und beobachtete mich dabei, wie ich meinen Rucksack wieder auf meine Schultern hievte und die Botschaft verließ. Ich war noch nicht bereit aufzugeben und rief nach dem Verlassen des Gebäudes in der russischen Botschaft in Lettland an. „Entschuldigung, kann ich bei Ihnen als Deutscher noch ein Russlandvisum beantragen?", fragte ich die weibliche Stimme am Telefon. „Selbstverständlich", antwortete sie wie selbstverständlich.

So trampte ich also nach Riga, füllte neue Formulare aus und verabredete mich mit der dortigen Botschaft. Erneut war es eine junge Dame, die leider erneut keine guten Nachrichten für mich hatte: „Es tut mir leid, aber wir dürfen nur Touristenschreiben im Original akzeptieren." Da ich mir im Klaren darüber war, dass ich niemals einen Brief dieser nicht existenten Reiseagentur in meiner Hand halten würde, fragte ich durch die Blume, ob es nicht eventuell eine andere Möglichkeit gäbe. „Such einfach mal auf Google nach Touristenagenturen in Riga. Vielleicht kann dir dort jemand helfen. Das hier habe ich offiziell niemals gesagt." In den folgenden Stunden rief ich bei unzähligen

Agenturen an, besuchte einige davon persönlich und musste über die teils hirnrissigen Angebote lachen. „Das Ganze kostet dich 150 Euro und die Chance, dass dir das Visum gewährt wird, liegt bei ungefähr 50 Prozent", war das amüsanteste Angebot, auf das ich während meiner Suche stieß. Ich hätte es niemals für möglich gehalten, das Beantragen einer Reiseerlaubnis in den Kontext eines Spielcasinos zu setzen, aber ich fühlte mich wie an einem Roulette-Tisch. Da ich weder Schwarz noch Rot zu meinen Lieblingsfarben zählte, schloss ich innerlich bereits mit meinen nicht existenten Russlandplänen ab. Dennoch machte ich mich auf den Weg zu einem letzten Büro, das ich über die Internetsuche gefunden hatte. Ich zwang mich durch das enge Treppenhaus und endete im fünften Stock vor einer hölzernen Tür, an der ein weißes DIN-A4-Blatt mit dem aufgedruckten Namen der Reiseagentur hing. Ich schmunzelte und klopfte.

Im Inneren erwartete mich ein winziges Büro, zwei attraktive, blonde Russinnen und ein Chef, wie man ihn von einer derart dubiosen Agentur erwarten würde. Er musste bereits 60 Jahre alt sein, hatte eine braungebrannte Haut, trug ein rosafarbenes Ralph Lauren Polo-Shirt und schmückte seinen Hals mit einer goldenen Kette. „Wie die Chancen stehen?", erwiderte eine der Frauen überrascht auf meine Frage, „du bekommst das Visum zu 100 %." Ich hätte ihnen theoretisch die Frage anhand meiner Casinoexkursion erklären können, fasste mich jedoch kurz, übergab ihnen meinen Reisepass und akzeptierte ihr fragwürdiges Angebot samt einzig verfügbarer Zahlungsmethode: „Wir benötigen 100 Euro in bar."

Vier Tage später stand ich erneut in ihrem Büro und bekam mein Visum überreicht. „Benötige ich keine Reisepläne und Hotelbuchungen? Was soll ich denn sagen, wenn ich an der Grenze auf meine Buchungen angesprochen werde?", fragte ich die blonde Frau, als sie mir meinen Reisepass in die Hand drückte. „Mach dir keine Sorgen, sag einfach Hallo. Niemand wird dir Fragen stellen", sagte sie und verabschiedete sich, gefolgt von ihrem Chef, der mir, begleitet von einer gehässigen Lache, viel Spaß mit den russischen Frauen wünschte. An diesem Tag stieß ich mit Gunta, meiner Gastgeberin in Riga, auf mein erfolgreich ausgestelltes Russlandvisum an und aß zum fünften Mal in

Folge Lachs zu Abend. Weitere zwei Tage später wachte ich morgens unmittelbar neben der estnisch-russischen Grenze in meinem Zelt auf.

„Zdravstvuj", sagte ich zur Dame am Grenzschalter mit einer, wie ich später erfahren sollte, völlig falschen Betonung. In Anbetracht der für mich ungewöhnlichen Buchstabenfolge, die ich sonst nur von betrunkenen Textnachrichten oder einer über die Tastatur laufenden Katze kannte, nahm sie mir dies jedoch nicht übel. Mir wurden keine weiteren Fragen gestellt.

Die Problematik rund um mein russisches Visum kostete mich am Ende zwar zwei Wochen und brachte mich so dem bevorstehenden Winter unangenehm nahe, hatte aber auch ihr Gutes. Wäre ich nicht nach Riga getrampt, hätte ich das nahrhafteste Geschenk meines Lebens nie erhalten.

Sulzbach, 5. November 2019 – 21:38 Uhr

„Dies führt mich generell zu dem Thema Geschenke. Der Mann auf diesem Bild ist Kestutis. Er hatte mich in Litauen mitgenommen und mir anschließend eine seiner Apfelsaftfabriken gezeigt. Als er mich später absetzte, schenkte er mir einen 5-Liter-Kanister, gefüllt mit feinstem Apfelsaft. Meist bekam ich Kleinigkeiten, wie etwas zum Naschen, Taschentücher oder auch Getränke. Was auch immer meine Fahrer so in ihrem Auto finden konnten. Manchmal waren die Geschenke jedoch auch sehr absurd. In Georgien musste ich zum ersten Mal ein Geschenk ablehnen, als ein Bauarbeiter mir eine noch verpackte Arbeiteruniform schenken wollte. Knallorange mit Reflektionsstreifen." An dieser Stelle drehe ich mich um 143°, ziehe mein T-Shirt etwa 24 Zentimeter nach oben und offenbare so den Blick auf einen roten Nietengürtel, den ich an meinem Hosenbund trage. „Auch dieser modische Damengürtel war ein Geschenk einer meiner Mitfahrgelegenheiten. Ich habe sogar einmal Unterwäsche geschenkt bekommen. Herrenunterwäsche. Ungetragen. Die polnische Modedesignerin hatte nur eine Bedingung. Sie wollte in dieser Unterhose ein Bild von mir zu Werbezwecken machen. Als ich dabei zustimmte, wusste ich jedoch nicht, dass ich auf diesem Bild nur ihre Unterhose tragen durfte, auf der zudem der Schriftzug „protect your magic – schütze deine Magie" aufgedruckt war …

Aber das verrückteste Geschenk erhielt ich auf meinem Weg von Tallin nach Riga. Ein Mann aus Litauen, der in Norwegen als Fischer arbeitete, nahm mich mit und fragte mich im Laufe unserer dreistündigen Fahrt, ob ich denn gerne Lachs esse. Als ich seine Frage bejahte, bereitete er mich darauf vor, dass er mir in Riga etwas Lachs aus seinem Kofferraum überreichen wollte. Ich rechnete zu diesem Zeitpunkt mit einem Fischfilet und machte daher große Augen, als wir Riga erreichten und er mir einen vier Kilogramm schweren Lachsfisch in die Hände drückte. Wer von euch war schon mal in Riga?" Während die Zuschauer laut lachen, erheben sich mehrere Hände. „Stellt euch vor, ihr steht in der Altstadt von Riga, macht gerade Bilder von den dortigen Kirchen, und auf einmal laufe ich so an euch vorbei." Auf dem hinter meinem Rücken projizierten Foto bin ich mit dem meterlangen Fisch in meinen Händen zu sehen. Ich hatte den Fisch in eine Plastiktüte gepackt und trug ihn wie ein Baby zu meiner Gastgeberin Gunta. Es ist mir nicht möglich, die damaligen Blicke der Menschen zu beschreiben, aber ich würde sie am ehesten mit denen in Jordanien vergleichen. „Die Leute haben mich ähnlich seltsam angestarrt wie damals in Ma'an."

Russland, September 2018

Nachdem ich mich in Riga mehrere Tage lang an frischem Lachs laben konnte, musste ich meinen Nahrungsanspruch wieder um einige Stufen nach unten schrauben. Auf der Straße ernährte ich mich meist von Toastbrot mit Aufstrich, Obst und Konserven aus Dosen. Sobald ich einen Gastgeber gefunden hatte, kochte ich viel, um so meine unausgewogene Ernährung weitestgehend auszugleichen. Mein am häufigsten gekochtes Gericht war ein Kürbis-Mango-Curry, welches mich Martin auf meiner ersten Reise im pittoresken Neuseeland gelehrt hatte. Ich überzeugte viele meiner Gastgeber davon, dass es sich hierbei um ein typisch deutsches Gericht handelte und stieß auf meist positive Reaktionen. Als weniger anspruchsvolle Lieblingsmahlzeit griff ich mit fortlaufender Reisezeit immer öfter zu Haferbrei. Nicht nur, weil Haferbrei ein Anagramm von Beifahrer ist, sondern weil man es in jedem Land zu einem erschwinglichen Preis kaufen konnte, es einfach zuzubereiten war und bei ausreichender Menge für gefühlt 24 Stunden jegliches Hungergefühl unterdrückte. Darüber hinaus fanden auch eine Vielzahl weiterer Nahrungsmittel und mir bisher unbekannte Kombinationen durch das Reisen ihren Weg auf meine Speisekarte. Ich verlor mein Herz an Avocados, lernte Oliven lieben, entwickelte eine Passion für Erdnussbutter mit Marmelade und fand heraus, wie gut Nüsse mit Nutella schmecken können. Ich setzte mir zum Ziel, alle für mich unbekannten Speisen zumindest zu probieren. Zuerst war es jedoch an der Zeit, ein völlig anderes Ziel zu verfolgen und es schließlich in Russland zu erreichen.

Ich hatte, wie die meisten Menschen, verschiedene Ziele. Manche erreichte ich, an wiederum anderen bin ich gescheitert. Immanuel Kant war der Meinung, dass der ziellose Mensch sein Schicksal erleidet, wohingegen der zielbewusste Mensch es gestaltet. Im Gegensatz hierzu erheben sich zur heutigen Zeit, in der viele Menschen nach Perfektionismus streben, auch immer häufiger kritische Stimmen, die von einem Leben ohne Ziele predigen. So soll man sich von dem Selbstdruck befreien. Ich würde letztere Philosophie nicht nur als unsinnig bezeichnen, sondern hatte in meinem Leben bereits unzählige, meist sehr konträre und vergängliche Ziele. Mein damaliges Ziel war eine Zahl, mit der die meisten Menschen abseits vom Erdkundeunterricht in der Schule womöglich noch nie in Kontakt getreten waren: 40 075. Meine Glückszahl war die 7, meine Lieblingszahl die 12, die Zahl, die mir meist spontan einfällt, die 143, und mein Ziel die 40 075. Eine Zahl, die ich mir wenige Wochen vor meiner finalen Reiseetappe auf meine rechte Handaußenfläche tätowieren ließ.

Diese Zahl stellte für mich nicht nur ein Ziel dar, sondern war vielmehr ein Meilenstein und ein Beweis – dafür, dass etwas, das ich früher niemals für möglich gehalten hatte, tatsächlich möglich war. Ich erreichte es in einem bequemen, angenehm gefederten Beifahrersitz eines mit Tomaten beladenen Lastwagens auf der Strecke von Sankt Petersburg nach Moskau. Ich passierte die 40.075-Kilometer-Marke und hatte so per Anhalter kilometermäßig einmal unsere Erde umrundet. Verständlicherweise stellte dies für mich einen Grund zum Feiern dar, und ich wollte den Grund hierfür unbedingt mit meinem gleichaltrigen Fahrer teilen. Der junge Mann sprach jedoch, wie sämtliche meiner russischen Mitfahrgelegenheiten, kein einziges Wort Englisch. Daher fragte ich eine Freundin, ob sie mir eine Sprachnachricht auf Russisch aufnehmen könnte. Nachdem ich ihm an einer der Raststätten für etwa eine Minute mein Handy ans Ohr gehalten hatte, sah er mich mit einem verblüfften Blick an. Er gratulierte mir in einer verständlicherweise unverständlichen Weise und schüttelte lächelnd seinen Kopf. Während ich mein persönliches Ziel bereits auf halber Strecke erreicht hatte, erreichten wir unser gemeinsames einige Stunden später, als er mich in der Hauptstadt Russlands absetzte.

Am Tag danach saß ich für mehrere Stunden vor der Basilius-Kathedrale und konnte mir somit einen Kindheitstraum erfüllen. Ich starrte auf die neun unterschiedlich gestalteten Kuppeln. Auf ihre verschiedenen Farben und Formen. Manche erinnerten mich an Weihnachtsbaumschmuck, andere an Softeis und manche konnte ich mit nichts zuvor Gesehenem vergleichen. Die Sonne ließ die goldenen Spitzen der Kuppeln hell strahlen und hüllte die aus roten Backsteinen gebaute Kathedrale in einen kupferbraunen Farbton. Ich dachte viel über meine bisherige Reise nach. Mir wurde bewusst, wie weit ich in den letzten zwei Jahren gekommen war, und meine Gedanken bezogen sich hierbei auf mehr als nur die bloße Distanz. Ich hatte mir auf dem Weg nach Moskau ein weiteres meiner langersehnten Ziele erfüllt. Ich konnte bezeugen, dass die eindrucksvolle Kathedrale auf dem Roten Platz genauso imposant, genauso farbenfroh und genauso wunderschön war, wie ich es mir immer erträumt hatte. Der Unterschied zwischen Zielen und Träumen liegt per Definition darin, dass Träume eher unrealistischer Natur sind. Dank meiner Reise hatte ich gelernt, diese beiden Wörter als Synonyme zu verwenden.

„Nachdem ich Moskau verließ, führte mich meine Reise durch Sibirien beziehungsweise einen Teil von Sibirien. Ich wusste, dass Russland riesig ist, aber in der Realität war es ungefähr sieben Mal größer als *riesig*. Hier hatte ich die längste Mitfahrgelegenheit meines Lebens. Ein LKW-Fahrer brachte mich in zwei Tagen insgesamt 2.000 Kilometer durch einen kleinen Teil Sibiriens. Ich weiß nicht, wie ihr euch Sibirien vorstellt, aber ich dachte, es wird wild, aufregend und abenteuerlich. Nun ja, ich habe unsere Fahrt sporadisch mitgefilmt, um euch einen kleinen Eindruck zu geben. Achtet auch bitte auf die Musik, die im russischen Radio während unserer Fahrt gespielt wurde." Es folgt ein einminütiges Video, auf dem schlecht gefilmte, aneinandergereihte Handyaufnahmen zu sehen sind. Das Video zeigt, wie trist und kahl die Landschaften auf unserer Fahrt waren und gibt außerdem eine Idee davon, welch lustige Musik im russischen Radio läuft: Ein russisches Pendant zu *Modern Talking, Life is Life* (hardcore techno version), Fahrstuhlmusik und die *Spice Girls*. Das deutsche Duo von Modern Talking ist übrigens in Russland nach wie vor sehr erfolgreich. Es verging kein Tag, an dem ich im Radio nicht Geschichten über Bruder Louis oder Kirschen-Kirschen-Ladies lauschen durfte. Und da mich und *Modern Talking* eine gemeinsame Heimat verbindet, sorgten meine Fahrer dafür, dass ich die musikalischen Darbietungen von Thomas und Dieter stets in maximaler Lautstärke genießen durfte. Interessanterweise ist auch der Mo-Do Klassiker *Eins zwei Polizei* ungemein populär. Dies führt dazu, dass viele Russen wichtige deutsche Wörter wie *Grenadier, Gute Nacht* und *Sechs* kennen.

Nach dem Video wechsle ich zu einem Bild, auf dem mein Fahrer aus einem denkbar ungünstigen Winkel versehentlich ein Selfie gemacht hatte und mit grimmigem Blick sein Doppelkinn präsentiert. „Stellt euch vor, ihr sitzt neben diesem jungen Mann, der seit 24 Stunden nicht geschlafen hat, kaum noch die Spur halten kann, eine Pause kategorisch ablehnt und auf einmal laufen die Spice Girls im Radio:

‚Yo, I'll tell you what I want, what I really, really want
So tell me what you want, what you really, really want.'

Wäre ich gläubig gewesen, hätte ich ein Stoßgebet gesprochen. Falls ihr euch übrigens wundert, wie dieses Bild hier entstanden ist: Ich hatte meinem Fahrer das Handy gereicht und er wollte den Google-Übersetzer während unserer Fahrt nutzen. Ich habe nicht den blassesten Schimmer, wie er es geschafft hat, aber er hat irgendwie dieses Bild von sich selbst aufgenommen, das ich erst einige Tage später auf meinem Handy entdeckt hatte. Auch hier als kleiner Tipp für euch: Reicht eurem Fahrer bitte niemals während der Fahrt euer Handy. Alles andere gleicht einem Todeswunsch. Mein nächster Halt war das Altai-Gebirge. Als ich dort ankam, war ich glücklich, den langen Weg auf mich genommen zu haben."

Russland, Oktober 2018

„Du solltest dich glücklich schätzen", sagte der kahle Mann, als er mich im russischen Teil des Altai-Gebirges absetzte, „derartige Herbstfarben gibt es nur an sehr wenigen Tagen." Und er hatte Recht. Ich hatte in meinem Leben noch nie ein derart atemberaubendes Zusammenspiel von verschiedenen Herbsttönen gesehen. Die Flüsse leuchteten türkis, goldene Blätter bedeckten nicht nur die strahlenden Bäume, sondern auch große Teile des Bodens – und im Hintergrund taten sich die majestätischen Gipfel des Altai-Gebirges auf. Es sah aus wie das Buchcover eines Reisebuches. So, als hätte sich Ryan Gosling in eine Landschaft verwandelt. Es war so unfassbar schön, dass ich eine meiner Mitfahrgelegenheiten sogar aufforderte, mich frühzeitig abzusetzen, da ich den perfekten Zeltplatz am Rande eines Flusses gesehen hatte. Ich saß in dieser Nacht noch lange auf den immer kälter werdenden Steinen und lauschte sowohl dem reißenden Fluss, als auch den Klängen meiner Musikbox. Als ich irgendwann in meinen warmen Schlafsack verschwand, fiel ich unmittelbar in einen tiefen Schlaf und wurde einige Stunden später ebenso abrupt geweckt, als ich neben meinem Zelt laute Geräusche hörte. Ich erinnerte mich schlagartig daran, dass ich mich in einem Bärengebiet befand und – für mich typisch – nicht die nötigen Sicherheitsvorkehrungen getroffen hatte. Meine ausgelöffelte Makrelendose stand unmittelbar neben meinen Füßen.

Damals in Albanien waren es Straßenhunde, die mein Zelt umkreisten – und glücklicherweise ohne anzugreifen wieder davon abließen. Vor noch längerer Zeit, während meiner ersten Reise in Neuseeland, war es kein Tier, sondern ein Mensch, der um mein Zelt schlich – und wegen dem mein damals noch gläubiges *Ich* seinen Frieden mit Gott geschlossen hatte.

Neuseeland, Januar 2015

Eine meiner Mitfahrgelegenheiten namens John erzählte mir von seiner Farm und den 4.000 Hektar Land, die diese umgaben. Er erzählte mir von seinen Tausenden Schafen, die er dort mit Hilfe seiner Hunde über die Weiden trieb und von der Idylle dieses Ortes. Er gehörte der indigenen Bevölkerung Neuseelands an und bezeichnete sich selbst als Maori. Der Umfang seiner Oberarme glich dem meiner Oberschenkel. John trug stets einen mit Gravuren verzierten Holzstock bei sich, der ihn und meinen Beifahrersitz voneinander trennten. „Ich wollte zwar eigentlich zu einer Höhle in Waitomo, aber hättest du Lust, mich zu dir nach Hause mitzunehmen? Ich könnte dir beim Arbeiten helfen und in meinem Zelt übernachten." John stimmte erfreut zu und hielt den Wagen wenige Kilometer vor seiner Wohnung neben einem malerischen Fluss an. Seine traditionellen geometrischen Tattoos erinnerten mich an *Dwayne „The Rock" Johnson* und auch Johns Statur stand der des ehemaligen Wrestlers in nichts nach. „Hier kannst du heute dein Zelt aufschlagen. Mach es dir gemütlich, sammle etwas Holz, und ich bin in zwei Stunden bei dir." Nachdem ich seine Anweisungen befolgt hatte, näherten sich wie versprochen im Anbruch der Dämmerung seine Scheinwerferlichter, erloschen kurze Zeit später wenige Meter vor mir und John nahm neben meinem lodernden Lagerfeuer Platz. Es dauerte nicht lange, bis er eines seiner kleinen Geheimnisse mit mir teilte: „Das sind gute Tulpen. Ich baue sie selbst an. In dieser Gegend gibt es keine Polizei", offenbarte er lachend. Wir rauchten gemeinsam, tauschten Geschichten aus und schlussendlich merkte ich, wie eigentlich nur noch John redete. Seine Stimme wurde in meinen Ohren immer tiefer und langsamer, wodurch er wie ein alter Krieger wirkte, der in einer lauen Sommernacht Geschichten seiner vergangenen Heldentaten erzählte. Ich war mir nicht sicher, ob der Tulpenstaub meine Auffassungsgabe beeinträchtigte oder ob John tatsächlich die Art, in der er redete, veränderte. Vielleicht war es auch beides. Jedenfalls wirkte John mit zunehmender Gesprächsdauer immer bedrohlicher. Obwohl ich versuchte, diesen Gedanken als Tulpenparanoia zu verdrängen, entschloss ich mich dazu, frühzeitig mein Zelt aufzusuchen. Wir verabschiedeten uns und ich strauchelte in Richtung der kleinen Wiese, in der ich Stunden zuvor meine Zeltheringe befestigt hatte. Als ich in die Horizontale wechselte, wurde mir bewusst, wie sehr sich alles um mich drehte. Durch meine dünnen Zeltwände konnte ich beobachten, wie John die Scheinwerfer seines Autos einschaltete, wendete und in Richtung seiner Wohnung fuhr. Obwohl ich mir einbildete, Schritte und Geräusche rund um mein Zelt zu hören, konnte ich langsam zur Ruhe kommen. Doch plötzlich kehrten die Lichter zurück. Eine Viertelstunde später näherten sich erneut die strahlend gelben Augen seines Transporters.

Ich lag in meinem Zelt und verspürte Angst, die ich nunmehr nicht weiter als Paranoia abtun konnte. Warum kam er zurück? Niemand, mich selbst eingeschlossen, wusste, wo ich war, und mein Handy hatte sich schon längst von etwaigen Funknetzen verabschiedet. Die Scheinwerfer stoppten wieder neben dem Fluss, erloschen diesmal jedoch nicht. Ich hörte erneut Schritte um mein Zelt, war jedoch starr vor Angst und traute mich nicht, es zu verlassen. Ein Teil von mir war sich sicher, dass ich an diesem Abend sterben würde. Es folgten die längsten zehn Minuten meines Lebens. Minuten, in denen ich mir verschiedene Szenarien vorstellte, von denen die wenigsten ein glimpfliches Ende nahmen. Dünne Äste zerbrachen, Grashalme wurden bewegt, Schattenkonturen ließen sich auf meiner Zeltplane erahnen und auf einmal hörte ich einen lauten Knall.

John schlug seine Fahrzeugtür zu und die Scheinwerfer seines Autos verschwanden wieder in der Ferne. Ich habe nie erfahren, was in dieser Nacht geschehen war.

Am nächsten Abend rauchten wir erneut gemeinsam, dieses Mal jedoch in seiner Wohnung. Ich war mir nicht ganz sicher, ob ich große Teile des vorherigen Abends nur halluziniert hatte, aber bezüglich der Lichter hatte ich keine Zweifel. Er kam definitiv zurück zum Fluss. Ich hatte ihn niemals nach dem Grund hierfür gefragt. Stattdessen erzählten wir erneut Geschichten, bis ich schließlich irgendwann merkte, wie eigentlich nur noch John redete. Seine Stimme wurde in meinen Ohren immer tiefer und langsamer, wodurch er abermals wie ein alter Krieger wirkte, der in einer lauen Sommernacht Geschichten seiner vergangenen Heldentaten erzählte.

Vielleicht hatte John schlicht seinen Haustürschlüssel oder sein Feuerzeug am Lagerfeuer verloren.

Russland, Oktober 2018

Während ich gemeinsam mit den ersten Sonnenstrahlen mein Zelt im Altai verließ, traf ich auf zwei Tiere, die unmittelbar neben meinem Schlafplatz Wasser aus dem Fluss tranken. Ich schmunzelte, als ich erkannte, dass es sich bei meinen Bären in Wirklichkeit um Wildpferde gehandelt hatte. Nachdem ich mein Zelt zusammengepackt hatte, stand ich routiniert an der Straße und wurde kurz darauf von einem LKW-Fahrer mitgenommen. Er war auf dem Weg in die 100 Kilometer entfernte Mongolei und bot mir an, mich zu meinem Etappenziel zu bringen, als ich ihm von meinen Reiseplänen berichtet hatte. Nun war ich meinem Ziel zum Greifen nah. Ich war ihm so nah und doch so fern. Statt seine Einladung anzunehmen, folgte ich meinem Bauchgefühl und ließ mich einige Kilometer vor der Grenze absetzen. Hier besuchte ich eines der kleinen Dörfer am Straßenrand, um mich mit neuen Essens- und Zigarettenrationen einzudecken. Bis auf einen kleinen Laden war alles geschlossen, und ich konnte interessanterweise weit und breit keinen anderen Reisenden ausmachen. Mein damaliges Gefühl würde ich nicht als *überrascht* bezeichnen, da dies suggerieren würde, dass ich mich vorher informiert hätte. Es war idyllisch.

Ich schloss den Bauchgurt meines Rucksacks, verabschiedete mich von der Verkäuferin, die sich über meinen Besuch sichtlich amüsierte und wanderte verloren durch das verlassen wirkende Dorf. Nachdem mir eine Gruppe von jungen Kindern den Weg zu einem der Hügel gewiesen hatte, erreichte ich wenige Stunden später nach einer schweißtreibenden Wanderung dessen höchsten Punkt. Ich breitete meine blau-rot gestreifte Decke, die ich nachts in ein Kopfkissen umfunktionieren konnte, auf dem staubigen Boden aus. Zusätzlich entfachte ich das erste, erfolgreiche Lagerfeuer dieser Reise und starrte in Richtung der schneebedeckten Gipfel. Ich war meinem Ziel so nah und doch so fern. Es war eines der schönsten Panoramen, vor denen ich mein Zelt jemals aufbauen durfte. Ich fühlte mich glücklich und frei, aber dennoch fühlte sich ein ebenso großer Teil von mir einsam und alleine. Man sagt, dass man wahres Glück nur erfährt, wenn man es mit jemandem teilt. Diese oft zitierte Lebensfloskel klang noch nie so wahr wie an diesem Abend. Ich war müde. Nicht nur physisch, da ich laut meinem Handyzähler in den letzten drei Monaten pro Tag im Durchschnitt zwölf Kilometer gelaufen war, sondern vor allem psychisch. Die ständigen Abschiede, die Abwesenheit enger Freunde, die gelegentlich präsente Frage nach dem Sinn oder Unsinn meiner Reise und die jedes Mal scheiternden Versuche, Alice erneut zu treffen. All diese Emotionen wurden durch die Tatsache, dass ich seit einer Woche auf Grund von Sprachbarrieren mit keiner einzigen Person ein Gespräch führen konnte, zusätzlich bestärkt. Ich war müde und fragte mich, ob es an der Zeit war, heimzukehren. Einige Zigaretten später löschte ich die Glut meiner Feuerstelle mit Wasser, zog den Reißverschluss meines orangefarbenen Schlafsacks zu und schlief ein.

Ich weiß nicht, warum ich die Möglichkeit, in die Mongolei zu fahren, nicht ergriffen hatte. Ich hätte mein Ziel erreichen und meine Reise kurze Zeit später beenden können. Lag vielleicht genau hierin das Problem? Womöglich gab es einen Teil in mir, der Angst vor dem Zurückkehren hatte, da eine Rückkehr nicht nur kräftige Umarmungen, sondern auch eine Rückkehr in die Realität darstellte. Es bedeutete, eine Entscheidung treffen zu müssen. Ich hätte entscheiden müssen, in welche Richtung ich mein Leben lenken würde. Als Beifahrer hatte ich jedoch Gefallen daran gefunden, andere für mich lenken zu lassen. Und wenn ich ganz ehrlich zu mir war, machte mir der Gedanke einer bevorstehenden Entscheidung Angst. Ich war noch nicht bereit zum Heimkehren, noch nicht bereit dafür, eine Entscheidung zu treffen. Ich war noch nicht müde genug.

Am nächsten Morgen wanderte ich zurück an die Straße und trampte in die Richtung, aus der ich gekommen war. Meine neuen Pläne sahen es vor, meinen Mongoleiaufenthalt nach hinten zu verschieben und stattdessen Zentralasien zu erkunden. Als eine meiner letzten russischen Mitfahrgelegenheiten stieg ich zu Farid ins Auto. Der 50-jährige, kahlrasierte Mann stellte in Bezug auf die in Russland vorherrschende Sprachproblematik keine Ausnahme dar. Er versuchte, diesem Umstand durch ein Telefonat mit seinem Sohn abzuhelfen. „Mein Vater will dich einladen. Er hat ein Haus in der Nähe und will etwas mit dir unternehmen. Einer seiner Angestellten wird dich dann morgen wieder an der Straße absetzen", erklärte Farids Sohn mir am Telefon. Obwohl ich seine Informationen als sehr vage bezeichnet hätte, nahm ich die Einladung an. Wie hätte ich bei meinen bisherigen Erfahrungen jemals eine Einladung ablehnen können?

Gemeinsam mit einem von Farids Freunden fuhren wir zu einem abgelegenen Flussufer, zogen Gummistiefel an und versuchten, uns ein Abendessen zu fischen. Obwohl unsere Versuche kläglich scheiterten, konnten wir – dank Farids vorbildlicher Vorbereitung – im Sonnenuntergang an seinem Kofferraum gemeinsam zu Abend essen. Er hatte anscheinend wenig Vertrauen in unsere Angelkünste gehabt und vorsorglich Essen gekauft. Obwohl wir keine gemeinsame Sprache sprachen, hatten wir viel Spaß. Farids Freund kannte zwar ein paar deutsche Wörter – um genau zu sein, kannte er nur *ein* Paar: Polizei und Schwein – aber wir konnten nicht wirklich miteinander kommunizieren. Wie man es erwarten würde, konnte ich mittlerweile mit Händen und Füßen recht gut grundlegende Bedürfnisse ausdrücken. Die Spieleabende mit meinen

Freunden, bei denen wir *Scharade* spielten und dabei Wörter wie „Sonnen-blumenöl" oder „Intimpiercing" mit Pantomime erklärten, hatten mich bestens vorbereitet. Ich konnte Hunger, Durst, Müdigkeit und Harndrang ausdrücken. Außerdem wusste ich, wie man sowohl Grenzen aufzeigt, als auch verdeutlicht, dass man zu ihnen trampen will. Aber es war anstrengend. Und leider hatten derartige Unterhaltungen nie die Tiefe eines normalen Gespräches. Und dieser Umstand frustrierte mich. Ich hätte zu gerne gewusst, warum mich ein LKW-Fahrer 2.000 Kilometer neben sich sitzen ließ oder warum Farid mich zum Angeln eingeladen hatte. Ich hätte zu gerne mehr über das Leben dieser und vieler anderer Personen, die mir geholfen haben, erfahren. Aber ich konnte es nicht und mir blieb nichts anderes übrig, als mich damit abzufinden.

Während ich dafür sorgte, dass unser Lagerfeuer nicht frühzeitig erlosch, hielt mir Farid sein Handy vor das Gesicht und zeigte mir eine Google-Über-setzung, mit der er seine weiteren Abendpläne mit mir teilen wollte: „Ich bringe dich gleich zu einem Haus, in dem sich eine schöne Frau gut um dich kümmern wird. Morgen früh um neun komme ich dich wieder abholen." Ich versuchte gar nicht erst, den Inhalt dieser Nachricht mit weiteren Handyüber-setzungen zu hinterfragen, sondern nickte zustimmend. Früher hätte an dieser Stelle wohl einer meiner Tagträume begonnen, der ein Freudenhaus mit nackten, rot beleuchteten Statuen, eine attraktive Frau und ein geheimes Kellersystem beinhaltet hätte. In diesem Keller hätten Menschen vermutlich ihre Organe geraubt bekommen und wiederum andere hätten diese an russische Gangster verkauft. Mittlerweile existierten diese Tagträume wesent-lich seltener, als zu Beginn meiner Reise. Ich hatte mich damit abgefunden, dass die Realität meinen Fantasieszenarien oft in nichts nachstand und sie somit überflüssig machten.

Als wir vor dem Haus meiner arrangierten Übernachtungsmöglichkeit an-hielten, verließ ich Farids Auto und schmunzelte beim Anblick des Gebäudes, während mir insgeheim das Herz in die Hose rutschte. Der Garten, der mich vom Eingang des Hauses trennte, war mit unzähligen, pink leuchtenden Lichterketten geschmückt. Am Rande des mit Steinen gefüllten Eingangsweges standen mehrere nackte Statuen, die wiederum mit roten Lampen bestrahlt wurden. Hatte Farid mich tatsächlich zu einem Freudenhaus gebracht? Ich konnte ihn nicht fragen, verabschiedete mich stattdessen und betrat das Haus durch eine riesige Holztür.

Eine ältere Dame geleitete mich in eines der Schlafzimmer, neben dessen Bett bereits eine noch ungeöffnete Packung *5-Minuten-Terrine* auf mich wartete. Als sie mir erklärte, wie ich meine Zimmertür von innen verschließen konnte, fand ich mich damit ab, dass ich an diesem Abend wohl keinen Frauenbesuch mehr zu erwarten hatte. Ich stellte beruhigt meinen Reisebegleiter ab und versuchte, die Packungsinstruktionen zu entschlüsseln. Zu meiner Freude sahen zumindest die Zahlen in Russland genauso aus wie in Deutschland. Ich kochte eine geringe Menge Wasser auf und machte es mir auf einem der beiden Einzelbetten gemütlich.

Einige Zeit später wurde ich von einem lauten Geräusch aufgeschreckt. Ich verließ mein Bett, sperrte die Zimmertür auf und suchte nach dessen Ursprung. Es war eine Suche, die mich, nach einem erneuten Geräusch, in den Keller des Hauses führte. Ich tastete mich schlaftrunken mit meiner rechten Hand am kalten Holz des Treppengeländers die steilen Stufen hinab und trat durch eine angelehnte Gittertür. Irgendjemand hatte ihr Schloss bereits vor mir geöffnet. Ich betrat ein Kellergewölbe, das mich an den Schutzbunker damals in Schweden erinnerte. An den verschiedenen Seiten des Raumes waren dicke Stahltüren angebracht, durch deren briefschlitzähnliche Öffnungen warmes Licht in das Gewölbe fiel. Ich musste in einem alten Verlies gelandet sein. Langsam bewegten sich meine Schritte in Richtung der ersten Tür, aus deren Schlitz ich ein leises Murmeln vernehmen konnte. Als ich mich vor sie kniete, konnte ich durch die Öffnung in das Innere der Zelle blicken und sah mein *Studenten-Ich* mit einem meiner besten Universitätsfreunde auf zwei Barhockern sitzen. Sie stützten sich auf dem Tresen des *Zack Zack*, unserer liebsten Bahnhofskneipe in Kaiserslautern. Die beiden saßen mit dem Rücken zu mir und unterhielten sich sichtlich angetrunken miteinander. „Eines kann ich dir versprechen. Ich werde Laura heiraten", sagte mein Freund, „und ich werde dich zum Trauzeugen machen.

Ich bin unglaublich froh, dich kennengelernt zu haben." Als Lukas anschließend mein damaliges Ich umarmte und mit ihm auf die Zukunft anstieß, bemerkte er mich in der Türöffnung. Er drehte seinen Kopf langsam in meine Richtung und schaute mich enttäuscht an. „Warum bist du damals gegangen? Warum hast du deine Reise für unsere Hochzeit nicht auch unterbrochen?" Ich strauchelte erschrocken zurück, landete auf dem kalten Steinboden und entfernte mich kriechend von der Tür. „Es tut mir le-leid", stotterte ich, „ich musste gehen." Kurz darauf schloss sich ein metallener Riegel und versperrte so den vorher offenen Türschlitz. Durch die erloschene Lichtquelle wurde der Raum etwas dunkler.

Ich stemmte mich erneut auf die Beine, rang nach Fassung und stand von Neugierde getrieben vor der nächsten Tür. Hinter ihr erblickte ich Siles Mutter. Sie war dabei, meine Kleider zu bügeln und sie anschließend sorgfältig zusammenzulegen. „Dank nicht mir, sondern Gott", wiederholte sie beharrlich. „Ich hoffe, dass du Gott gefunden hast", flüsterte ich, wischte mir eine Träne aus dem Auge und fokussierte mich auf die nächste Tür.

Hinter ihr befand sich unser Wintergarten, in dem meine schwarzhaarige Ex-Freundin saß. „Weißt du, wie schlecht es mir damals wegen dir ging?", sagte Luisa, „du wusstest, dass ich nicht die Kraft hatte, die Beziehung zu beenden. Du hättest es tun müssen, anstatt durch Afrika zu trampen und mich hier in Deutschland mit meinen Problemen alleine zu lassen. Weißt du, wie scheiße ich mich damals gefühlt habe?"

Meine Neugierde wich dem Drang, das Verlies schnellstmöglich zu verlassen. Als ich meinen Blick und meine Schritte in Richtung der Eingangstür richtete, erblickte ich plötzlich die schemenhafte Silhouette eines älteren Mannes. Es war der schwedische Hotelier Bengtake, der die Tür hinter sich zugezogen hatte und mir mit einem Bund voller Schlüssel zuwinkte. „Ich komme dich morgen früh um neun Uhr abholen. Und nimm mir es bitte nicht übel, falls ich ein klein wenig Verspätung haben sollte. Ich treffe mich heute zum Abendessen noch mit meinem Freund Gaddafi. Ich koche mein köstliches Pilzragout. Bis dahin solltest du dir anschauen, wer oder was dich hinter den übrigen Zellentüren erwartet", erklärte der Schwede und spurtete die steile Kellertreppe nach oben. Mit einem unguten Gefühl schleppte ich mich zur nächsten Tür, öffnete ihren Schlitz und erblickte Alice, die in einem Raum voller Reisebilder stand und mir tief in die Augen sah. „Es war schön, dein Abenteuer zu begleiten, aber hast du wirklich daran geglaubt, dass wir eine gemeinsame Zukunft haben? Sei nicht so naiv, wir hatten eine tolle Zeit, aber du solltest endlich loslassen", sagte die überzeugt wirkende Taiwanesin, „falls ich mich zwischen unserem gemeinsamen Traum und meiner Karriere entscheiden müsste, würde ich letztere wählen."

Hinter der vorletzten Tür befand sich mein damaliges Büro. Es hatte sich nichts geändert. Auf der rechten Seite stand ein schwarzes Telefon, dessen Kurzwahltasten ich provisorisch mit einem Filzstift beschriftet hatte, und auf der linken Hälfte türmten sich Aktenhaufen voller ungeprüfter Rechnungen. Plötzlich drehte sich der Schreibtischstuhl und ich sah in mein eigenes Gesicht. Nachdem ich für den Bruchteil einer Sekunde meine missliche Lage vergaß und mich über meine untätowierten Arme amüsierte, begann mein damaliges Ich mit mir zu sprechen. „Wohin soll das, was du gerade machst, eigentlich führen? Wer wird wohl später für dich sorgen, wenn du alt bist? Etwa deine Kinder, die du um die Möglichkeit bringen willst, im deutschen Luxus aufzuwachsen? Hast du Angst, dich deiner Realität zu stellen? Und hast du überhaupt die leiseste Ahnung davon, wie schwer es für deine Familie ist, dir jedes Mal beim Abreisen hinterherzuwinken? Sei ehrlich, denkst du wirklich, dass diese Reise einen Sinn hat?" „Hör auf!", schrie ich und schloss den Türschlitz mit einem lauten Knall. „Hör auf", wiederholte ich flüsternd und begab mich mit gesenktem Kopf zur letzten Tür des Raumes.

„Hey Kumpel! Keine Sorge, ich bin keine deiner unterbewussten Schuldgefühle", sagte meine damalige Reisebegleitung aus Liverpool, während sie akribisch die digitale Uhr eines silbernen Backofens im Blick hatte. „Daniel! Was zur Hölle machst du hier unten?", fragte ich. „Nun, um ehrlich zu sein, mache ich meinen Dosenfisch gerade hier im Backofen warm, weil ich verdammt hungrig bin. Du kannst dir nicht vorstellen, wie gut das Zeug warm schmeckt! Ich würde dich ja auf eine nostalgische Mahlzeit einladen, aber dein

Wecker sollte ähnlich zeitnah wie der meines Ofens klingeln. Und zwar in genau drei, zwei, eins."

Mein Handywecker klingelte und weckte mich unsanft aus meinen Träumen. Ich war eine Person, die sich sehr selten an seine Träume erinnerte. Bei den wenigen Ausnahmen handelte es sich meist um absolut absurde Szenarien, in denen oft Dinosaurier eine Rolle spielten. Irgendwie hatte ich das Gefühl, in der letzten Nacht von Daniel geträumt zu haben. Anscheinend hatte der blonde Engländer einen bleibenden Eindruck hinterlassen. Ich schmunzelte, nahm eine Dusche, packte meinen Rucksack und wartete auf Farid, der mich im Gegensatz zu Bengtake pünktlich auf die Minute abholte.

Bevor sich Farid von mir verabschiedete und mich an einer Straßenkreuzung absetzte, überreichte er mir zwei Geschenke. Er gab mir eine Flasche Cognac und 14 Päckchen russischer Zigaretten. Drei Mitfahrgelegenheiten später überquerte ich zu Fuß die südliche Grenze zu Kasachstan. Als mich der russische Grenzbeamte dazu aufforderte, meinen Rucksack zu öffnen, sprangen ihm die zahlreichen losen Zigarettenpäckchen förmlich ins Gesicht. „Was ist das?", fragte er mit ernstem Blick. Mir war bewusst, dass es sich bei der Anzahl der Zigaretten um eine Überschreitung der legalen Einfuhrmenge handelte. Gleichzeitig wusste ich jedoch auch, dass Zigaretten in Russland dreimal so teuer waren wie in Kasachstan und es daher keinerlei Sinn machen würde, Tabakware in diese Richtung zu schmuggeln. Ich setzte ein dezentes Grinsen auf: „Ich bin wahrscheinlich der erste Mensch, der Zigaretten von Russland nach Kasachstan schmuggelt, oder?", fragte ich und hoffte, dass er sowohl mein Englisch, als auch meinen Humor verstand. „Ja, bist du", antwortete er kopfschüttelnd und wünschte mir eine gute Reise.

Sulzbach, 5. November 2019 – 21:48 Uhr

„Dies war das zweite Mal, dass ich auf meiner Reise schmuggelte. Das erste Mal tat ich dies von Albanien nach Griechenland. Auch hier handelte es sich um eine unerlaubte Tabakmenge. Aber ehrlich, bei einem Kilopreis von zehn Euro für Drehtabak, konnte ich nicht widerstehen. Im schlimmsten Fall hätte ich den Tabak einem der Grenzbeamten schenken können." Es folgt ein mehr oder weniger seriöser Ratschlag, wie man als Deutscher Dinge über Grenzen schmuggeln kann. Obwohl meine Empfehlung nicht ganz ernst gemeint ist, bedeutet dies jedoch keineswegs, dass ich es damals in Albanien nicht genauso getan hatte. „Der Grenzbeamte in Albanien forderte mich dazu auf, meinen Rucksack auf einem der fahrbaren Silbertische abzulegen. Bevor er ihn jedoch durchsuchte, stellte er mir eine Frage, die immer gestellt wird. Entweder wird man gefragt, woher man kommt, oder es wird nach dem Reisepass verlangt, was insgeheim denselben Zweck erfüllen soll. Und sobald der Beamte das Wort Deutschland oder irgendetwas, das mit *Ger* beginnt, sagt, beginnt mein Trick. Alles, was ihr als Deutscher zum Schmuggeln braucht, ist …", es folgt eine kurze Pause, um die Spannung etwas zu erhöhen, „… Fußball. Ich weiß, ich weiß. Jetzt schütteln hier einige von euch, die wenig bis gar nicht fußballaffin sind, ihren Kopf. Aber keine Sorge, Ihr braucht nur drei Wörter. Heute bekommt ihr von mir das offizielle *Fußballvokabular, um etwas über die Grenze zu schmuggeln.* Ihr braucht die folgenden Wörter: *Bayern München* oder *Bayern Munich, Miroslav Klose* und *Oliver Kahn.* Sobald der Grenzbeamte Deutschland oder GER – oder Ähnliches sagt, antwortest du mit *Fußball.* Hierauf folgt ein langgezogenes ‚ooohh', womit das Schauspiel beginnt. Anschließend wirfst du *Bayern Munich* ein, worauf ein noch längeres ‚ooooohhhhh' folgt – und unmittelbar danach fährst du mit *Miroslav Klose* fort. ‚Oooooohhhhhh'. Den Deal besiegelst du abschließend mit *Oliver Kahn* und bei einem gefühlt minutenlangen ‚Oooooooooooooohhhhhhhhh' nehmen du und der Grenzbeamte sich freundschaftlich in den Arm. Mein Rucksack wurde anschließend wieder geschlossen und mein neuer Freund wünschte mir eine angenehme Weiterreise. So einfach ist das. Alternativ könnt ihr auch die schlauste aller Varianten wählen und einfach nicht schmuggeln."

Auf meiner Reise waren die meisten Ordnungshüter mir gegenüber nett und sogar hilfsbereit eingestellt. Die einzige Ausnahme stellte Italien dar. Hier sabotierten die Polizisten meine Trampversuche, um anschließend selbst, zwar ohne ihren Daumen, dafür aber mit einer versteckten Fotokamera, Leute anzuhalten. In Kasachstan sorgten sie bei meiner ersten Mitfahrgelegenheit für eine leicht verspätete Ankunft in der Hauptstadt Astana*.

Mein Fahrer wurde insgesamt viermal wegen überhöhter Geschwindigkeit angehalten und jedes Mal mit einem Bußgeld bestraft. „Heute ist ein richtiger Scheißtag", sagte der junge Kasache, nachdem er zum vierten Mal gerechtfertigter Weise wegen blauen Lichtern seine Fahrt unterbrechen musste. Jedes Mal legte er einen Geldschein in seine Fahrzeugpapiere und reichte diese aus dem geöffneten Autofenster.

Astana war eine der wenigen Städte, in denen ich von meinem in Polen gekauften Longboard Gebrauch machen konnte. Man merkte der Metropole an, wieviel Geld zwei Jahre zuvor in die Erneuerung der Infrastruktur geflossen war, als die Weltausstellung Expo in Kasachstan stattfand. Ich nutzte die Unmenge an Einkaufszentren und den unerwarteten Schneeeinbruch dazu, an meiner Reiseausrüstung zu feilen. Aus meinem billigen +10 bis 15°-Schlafsack wurde ein billiger Schlafsack, der für 0 bis +5° gefertigt war. Gleichzeitig wechselte seine Farbe von apfelsinenorange zu zitronengelb. Aus meiner stark strapazierten braunen Stoffhose wurde eine hellblaue Jeans und aus meinen durchlöcherten Schuhen, dank derer sich meine Socken bei Regenwetter selbst reinigten, wurden die billigsten Stiefel, die ich in der Hauptstadt Kasachstans finden konnte. Ein bordeauxroter Schal und braune Stoffhandschuhe rundeten meinen

---

* *Mittlerweile trägt die Hauptstadt Kasachstans einen neuen Namen. Im Jahr 2019 wurde sie zu Nur-Sultan umbenannt. Dieses Phänomen habe ich auf meiner Reise mehrmals erlebt. Regierungen wechseln und nennen Städte um, da deren Namen zu muslimisch oder nicht muslimisch genug klingen. Nein, das ist leider kein Witz.*

Konsumrausch ab und ließen mich in meinen eigenen Augen ähnlich gut vorbereitet wirken, wie es damals ein *Christopher McCandless** gewesen sein musste, als er in meinem Geburtsjahr seine eigene Reise startete.

So zog ich weiter in den Südwesten Kasachstans und trampte von Polizeicheckpoint zu Polizeicheckpoint. Dort wurde ich jedes Mal höflichst dazu aufgefordert, mich in den Pausenräumen zu entspannen, während die Polizisten mir meine Mitfahrgelegenheiten suchten. Schlussendlich landete ich am Scharyn-Canyon. Während ich es mir auf einem der Felsen bequem gemacht hatte und den Sonnenuntergang bestaunte, kam ich zu einer wichtigen Einsicht: Fischbällchen aus einer Konservendose würde ich nicht einmal meinen ärgsten Feinden empfehlen. Außer vielleicht der Politikerin Frau Storch, wobei sie wohl ohnehin keine Dose öffnen würde, deren Inhalt nicht rein mit deutscher Sprache beschrieben wäre. Generell glich der Dosenkauf in Zentralasien einer Lotterie, da ich mit den dortigen Schriftzeichen nicht das Geringste anfangen konnte. So fielen meine Abendessen zwar stets spannend, manchmal jedoch auch extrem ernüchternd aus.

Weit entfernt, auf der gegenüberliegenden Seite des Canyons, erkannte ich einen winzigen, sich bewegenden Punkt. Während ich darüber nachdachte, ob dies ein Mensch sein könnte, wurden meine Gedanken von einem plötzlich auftauchenden Fahrradfahrer unterbrochen. Nach einem kurzen Gespräch mit dem 40-jährigen Spanier fühlte ich mich plötzlich bestens vorbereitet. Er erschien mir nun wie *McCandless*. Der Spanier konnte meine unzureichende Vorbereitung mit Leichtigkeit überbieten. „Ich musste vor ein paar Tagen einen Pass in Tadschikistan überqueren, wurde vom Schnee überrascht und musste mich zwei Tage lang in meinem Zelt verschanzen. Siehst du diese kleine Metalltrommel? Die hatte ich irgendwo gefunden, habe mir an einem kleinen Lager-

---

* Er ist der Mann, über den es sowohl ein Buch, als auch einen Film namens „Into the Wild" gibt. Tatsächlich war dieser Film damals eine meiner ersten Reiseinspirationen. Dennoch wollte ich weder meine Kreditkarten zerschneiden, noch in einem Bus sterben – daher mied ich auf meiner Reise öffentliche Verkehrsmittel.

feuer Steine heiß gemacht und diese dann in der Trommel dazu genutzt, beim Schlafen im Zelt nicht zu erfrieren. Ich habe leider nur einen Sommerschlafsack dabei." Ich war mir sicher, dass der Fahrradfahrer übertrieb. Schließlich war ich derjenige, der wenige Minuten zuvor fast an der ekelerregendsten Dosenmahlzeit aller Zeiten gestorben wäre.

„Hallo, ich bin …", stellte er sich mit einem Namen vor, den ich kurze Zeit später wieder vergessen hatte. Während unseres Gespräches schweiften die Blicke des Spaniers immer wieder ab, da er, im Gegensatz zu mir, noch keinen Zeltplatz gefunden hatte. José erzählte mir, dass er vor zehn Jahren von seiner Freundin verlassen wurde und anschließend auf eine Reise mit seinem Fahrrad aufbrach. „Ich hatte einige tolle Phasen in meinem Leben, fühlte mich jedoch nie richtig zu Hause", erklärte Carlos, „ich konnte nie mit meiner damaligen Freundin abschließen." Er wirkte nicht nur einsam, sondern war anscheinend auch auf der Flucht vor etwas. Vielleicht war er auf der Flucht vor sich selbst. Auf eine eigenartige Art und Weise erkannte ich mich in ihm ein Stück weit selbst wieder. Ich glaubte, dass ich ähnlich aufgetreten wäre, wenn wir unsere Rollen getauscht hätten. Sicherlich hätte ich sein Fahrrad durch meinen Daumen ersetzt, aber wäre wohl ähnlich wie Sergio immer größere Risiken eingegangen. Gleichzeitig versprach ich mir, es niemals zu diesem Punkt kommen zu lassen. Ich versprach mir, innerhalb der nächsten zehn Jahre ein Zuhause für mein rastloses Herz zu finden. „Mach's gut, Francesco – und viel Erfolg bei deiner Suche", verabschiedete ich mich von dem 40-jährigen Mann, dessen richtiger Name mir glücklicherweise kurz zuvor wieder eingefallen war. Nach unserem Treffen suchte ich vergebens nach dem sich bewegenden Punkt, den ich einige Minuten zuvor am Horizont entdeckt hatte – und schließlich verschwand auch ich in meinem Zelt.

Am folgenden Morgen sammelte mich eine Russin in ihrem vollgepackten Geländewagen ein und stellte sich mir als Julia vor. Ich erzählte ihr von meiner Nacht am Canyon und wie der Mond derart hell schien, dass er in meinem Zelt die Illusion einer angelassenen Zimmerlampe erschuf. „Du warst das? Ich habe gestern Abend Bilder von dir gemacht", antwortete Julia zu meiner Überraschung, „ich bin Fotografin und war am Canyon, um Bilder für ein Naturkosmetikprodukt zu machen. Dann habe ich einen kleinen Punkt am Horizont erkannt und habe mit meinem größten Objektiv ein paar Fotos von dir aufgenommen. Ich kann dir die Bilder gerne senden, wenn ich in zwei Monaten wieder zu Hause bin." Früher hätte meine Antwort auf diesen Zufall die Wörter *wie*, *hoch* und *Wahrscheinlichkeit* beinhaltet. „Danke", antwortete ich stattdessen fröhlich und zufrieden.

Ich trennte mich zwei Tage später von der braunhaarigen Fotografin in dem ersten größeren Dorf, das wir in Kirgistan passierten. Einige Wochen später sendete sie mir die schönsten Bilder, die jemals von mir beim Reisen gemacht worden waren.

Bilder des gewaltigen Canyons, dessen Farben mich an eine Marslandschaft und dessen Form mich an den Grand Canyon in den USA erinnerte – zumindest an die Bilder, die ich vom Grand Canyon kannte. An einer Stelle ist ein kleiner grauer Strich zu erkennen. Ich bin auf dem Bild ähnlich winzig, wie ich mich damals im Angesicht des Canyons gefühlt hatte. Ich bin derart winzig, dass ein Optiker dieses Bild problemlos als Sehtest benutzen könnte.

Sulzbach, 5. November 2019 – 21:53 Uhr

„Kommen wir zu einem kleinen Sehtest. Erkennt ihr mich? Okay, das geht noch eine Nummer kleiner. Seht ihr den kleinen Punkt hier oben? Nun fragt ihr euch wohl völlig zurecht, wie dieses Bild entstanden ist. Wie habe ich generell Bilder gemacht? Alle Fotos, die ihr bisher gesehen habt – abgesehen von diesen beiden – habe ich mit meiner Handykamera aufgenommen." Ich stelle meine halbvolle Flasche auf den Boden, lehne mein Handy an die Flasche an und laufe in die entgegengesetzte Richtung. Ich versuche, den Zuschauern so zu erklären, wie ich mit Hilfe der zehnsekündigen Auslösefunktion Porträts von mir selbst aufnehmen konnte.

„Davon unabhängig hier noch zwei kleine Tipps. Nummer 1: Solltet ihr jemals in der dortigen Region an einem kleinen Straßenshop anhalten, in dem ihr die Auswahl zwischen Honig, Pferdemilch und gehärteter Pferdemilch in

Lutschkugelform habt, kauft den Honig. Nummer 2: Wenn ihr dort Grenzen überquert, schaut vorher nach den Öffnungszeiten. Wir hatten damals Glück und konnten die Grenze nach Kirgistan überqueren, bevor sie wenige Tage später wegen des Winters geschlossen wurde." Ich machte mir damals keine großen Gedanken über den Grund der Grenzschließung und ging stattdessen zwei weiteren meiner Lieblingsbeschäftigungen nach: Ich entzündete eine Zigarette und brach zu einer Wanderung in die Berge auf.

Kirgistan, Oktober 2018

Die durchsichtige Glastür des kleinen Geschäfts schloss sich langsam und mit einem lauten Quietschen. Nachdem ich mich für meine bevorstehende Wanderung zum Alaköl Bergsee mit Nahrung eingedeckt hatte, sprach mich eine lächelnde Frau an. „Interessant. In der Hauptsaison arbeiten ich und mein Mann an dem See, zu dem du wandern willst. Zu dieser Zeit des Jahres läuft dort kein vernünftiger Mensch hin. Darf ich dich zum Frühstück einladen?", fragte Zhyparkul und führte mich zu ihrer Wohnung. Die schätzungsweise 30-jährige Kirgisin bedeckte – wie einige andere Frauen – ihren Kopf unter einem farbigen Tuch und lebte gemeinsam mit ihrer Mutter, ihrem Ehemann und zwei kleinen Söhnen in einer bescheidenen Wohnung. Ich zog meine Schuhe aus und ging über den mit bunten Teppichen ausgelegten Boden zum Küchentisch. „Wenn du schon zu dieser Zeit des Jahres an den See willst, sorgen wir dafür, dass du vorher wenigstens ein reichhaltiges Frühstück bekommst. Hast du einen guten Schlafsack dabei?" Mein überzeugtes „Ja" wirkte schnell nichtig, als die kirgisische Familie nach meiner Antwort ihre Köpfe schüttelte und mir einen Schlafsack in die Hand drückte, der bis -40 °C warm hielt. Ich war darauf vorbereitet, unvorbereitet zu sein, aber eventuell hatte ich mich in Bezug auf diese Wanderung überschätzt.

Nachdem ich die ersten Stunden meines Aufstiegs hinter mich gebracht hatte, nahm ich an einem runden Holztisch Platz und legte meine erste reguläre

Rastpause ein. Wie so oft verfolgte ich keinen genauen Plan, stattdessen wollte ich versuchen, meiner Handykarte zu folgen. Ich wollte es vor Sonnenuntergang möglichst weit schaffen und am Tag darauf den finalen Aufstieg zum See und den gesamten Rückweg bewältigen. Ich blickte in Richtung des strahlend blauen Himmels, biss zufrieden in einen saftigen Apfel und malte mir aus, wie beeindruckend der See, zu dem ich unterwegs war, wohl sein würde. Ich malte mir viele Dinge aus. Ich malte mir aus, wie ich wenige Wochen später durch Turkmenistan trampen würde. Wie ich die Gastfreundlichkeit der Iraner bezeugen und wie ich Alice schließlich in Oman endlich erneut küssen würde. Ich hätte mir jedoch niemals ausgemalt, was in den nächsten 48 Stunden nach meiner Pause auf dieser Wanderung noch alles passieren würde. Ich war kein Bob Ross*. Ich war kein sonderlich guter Maler.

„Erschreck nicht!", erschreckte ich eine junge Frau, die, auf den Wanderpfad fixiert, an der Holzbank vorbeiging, auf der ich in meinen Apfel biss. Die 22 Jahre alte Chisato trug schulterlanges, braunes Haar und einen ausgefransten Pony. Wir waren die einzigen Wanderer, die zu dieser Zeit unterwegs waren und schlossen uns zusammen, um so gemeinsam gegen Nachmittag das Bergdorf Altyn-Arashan zu erreichen. Die junge Japanerin wollte hier übernachten und am nächsten Morgen zurück in die Stadt aufbrechen. Für mich bedeutete dieses Dorf hingegen lediglich, dass der einfache Teil meiner Wanderung nun zu Ende war. Bis auf einen Mann, der auf die Nahrungslieferung für seine Pferde wartete, glich Altyn-Arashan einer Geisterstadt. „Du willst zum See?", sagte der durchtrainierte Kirgise, während er mit einer Axt Feuerholz für seinen Kamin spaltete, „dann bist du der Erste, der dies seit dem starken Schneefall vor ein paar Tagen versuchen will." Auf meine Frage, ob dies gut oder schlecht sei, fand Ucha eine klare Antwort: „Ich habe schon so einige verrückte Deutsche getroffen. Und am

---

* *Dieser Mann ist seit Teenagerzeiten einer meiner Helden. Ich schaute ihm unzählige Male nach excessiven Diskobesuchen vor dem Einschlafen beim Malen auf meinem Fernseher zu. Er hat mein betrunkenes Hirn immer wieder in den Schlaf gesprochen und heutzutage mit seinen fröhlichen kleinen Bäumen sogar als Tattoo seinen Weg auf meinen Oberkörper gefunden.*

Ende haben alle überlebt." Anschließend gab er mir eine akribische Wegbeschreibung, empfahl mir einen geeigneten Zeltplatz, der zwei Stunden Fußweg entfernt lag – und wünschte mir viel Erfolg.

Ucha war nach wie vor dabei, Holz zu spalten, als ich drei Stunden später bei Anbruch der Dunkelheit völlig durchnässt und mit Schlamm bedeckt zu seinem Haus zurückkehrte. „Ich glaube, ich habe die Brücke, von der du mir erzählt hast, verpasst." Der große, kurzhaarige Mann konnte sowohl sein leichtes Grinsen, als auch das unbewusste Schütteln seines Kopfes nicht verbergen. Meine Frage, ob ich in seinem Garten zelten könne, lehnte Ucha kategorisch ab und führte mich stattdessen in eines seiner Zimmer, indem ich die überraschte Japanerin erneut erschreckte. Während wir uns im weiteren Verlauf des Abends im Wohnzimmer an den zuvor gespaltenen und nun brennenden Holzstücken erwärmten, versuchte der Kirgise seine Wegbeschreibung zu vereinfachen. „Du bist durch den Sumpf? Vielleicht bist du tatsächlich der verrückteste …", sagte er und wurde von einem lauten Klopfen an seiner Wohnungstür unterbrochen. Hinter der Holztür wartete ein junges, russisches Pärchen. Es hatte versucht, einen der nahegelegenen Gipfel zu besteigen und war dabei fast erfroren. Nun waren sie auf dem Rückweg und wollten sich in Uchas Hütte aufwärmen. „Ich nehme alles zurück. Was ist nur los mit euch?", seufzte Ucha und schenkte uns allen heißen Kaffee ein.

Chisato fand im Laufe des Abends immer mehr Interesse daran, mich am nächsten Morgen bei meiner Wanderung zu begleiten. Ich hatte das Gefühl, dass meine Gesellschaft andere Menschen oft zu drei Dingen anstiftete: dem Rauchen, dem Verlieben in den Soundtrack des Films *Guardians of the Galaxy* und dem Hervorbringen einer gewissen Abenteuerlust. Ich glaube, viele sahen in mir eine gewisse Leichtfüßigkeit und die Bereitschaft zu tun, was ich für richtig hielt. Alice bezeichnete diese Eigenschaft damals als „Mut", Chisato nannte sie „aufregend." Ich selbst würde mich nicht als mutig bezeichnen. Mutig waren in meinen Augen Menschen, die etwas zu verlieren hatten und es trotzdem riskierten. Was hatte ich zu verlieren? Im schlimmsten Fall hätten mir meine Eltern einen Heimflug bezahlt, ich hätte mich in Deutschland auf dem Arbeitsamt gemeldet, wäre krankenversichert gewesen und hätte einen neuen

Job gefunden. Ein *Worst-Case-Szenario*, das für viele Menschen aus anderen Ländern ein *Best-Case-Szenario* gewesen wäre. Für mich waren es Personen wie Oha, Frode oder Sultano, die wahren Mut bewiesen.

Am nächsten Morgen verabschiedete ich mich erneut von Ucha und brach gemeinsam mit Chisato auf die schweißtreibende Wanderung zum Bergsee auf. „Wehe, ihr könnt mir kein Bild vom See zeigen, wenn ich euch das nächste Mal sehe", rief uns der Kirgise hinterher, als wir 200 Meter hinter seiner Hütte die Brücke, an der ich am Vortag fälschlicherweise vorbeigegangen war, überquerten.

Wir schleppten uns über die schneebedeckten Hügel und hielten hierbei nach gelben Zeltplanen Ausschau, mit denen nach Aussage von Ucha der Weg im Winter markiert wurde. Schließlich trennte uns nur noch eine letzte Steilwand von dem so sehr ersehnten Seepanorama und wir mussten eine schwierige Entscheidung treffen. Wir starrten auf unseren mit Schnee bedeckten, letzten Anstieg. Das einfallende Sonnenlicht wurde in grellen Strahlen reflektiert und schmerzte in unseren Augen. Der letzte Aufstieg war durch eine Lawine blockiert, die wohl nach dem starken Schneefall ins Rutschen geraten war. Wir hätten es möglicherweise durch diese Lawine geschafft, wären jedoch niemals vor Einbruch der Dunkelheit zurück an Uchas Hütte angekommen. Außerdem wäre es gefährlich gewesen. Wir hatten nicht viel Zeit, um eine Entscheidung zu treffen. Sollten wir der Gefahr trotzen oder stattdessen unseren Plan als gescheitert akzeptieren.

Ziemlich genau ein Jahr nach meiner Wanderung sprach ich im Rahmen einer sogenannten Speaker-Night über genau diese Entscheidung.

Deutschland, Januar 2020

Mittlerweile lag meine Heimkehr schon ein knappes Jahr zurück. Ich hatte bereits in 19 Live-Shows von meiner Reise berichtet, der Trennungsschmerz ließ langsam nach und eröffnete somit Raum für meine neue Normalität. Ich wurde zum ersten Mal in meinem Leben als Redner auf eine Speaker-Night, in der verschiedene Sprecher kurze Impulsvorträge zu verschiedenen Themen hielten, eingeladen. „Der nächste Redner ist ein Mann, den ich vor wenigen Monaten kennenlernen durfte", moderierte Herr Leismann, mit dem ich nicht nur gelegentlich Kaltgetränke, sondern auch einen gemeinsamen Vornamen teilte, „und er sagte damals eine Sache zu mir, über die ich sehr viel nachgedacht habe. Er erzählte mir, dass er die beste Zeit seines Lebens ohne viel Geld hatte. Herzlich Willkommen: Daniel Dakuna." Ich schaltete den Transponder meines Headsets an, nahm einen tiefen Atemzug und joggte auf die Bühne. Ich trug meine braunen Zalando-Stiefeletten, mit denen ich damals am Nordkap war, eine dunkelgraue Stoffhose und einen weißen Pullover, auf dem in Brusthöhe ein Teller voller Spaghetti samt der philosophischen Weisheit „Eat spaghetti to forgetti your regretti" eingenäht war. Mir gegenüber saß eine Mischung aus Anzug tragenden Männern, Frauen in schicken Abendkleidern und leger gekleideten Jungunternehmern und Jungunternehmerinnen. Ich wurde gefragt, ob ich in maximal 20 Minuten etwas über meine persönliche Entwicklung während der Reise berichten will und obwohl mir die Zeitvorgabe etwas Sorge bereitete, nahm ich die Einladung dankend an.

Ich sprach über Optimismus und erzählte von Oha, den ich in Bosnien und Herzegowina traf. Ich sprach über Wertschätzung und erzählte von der norwegischen Sterneköchin Anita. Ich sprach über Wut beziehungsweise darüber, wie ich gelernt hatte, mich weniger aufzuregen und zitierte dabei eine Rede von David Foster. Ich sprach über das Schicksal und wie ich meinen Glauben daran verloren hatte, warf meiner Ex-Freundin Beatrice im Publikum einen kurzen, unerwiderten Blick zu und wechselte schließlich zu meinem letzten Thema: Das Scheitern.

„Das Scheitern. Ein schönes Wort, oder? Es ist ein Wort, das meist in einen sehr negativen Kontext gestellt wird. Und dies, obwohl vermutlich alle von euch bereits mindestens einmal in ihrem Leben gescheitert sind. Ich für meinen Teil bin jedenfalls schon unzählige Male gescheitert. In Beziehungen, in Zukunftsplänen oder auch in simplen Vorhaben wie einer Klausur, einer Wette unter Freunden oder gar einer Wanderung in Zentralasien. Und so frage ich mich

Folgendes: Ist es tatsächlich schlimm, zu scheitern? Und ich komme zu dem Ergebnis, dass es das genaue Gegenteil ist. Es ist schlimm, nie zu scheitern, denn nur jemand, der noch nie Risiken eingegangen ist und noch nie unbekannte Wege beschritten hat, kann jemand sein, der noch nie in seinem Leben gescheitert ist. Wenn ich an meine eigene Zukunft denke, sehe ich ein Meer voller Variablen mit einigen wenigen Konstanten. Das Scheitern ist eine von ihnen. Ich bin mir sicher, dass ich auch in meinem weiteren Leben noch vielfach scheitern werde. Und ganz ehrlich? Ich freue mich darauf. Ich freue mich darauf, auch zukünftig Risiken einzugehen und jeden noch so steinigen Weg zu beschreiten. Ich freue mich darauf, noch unzählige Male zu scheitern. Und ich freue mich darauf, mit jedem Scheitern ein klein wenig besser zu scheitern." Ich hoffte, dass ich an diesem Abend zumindest einigen der 100 Zuhörern ein Stück weit die Angst vor dem Scheitern nehmen konnte.

Kirgistan, Oktober 2018

Wir kehrten um. Ich kam zu dem Entschluss, dass das Scheitern am Ende womöglich gar nicht so schlimm war. Schlimm wäre es nur gewesen, wenn Chisato oder mir wegen meiner Leichtsinnigkeit etwas passiert wäre. Unzählige Stürze und kräftezehrende Stunden später erblickten wir die vertraute Hütte im Leuchtpegel meiner Taschenlampe. „Ich habe leider kein Bild für dich, Ucha", sagte ich, ähnlich wie die hübsche Deutsche, die in ihrer perfiden Modelshow mit der Psyche junger Mädchen jongliert, „wir sind gescheitert."

Während unserer Wanderung hatte ein weiterer Reisender namens Kane bei Ucha Obdach gefunden und teilte sich ein Schlafzimmer mit uns. Bevor wir am nächsten Morgen zu dritt abreisten, zeigte uns der Kirgise eine heiße Quelle in der Nähe seiner Hütte und bot somit Kane und mir eine wohltuende Duschgelegenheit an. Ich war der Einzige unserer neu gebildeten Gruppe, von dem Ucha kein Geld für die Übernachtungen akzeptierte. Stattdessen schrieb er einen kirgisischen Satz auf meinen Rucksack, dessen Bedeutung er mir partout nicht verraten wollte. Im Gegenzug schrieb ich einen kleinen Text in sein Gäste-buch. Obwohl mir der exakte Inhalt meines Abschiedsbriefes mittlerweile ent-fallen ist, erinnere ich mich noch sehr genau an einen konkreten Satz: „Menschen wie du sind der Grund dafür, dass ich diese Reise mache."

Als ich Zhyparkul und ihrer Familie ihren Schlafsack zurückbrachte und dabei erneut zum Essen eingeladen wurde, wollten sie wissen, ob er mich warm durch die beiden Nächte gebracht hatte. „Wisst ihr, ich habe beide Nächte in einem warmen Bett geschlafen. Ich erzähle euch die ganze Geschichte, aber könntet ihr mir vorher einen Gefallen tun? Könnt ihr mir einen Satz auf meinem Rucksack übersetzen?", bat ich die Familie.

„Klar. Hier steht: Daniel, du bist ein toller Mensch." Ich schüttelte gerührt meinen Kopf und stellte mir vor, wie Ucha womöglich dieselbe Reaktion zeigte, als er in seinem Gästebuch meinen Text gelesen und dabei den Geldschein ent-deckte, den ich kurz vor meiner Abreise dort versteckt hatte.

Drei Wochen später saß ich mit Sam, einem deutschen Austauschstudenten, in Usbekistan und wir erzählten uns bei einem Bier unsere Geschichten. „Du bist zwei Tage zu spät in Samarkand angekommen", sagte Sam, den ich aber-mals über Couchsurfing kennengelernt hatte, „sonst hättest du eine andere Reisende kennengelernt. Sie war vor ein paar Wochen auch in Kirgistan und ging dort im tiefsten Schnee mit einem verrückten Kerl wandern. Sie hatte auch in seiner Begleitung zum ersten Mal getrampt. Ich bin mir sicher, dass ihr euch gut verstanden hättet." Ich lachte kurz, stellte mein Bier ab und fragte, ob die junge Frau zufällig aus Japan kam.

„Ja, woher weißt du das?"

Sulzbach, 5. November 2019 – 21:58 Uhr

„Ich will euch von meinen zwei ersten Mitfahrgelegenheiten in Usbekistan erzählen. Die erste fragte mich, was das deutsche Pendant zur muslimischen Grußformel Salam Aleikum sei. ,Sagt ihr Heil Hitler?' Ein überraschtes Raunen geht durch die Zuschauermenge, und auch ich erschrecke mich jedes Mal an der Stelle, an der ich diese beiden Worte aneinanderreihe. „Oje. Da gab es mal eine ganz dunkle Zeit, aber heutzutage sagt man das nicht mehr. Meine zweite Mitfahrgelegenheit fuhr mich zu einer Hochzeit, auf der ich nach meiner Ankunft zum alleinigen Tanzen auf der dafür vorgesehenen Fläche aufgefordert wurde. Ich bin kein besonders guter Tänzer, aber begann, mich bestmöglich rhythmisch zu bewegen. Und plötzlich geschah etwas Unerwartetes. Sämtliche Frauen kamen zu mir auf die Tanzfläche gelaufen und steckten mir Geldscheine in meinen Gürtel. Die Freude hielt aber nur kurz, nach wenigen Minuten kamen sämtliche Kinder nach vorne und zogen mir die Scheine wieder aus meinem Hosenbund. Es handelte sich anscheinend um eine usbekische Tradition. Oder vielleicht wollte die Hochzeitsgesellschaft sich auch einfach nur einen Spaß mit mir erlauben." Für meine Zuschauer geht es nach diesen beiden Geschichten weiter nach Indien, ohne die geringste Idee davon zu haben, dass meine Pläne damals eine ganz andere Route vorgesehen hatten.

Usbekistan, November 2018

Die meist mit blauen Mosaiksteinen verzierten, prachtvollen Tempelanlagen und Moscheen ließen Usbekistan wie einen Traum aus *Tausendundeine Nacht* wirken. Zumindest traf dieses Reiseblog-Klischee auf einen kleinen Teil der Großstädte zu. Abseits der Touristenmagnete ähnelten sowohl Kultur als auch Architektur der von Kasachstan und Kirgistan. Der Hauptunterschied zeichnete sich für mich, neben Usbekistans fehlender Berge, besonders in der strengeren Religionsausübung ab. Ich sah wesentlich mehr Moscheen, Frauen verschleierten ihre Köpfe fast immer in Tüchern und Alkohol wurde weniger offensichtlich konsumiert. Leider ging mit dieser strengeren Religionsausübung auch eine sehr traurige Thematik einher.

Usbekistan ist eines der weltweit 73 Länder, in denen Homosexualität nach wie vor unter Strafe steht. Interessanterweise galt dies hier jedoch nur für Männer.

Auf meine Frage nach dem Warum fand mein erster Gastgeber in der Hauptstadt Taschkent eine einfache Antwort: „Es gibt keine Frauen, die Frauen lieben."

Ähnlich willkürlich wie diese Erklärung scheiterten meine Visumanträge, wodurch ich meine Reisepläne mehrfach ändern musste. Mein Online-Antrag für den Iran steckte im System fest und konnte so nicht genehmigt werden, wodurch ich nicht in der Lage war, ein Transitvisum für Turkmenistan zu beantragen. Ein Visum für Pakistan konnte und kann man als deutscher Staatsbürger nur in Deutschland beantragen und China stellte für Deutsche in Zentralasien generell keine Visa mehr aus. Meine Möglichkeiten per Anhalter waren erschöpft und so entschloss ich mich dazu, per Flugzeug nach Indien zu reisen. Ein für mich besonders wichtiger Teil meines Plans blieb jedoch trotz all der Visumwillkür bestehen: Meine Einreise in den Oman wurde genehmigt. Ich hatte zwar wegen des nicht genehmigten Iran-Visums nicht trampen können, aber ich war bereit, für unser Wiedersehen erneut in ein Flugzeug zu steigen. Alice und ich hatten zum letzten Mal den Versuch eines erneuten Treffens gestartet. Sie war wieder an ihrer Universität in Abu Dhabi und lebte so nur 100 Kilometer zu der Grenze vom Oman entfernt. Dieses Mal hatten wir alle Eventualitäten berücksichtigt und einen hundertprozentig sicheren Plan entwickelt, nach dem wir uns im Januar während ihrer Semesterferien im Oman treffen würden.

Sulzbach, 5. November 2019 – 22:02 Uhr

„Und so flog ich aus dem spärlich besiedelten Zentralasien nach Neu-Delhi. Überall waren Menschen, es war laut und sowohl die Luft, als auch die meist nicht existenten Gehwege waren dreckig. Es herrschte ein riesiges Chaos. Ich fühlte mich erschlagen und gleichzeitig verloren. Nach einigen Tagen in der Hauptstadt Indiens gewöhnte ich mich jedoch nicht nur an das indische Chaos, sondern lernte, es zu lieben." Leider muss ich an dieser Stelle anmerken, dass ich nach zwei Trampversuchen auf Züge gewechselt bin, um so in der mir verfügbaren Zeit möglichst viel zu sehen. „Ihr könnt euch das Trampen in Indien ungefähr folgendermaßen vorstellen: Man sucht ewig nach einer geeigneten Stelle, da überall Menschen sind. Sobald man eine dieser Stellen gefunden hat und seinen Daumen rausstreckt, dauert es noch keine fünf Minuten, bis zehn neugierige Inder in einem Kreis um dich stehen. Und die vorbeifahrenden Autos signalisieren ‚Hey, tut mir leid. Ich habe keinen Platz für elf Personen.'"

Ich wundere mich, was für Geschichten ich wohl erzählen könnte, wenn ich auch Indien per Anhalter bereist hätte. Gleichzeitig verspüre ich den Drang, erneut in dieses Land zu reisen und mich aufs Neue von seiner Diversität überwältigen zu lassen. Indien war fantastisch. „Wundert euch bitte nicht, dass wir gleich bereits mit Indien fertig sind. Dies hat nichts damit zu tun, dass ich Indien nicht gemocht habe, sondern ich habe in Indien schlicht wenige extrem verrückte Geschichten erlebt. Sicherlich, weil ich selten getrampt habe. Also versteht mich bitte nicht falsch. Ich habe Indien geliebt, habe Weihnachten und Silvester dort mit Menschen verbracht, die ich mittlerweile Freunde nennen darf, und ich zähle Indien zu einem der Länder, die ich liebend gerne erneut besuchen würde. Von der Südspitze Indiens aus ging es für mich mit dem Flugzeug in Richtung Osten."

Auch an dieser Stelle muss ich davon absehen, meinen Zuschauern von einer spontanen Planänderung zu erzählen. Ich änderte meine Pläne, weil ein großes Kapitel meiner Reise in Indien geendet hat. Ironischerweise endete es mit einer Hochzeit.

Indien, Dezember 2018

Ich fühlte mich wie ein Fisch sich fühlen müsste, wenn man ihn aus dem alt-antiken Ozean in ein kleines Aquarium, das mit zahlreichen anderen Fischen gefüllt war, geworfen hätte. Es war ein bedrückendes Gefühl, an welches ich mich erfreulicherweise mit der Zeit gewöhnte. Ich gewöhnte mich an die hupenden Autos, anders definierte Intimzonen* und die häufige Frage nach gemeinsamen Selfies. Bei diesen Bitten stellte ich mir stets die Frage, auf wie vielen Fotos ich wohl unwissend zu sehen war. Sowohl auf heimlichen Schnappschüssen, als auch im Hintergrund von fremden Porträt- und Landschaftsaufnahmen. „Sicherlich Hunderte", antwortete Tapan, den ich einige Tage zuvor im Norden Indiens kennengelernt hatte. „Tapan, ich erzähle dir eine meiner Lieblingsanekdoten. Ich will dir von einem chinesischen Pärchen erzählen, das vor zehn Jahren geheiratet hatte. Jahre später sahen sie sich gemeinsam alte Fotos aus der Zeit vor ihrer Begegnung an und machten eine verblüffende Entdeckung. Sie fanden ein Bild der Frau, auf dem sie in sitzender Pose vor einem Denkmal im 2.000 Kilometer entfernten Qingdao abgelichtet wurde. Das Interessante an diesem Bild war, dass ihr jetziger Mann im Hintergrund selbst für ein eigenes Bild posierte. Die beiden waren also zehn Jahre, bevor sie sich kennengelernt hatten, in dieselbe Stadt gereist und hatten unwissend ein gemeinsames Foto aufgenommen."

Tapan war ein herzenslieber Mann, den ich gemeinsam mit drei seiner indischen Freunde in einem Hostel kennengelernt hatte. Auf meiner Reise hatte ich insgesamt sechsmal in billigen Hostels übernachtet. Ich tat dies immer dann, wenn ich mich nach der Gesellschaft von anderen Reisenden sehnte, denn diese lernte man als Anhalter und beim Couchsurfen sehr selten kennen.

Es dauerte nur wenige Rumgläser, bis sie mich zu der anstehenden Hochzeit eines ihrer Freunde einluden. Einige Tage später reiste ich mit ihnen nach Amritsar und sah dabei zu, wie ihr Freund auf einem Pferd in den Hochzeitssaal einritt. Er trug hierbei stilecht ein Kleid aus Geldscheinen. Wir wechselten zwischen einem reich gefüllten Buffet, dem DJ-Pult und dem Kofferraum eines

---

Ich rede an dieser Stelle keinesfalls von Geschlechtsorganen. Im Kontext der Distanzzonen reicht die Intimzone vom unmittelbaren Kontakt bis zu einem halben Meter zwischen zwei Personen. In Indien existiert diese Intimdistanz nicht einmal im Ansatz und man hat fast ständig körperlichen Kontakt mit Fremden. Eine Erinnerung, die mir in Zeiten der Corona-Pandemie feuchte Hände bescherte.

Autos. In diesem hatte einer von Tapans Freunden den auf der Feier verbotenen Alkohol versteckt. Es war ein sehr lustiger, wenn auch bizarrer Abend, der für mich schlagartig endete, als ich während einer meiner Raucherpausen mein Handy nach neuen Nachrichten durchwischte.

„Ich habe eine gute und eine schlechte Nachricht", schrieb Alice. Meiner Erfahrung nach handelte es sich hierbei in den seltensten Fällen um den Beginn einer ironischen Äußerung. Meine Vorahnung führte mich auf direktem Weg zu dem besagten Kofferraum. Ich nahm einen tiefen Schluck und akzeptierte, dass sich meine Vermutung bewahrheitet hatte. Ich nahm einen weiteren Schluck und versuchte zu akzeptieren, dass ich Alice auf meiner Reise nicht wiedersehen würde. Ich nahm einen letzten tiefen Schluck.

Leider war dieser Versuch des Vergessens ähnlich erfolglos wie der des weißen Schneeglöckchen-Puders, mit dem ich es einige Tage später erneut versucht hatte. Ich wusste, dass weder Alkohol noch Blumenkonsum helfen konnten, und ich wusste, wie dreckig es mir am Morgen danach gehen würde. Aber ein Teil von mir wollte genau diesen Schmerz spüren. Es war das zweite und gleichzeitig letzte Mal, dass ich den weißen Teufel angerührt hatte.

Nachdem ich die Hochzeit frühzeitig verlassen hatte, wachte ich einige Stunden später in meinem vom Bräutigam gebuchten Hotelzimmer auf, regulierte die Temperatur meiner Klimaanlage und zündete mir eine Zigarette an. Alice wurde wegen einer ihrer Studienarbeiten nach Japan auf eine Konferenz eingeladen, um ihre Arbeiten dort vorzustellen. Das Datum dieser Versammlung lag natürlich inmitten unseres geplanten Omanaufenthaltes. „Es tut mir unendlich leid, aber das ist eine riesige Karrierechance, die ich ergreifen muss. Obwohl es sich scheiße anfühlt, den Preis hierfür zu bezahlen." Unser neunundneunzigprozentiger Plan hatte fast alle Eventualitäten berücksichtigt.

So plötzlich wie es damals in Österreich begann, endete das Kapitel Alice unerwartet, kurz vor dem geplanten Ende meiner Reise in Indien. Obwohl ich mir für die Geschichte von Alice und mir weniger Konjunktive gewünscht hätte, konnte ich sie schließlich zu Ende schreiben und unser Buch somit endgültig zuschlagen. Dennoch war ich mir sicher, dass Alice an diesem Abend die falsche Entscheidung getroffen hatte. Ich wusste jedoch nicht, ob es die falsche Entscheidung für sie, für mich oder gar für uns war.

Ich erinnerte mich an den Beginn meiner Reise und dachte an den Brief, den ich damals unbedingt finden wollte. Damals, als ich nach einem Zeichen dafür suchte, dass ich mit meiner Reise die richtige Entscheidung getroffen hatte. Eine Woche nach dem Beginn meines Abenteuers fand ich genau dieses Zeichen in Graz. An dem Tag, als ich Alice zum ersten Mal in die Arme nahm. Der Brief, den ich damals gesucht hatte, wurde zum Traum einer gemeinsamen Zukunft. Er gab mir Mut und nahm mir meine Zukunftsängste. Er zeigte mir, dass ich die richtige Entscheidung getroffen hatte und ein Teil von mir war sich sicher, dass Alice die Person ist, die meine Suche beenden wird. Ich wusste zwar, dass es noch ein steiniger Weg gewesen wäre, aber meine Reise hatte mich gelehrt, dass alles möglich war. Am damaligen Abend in Indien kam ich zu einer schmerzhaften Einsicht: Ich hatte mich geirrt. Ich verstand die Entscheidung von Alice, aber wollte sie nicht wahrhaben. Schließlich kam ich zu einer weiteren, wesentlich wichtigeren Erkenntnis: Vielleicht war es am Ende nicht hauptsächlich Alice, die mir den nötigen Mut zum Weitermachen gab. Vielleicht war es nicht die eine Konstante, sondern all die Variablen meiner Reise, die mich vorantrieben. All die Begegnungen und all die Geschichten. All die Menschen, die mir unterwegs geholfen haben. Vielleicht brauchte jede Gleichung sowohl Konstanten als auch Variablen.

Ich ließ los und akzeptierte, dass Alice nicht die Person war, die meine Suche beenden wird. Ich akzeptierte, dass sie nicht das Zeichen war, nach dem ich gesucht, sondern das, das ich damals gebraucht hatte. Ich akzeptierte, dass ich irgendwann in meinem weiteren Leben vielleicht einen neuen imaginären Brief finden werde.

Sulzbach, 5. November 2019 – 22:06 Uhr

„Bevor wir von Indien nach Malaysia fliegen, will ich euch erzählen, wie ich mich in die unter Einheimischen verpönten indischen Beedi-Zigaretten verliebt hatte. Ich war so verliebt, dass ich mir 1.200 Zigaretten – für umgerechnet sieben Euro – kaufte und mit ihnen nach Malaysia flog. Die Zollbeamten in Kuala Lumpur waren über die Zigarettenmenge derart amüsiert, dass sie mich fragten, ob sie eines der Päckchen haben könnten. Anschließend verabschiedeten sie sich freundlich und wünschten mir viel Spaß."

Während ich über die indischen Zigaretten spreche, wünsche ich mir, dass irgendjemand meiner Zuschauer zufällig ein Päckchen mitgebracht hat und mich nach der Show zu einer nostalgischen Raucherfahrung einlädt. Als ich Beatrice vor unserer Trennung fragte, ob sie mir aus Indien ein paar Beedis mitbringen könnte, verneinte sie, als bekennende Nichtraucherin, meine Bitte. „Verdammt, man kann aber auch echt nicht alles haben", antwortete ich und hoffte darauf, dass sie nur einen Witz gemacht hatte. „Nicht immer, aber wenn man daran arbeitet, dann meistens", antwortete Beatrice. Sie machte keinen Witz. *Meistens* war leider nicht *immer*.

Malaysia, Januar 2019

Mittlerweile konnte ich mich von einigen Klischees distanzieren, die manche Nationen als „Typisch Deutsch" bezeichneten. Ich lernte Regeln eher als Empfehlungen zu verstehen und würde nie wieder mit einem Handtuch Sonnenliegen beanspruchen. Ich war kein guter Ingenieur, war selten gestresst und entwickelte einen Sinn für Humor. Eine Sache konnte und wollte ich mir jedoch nie abgewöhnen: Ich war stets überpünktlich. Während ich am Flughafen in Kuala Lumpur auf Jasmins Ankunft wartete, freute ich mich unglaublich darauf, sie mit der Welt des Trampens bekannt zu machen. Ich freute mich darauf, ihr meine Welt zu zeigen.

Die Enttäuschung über Alice saß zwar tief, aber ich wollte anfangs auch ohne unser Wiedersehen nach Oman. Es war auch ohne sie ein Land, das mich sehr interessierte. Besonders, weil ich so wenig darüber wusste. Dennoch versuchte ich, meine gelegentlichen Flüge stets so kurzfristig wie möglich zu buchen, um so spontane Planänderungen nicht von vornherein auszuschließen. Und so trat die aus dem Nichts auftauchende Jasmin durch den königsroten Vorhang in das Scheinwerferlicht, ergriff das Mikrofon und ließ mich drei Tage vor meinem geplanten Flug nach Oman in die entgegengesetzte Richtung aufbrechen.

Das erste Mal sah ich sie am gleichen Abend, an dem ich Luisa zum ersten Mal küsste. Jasmin arbeitete an der Getränketheke und servierte die alkoholischen Muntermacher stets mit einem charmanten Lächeln, dem bereits unzählige Männer verfallen sein mussten. Ich versuchte mir vorzustellen, wie oft sie schon während der Arbeit von betrunkenen Männern gefragt wurde, ob sie mit ihnen „trampen" wolle. Mein Freund Benjamin, der neben mir an der Theke stand, stimmte zu: Sie war eine der schönsten Frauen, die wir je gesehen hatten. Einige Tage später fand er ihr Profil auf Instagram und ich war es, der ihr einige Monate später eine Nachricht schrieb, als sie neue Bilder aus Indonesien teilte. Nachdem wir auf selbiger Plattform ein paar unserer Reisegeschichten ausgetauscht und ich versucht hatte, das Herkunftsland ihres Vaters zu erraten, fragte Jasmin nach Empfehlungen für Malaysia.

Während meiner ersten Reise vor vier Jahren gab es eine Zeit, in der ich Malaysia ausgiebig bereisen wollte. Ich machte damals ausführliche Pläne, die ich zwar schlussendlich nie in die Tat umgesetzt hatte, mich aber zum perfekten Gesprächspartner qualifizierten. „Wenn ich dir so davon erzähle, bekomme ich ehrlich gesagt ein wenig Lust, selbst nach Malaysia zu reisen und meine damaligen Pläne in die Tat umzusetzen", sagte ich mit einer Prise Ironie. „Komm doch mit mir nach Malaysia. Ich will mit dir trampen", antwortete Jasmin. Als ich ihre Nachricht las, wurde die Prise Ironie unweigerlich verweht und mir wurde bewusst, dass sie mir genau die Antwort gab, auf die ich unbewusst gehofft hatte. Nach einem kurzen Telefonat mit der Deutsch-Sudanesin, bei dem ich mich vergewisserte, ob sie wirklich ihre erste Tramp- und Couchsurfing-Erfahrung gemeinsam mit einem Fremden machen wollte, buchte ich meinen Flug. Ich hatte während meiner Reise viele naive Entscheidungen für Frauen getroffen. Aber immerhin war ich konsequent darin, naive Entscheidungen für

Frauen zu treffen. Eine der schönsten Frauen, die ich je gesehen hatte, wollte meine Welt des Reisens kennenlernen. Hätte ich „nein" sagen sollen?

Wenige Tage später umarmte ich Jasmin, komplimentierte ihr Haarband und führte sie vom Flughafen zum Haus unseres Couchsurfing-Gastgebers. Als wir uns im Laufe des Abends in einem Stadtpark näher kennenlernten und herausfanden, dass Hühnerfleisch in Malaysia als vegetarisches Gericht angesehen wird, stellte ich ihr meine Lieblingsfrage: „Welcher ist dein Lieblingsdinosaurier?"

Da sie mir auf diese Frage keine spontane Antwort geben konnte, rückte die Möglichkeit einer romantischen Hochzeit zwar in weite Ferne, änderte jedoch nichts daran, dass wir eine tolle Zeit hatten und ich meine Planänderung zu keinem Zeitpunkt bereut hatte. Wir warteten nie lange an den südostasiatischen Straßen, schliefen in einem LKW, wurden von Fahrern nach Hause eingeladen, bestiegen Berge, legten insgesamt 1.000 Kilometer per Anhalter zurück und wollten gemeinsam auf einer verlassenen Insel übernachten.

Sulzbach, 5. November 2019 – 22:08 Uhr

„Eigentlich wollte ich mit Jasmin eine Nacht unter Sternen auf einer verlassenen Insel verbringen. Nachdem wir jedoch von einer meterlangen Echse am Strand begrüßt wurden, musste ich von dieser Idee Abstand nehmen. Jasmin hatte panische Angst vor Echsen und fuhr mit den Einheimischen und dem letzten Boot gegen Nachmittag zurück zur Hauptinsel Borneo. So verbrachte ich die Nacht alleine auf dieser kleinen, wunderschönen Insel. Aus ‚Wuhuu …, ich fühle mich wie Robinson Crusoooooe' wurde jedoch recht schnell ein: ‚Wenn diese Nacht endlich vorbei ist, bin ich heilfrooooh.' Und zwar genau an dem Punkt, an dem es anfing zu blitzen und zu stürmen. Außerdem musste ich lernen, dass Ebbe und Flut auch abseits des Erdkundeunterrichts existierten. Um es kurz zu machen: Es war eine denkbar unangenehme Nacht. Ich schlief auf einem der in den Strand hineinragenden Bäume und schleppte mich im ersten Sonnenlicht völlig durchnässt und zerstochen zurück zu dem Strandabschnitt, an dem gerade die ersten Einheimischen mit ihren Booten anlegten. Nachdem ich ihre Frage, ob ich tatsächlich bei diesem Sturm auf der Insel übernachtet hätte, bejahte, nahm mich einer von ihnen mit zurück auf die Hauptinsel. Bitte, falls ihr mal auf einer verlassenen Insel übernachten wollt, handelt nicht so wie ich. Informiert euch vorher."

Meine mittlerweile leicht kratzigen Stimmbänder erinnern mich an das baldige Ende meiner heutigen Live-Show und daran, wie viele der indischen Zigaretten ich damals in Malaysia geraucht hatte. Gleichzeitig erinnern sie mich jedoch auch daran, dass mir der Teil des Tages, den ich in den letzten Stunden größtenteils verdrängen konnte, noch bevorsteht.

Malaysia, Februar 2019

Ich umarmte Jasmin, komplimentierte dieses Mal ihr Durchhaltevermögen der letzten drei Wochen und brachte sie zu dem Taxi, das sie zum Flughafen und somit zu ihrem nächsten Reiseland bringen sollte. Würde man unser Treffen in den Kontext eines konventionellen Dates in einem ausgefallenen Restaurant stellen, würde ich meinen Freunden wohl folgendermaßen von besagtem Abend berichten:

„Die Vorspeise war für sie ungewohnt, aber dennoch aufregend. Sie hatte einen Geschmack, den Jasmin so nicht kannte. Beim Hauptgang merkte sie jedoch, dass ihr die Ungewissheit unangenehm war. Die Ungewissheit darüber, wie der nächste Bissen wohl schmecken würde. Es waren ihr zu viele unbekannte Zutaten. Sie sehnte sich nach einem vertrauten Geschmack. Spätestens beim Digestif*, zu dem sie Tafelwasser, ich Tafelwein trank, wurde uns beiden deutlich, wie sehr sich unsere Ansichten von dem perfekten Abendessen unterschieden. Wir hatten einen fantastischen Abend, aber unsere Geschmäcker waren letztendlich zu verschieden."

---

* *Der Digestif ist das Pendant zum Aperitif. Er ist ein alkoholisches Getränk, das nach dem Essen getrunken wird. Im Deutschen nennt man den Digestif liebevoll Verdauungsschnaps.*

„Es war schön, dich zu treffen, Jasmin", sagte ich ihr bei unserem Abschied, „du hast mich mit deinem Mut beeindruckt. Genieß deine weitere Reise." Ich schaute ihrem immer kleiner werdenden Fahrzeug nach, stimmte mich langsam darauf ein, bald wieder ohne Begleitung an der Straße zu stehen und dachte mit einem breiten Grinsen an die vergangenen drei Wochen zurück. Jasmin hatte, kurz bevor sich unsere Wege getrennt hatten, etwas zu mir gesagt, das mir in Erinnerung geblieben ist: „Ich danke dir für diese Erfahrung, die ich ohne dich wohl nie gemacht hätte. Aber ich könnte auf Dauer niemals so reisen wie du. Die ständige Ungewissheit, wann jemand anhält und nicht zu wissen, wer es sein wird. Nicht zu wissen, wo man abends schlafen wird und auch die Unwissenheit darüber, wie viele Tage die nächste Dusche entfernt liegt. Auf Dauer könnte ich das niemals." Ihre Aufzählung verdeutlichte nochmals, wie verschieden wir waren, da es sich bei diesen Punkten genau um die Gründe handelte, weswegen ich das Trampen so mochte. An der Straße zu stehen, nicht zu wissen, wann das nächste Auto und wer als nächster Fahrer anhalten wird. Nicht zu wissen, ob ich die kommende Nacht in meinem Zelt oder vielleicht doch in einer Sauna verbringen werde. Nicht zu wissen, wo ich als nächstes abgesetzt werde. Dieses ungewisse Gefühl, das ich bei jedem Stehen am Straßenrand empfand, lernte ich mit der Zeit zu schätzen. Ich lernte es zu genießen. Ich lernte es zu lieben.

Und so stellte ich meinen Rucksack neben den Seitenstreifen, hob erneut meinen Daumen nach oben und wartete. Innerhalb der folgenden zehn Tage bestaunte ich den größten Fledermausexodus der Welt und schlich mich nachts zu einem deutschen Pärchen namens Laura und Danielle in ihren luxuriösen Bungalow. Ich verbrachte mehrere Tage mit Larry und seiner Familie in einem langen Haus – das von den Einheimischen treffend als Langhaus bezeichnet wurde – und musste dabei helfen, mit einem Kuhfell bekleidet, für Touristen zu tanzen. Ich zeltete am Fuß des Berges Kinabalu und wurde anschließend kostenfrei am Fuß tätowiert. Zum Abschluss wurde ich sogar zu einem Golfturnier eingeladen und war stolz darauf, zumindest einige meiner Bälle getroffen zu haben. Ich könnte über diese und viele andere Geschichten ein eigenes Buch schreiben und sie hatten alle eines gemeinsam: Ich konnte sie erzählen, weil ich meinen Daumen nach oben gehoben und vertraut hatte.

Das Gefühl des Wartens und der Ungewissheit: Ich schätzte und genoss es jeden Tag, an dem ich an der Straße stand. Ich liebte es. Und ich lernte, es zu vermissen.

Es fühlte sich wie Freiheit an.

Sulzbach, 5. November 2019 – 22:10 Uhr

„Ich entschied mich dazu, die letzten zwei Wochen meiner Reise bei einem Freund in Vietnam zu verbringen. Josch, einer der Jungs, mit denen ich einige Monate zuvor in Polen geskatet hatte – nein, nicht der mit der Ritterrüstung aus Gips – unterrichtete in Hanoi und lud mich dazu ein, meine Reise langsam bei ihm ausklingen zu lassen. Er verglich das Leben in der Hauptstadt Vietnams mit einem Computerspiel. ‚Du wachst auf mit Level 1, musst eine Straße überqueren, ohne überfahren zu werden – und erreichst Level 2. So arbeitest du dich durch den Tag, bis du irgendwann mit Level 20 ins Bett fällst. Und jeden Morgen beginnt das Spiel von Neuem.'" Ich lache noch einmal gemeinsam mit den Zuschauern und erzähle nun die letzte Geschichte des heutigen Abends. Ich erzähle von der letzten Nacht meiner Reise und davon, dass ich sie anders verbracht hatte, als man es vielleicht erwarten würde.

Vietnam, Februar 2019

Josch war der geborene Tramper. Er hatte nicht die geringste Scheu davor, händewedelnd an der Straße zu stehen und war es gewohnt, ein breites Lächeln aufzutragen. Darüber hinaus gab er dank seiner braunen Lockenmähne eine im Vergleich zu mir noch originalgetreuere Jesusimitation ab - was in Vietnam jedoch nicht wirklich von Vorteil war. Einzig seine breiten Schultern waren für

222

das Reisen per Anhalter ein Nachteil. „Ich habe dich nur mitgenommen, weil du so ausschaust, als würdest du keine Gefahr für mich darstellen. Du siehst schwach aus." Derartige Äußerungen, mit denen ich auf meiner Reise immer mal wieder konfrontiert wurde, lehrten mich, meine eher schmächtige Statur zu schätzen.

Das Visum meines lockigen Freundes war kurz davor, abzulaufen, und so musste er einen sogenannten *Visa Run* vollführen. Dies bedeutete, dass er Vietnam kurz verlassen und anschließend wieder einreisen musste, um so seine Visumsdauer zurückzusetzen. Wir entschieden uns dazu, gemeinsam die insgesamt 1.000 Kilometer an die Grenze von Laos zu trampen. An unserem ersten Tag warteten wir nie wirklich lange, wurden zweimal zum Essen eingeladen, bekamen Oreo-Kekse geschenkt, schafften die Hälfte der Strecke und wurden abends in einer Bar auf ein Bier eingeladen. Gegen Mitternacht schlugen wir unser Zelt auf einem freien Bauplatz zwischen zwei Häuserwänden auf. „Ich hoffe, du hattest einen schönen neunundzwanzigsten Geburtstag", sagte Josch. „Ich hätte mir keinen besseren vorstellen können", antwortete ich.

Als wir nach insgesamt drei Tagen auf der Straße erneut in Hanoi ankamen, neigte sich meine Reise in großen Schritten ihrem Ende zu. Ich musste mich entscheiden, wie ich meinen letzten Abend verbringen wollte. Es wäre naheliegend gewesen, noch ein letztes Mal feiern zu gehen. In vietnamesischen Clubs zu tanzen und noch ein letztes Mal die billigen Bierpreise auszuschöpfen. Stattdessen entschied ich mich dazu, wie auf meiner ersten Reise, die letzte Nacht alleine zu verbringen. Ich füllte meine Tasche mit mehreren Bierdosen, besorgte mir eine ausreichende Anzahl an Zigaretten und machte es mir auf der Dachterrasse von Joschs Wohnung auf einem unbequemen Holzstuhl bequem. Mein Blick fiel auf eine Vielzahl von Häusern, auf Wäscheleinen, wild verbundene Stromleitungen und auf vereinzelte Sterne. Während meine Gedanken von teils ruhigen und emotionalen, teils aber auch von lustigen Musikstücken begleitet wurden, nahm ich mehrere tiefe Schlucke* und Züge – und starrte in den Himmel. Die lauten Motorradgeräusche, die Wolken, die den Blick in den Himmel überwiegend versperrten, die häufigen Windstöße, die Joschs T-Shirts neben mir von seiner Wäscheleine wehten und der Gedanke daran, zurückzukehren, machten diesen Abend zu dem, was er war. Und obwohl mir der Gedanke an das Ende meiner Reise Angst machte, fühlte sich dieser Moment vollkommen perfekt an.

---

* *Ich weiß nicht, ob es nur mir so geht, aber jedes Mal, wenn ich den korrekten Plural von Schluck lese, stellen sich mir die Nackenhaare auf. Falls jemand vom Rat für deutsche Rechtschreibung jemals dieses Buch in die Hände bekommen sollte, will ich an dieser Stelle eine Bitte äußern: Ich plädiere dafür, den Plural von Schluck in Schlücke zu ändern. Vielen Dank.*

Ich dachte an all die Momente der vergangenen zwei Jahre. Sie hatten diese Reise zu dem gemacht, was sie war. Ich dachte an all die Geschichten, die es verdient hatten, erzählt zu werden und an wiederum andere, die ich vielleicht, wie meine Massagegeschichte, nie erzählen werde. Ich dachte an die Momente des Glücks, die zwar oft vergänglich waren, deren Erinnerungen jedoch für immer bestehen bleiben werden. Und mit jeder Erinnerung sah ich vor meinem geistigen Auge die jeweiligen Bilder vorbeiziehen. Wie Wolken, die hinter einem Häuserblock auftauchten, um kurze Zeit später hinter einem anderen wieder zu verschwinden. Wie die Hochglanzseite eines Buches, auf der sich das warme Licht der Zimmerlampen spiegelt und so die Illusion von Sternen erschafft, um kurz darauf mit einer Umschlagbewegung in der Dunkelheit zu verschwinden.

01 | Ich dachte an den sonnigen Vormittag vom 24. April 2017. Ich dachte an den Tag, an dem damals meine Reise begann.

02 | Ich dachte an Claudia, meine erste Mitfahrgelegenheit, und wie sie zu mir sagte, dass ich alles richtig gemacht habe.

03 | Ich dachte an mein Abitur.

04 | Und wie ich 5 Jahre danach für mein erstes Mastersemester nach Australien flog.

05 | Ich dachte an meine erste Reise. Wie ich damals in Java die Hand des alten Mannes schüttelte.

06 | Und ich fragte mich, wie ich wohl ausgesehen hätte, wenn ich tatsächlich auf die Suche nach Venefortuna gegangen wäre.

07| Ich dachte an die freundliche Familie, in deren Kinderzimmer ich damals mein Hello Kitty Plüschtier zurückgelassen hatte.

08| Und ich dachte an Lok Ling. Daran, dass sie mir zwar das Herz brach, mir aber gleichzeitig den Impuls zum erneuten Reisen gab.

09| Natürlich dachte ich auch an Alice und daran, wie wir gemeinsam in Italien tanzten.

10| Ich dachte an meine Zeit mit Alex in Österreich. Ich dachte an unsere Wanderung zu dem Gipfelkreuz.

13

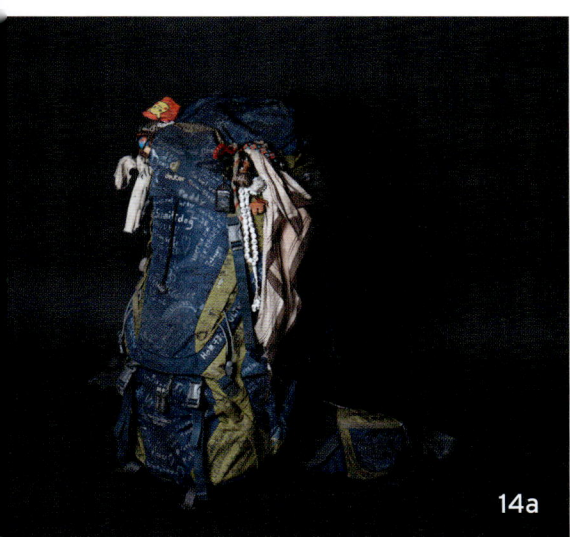

14a

12

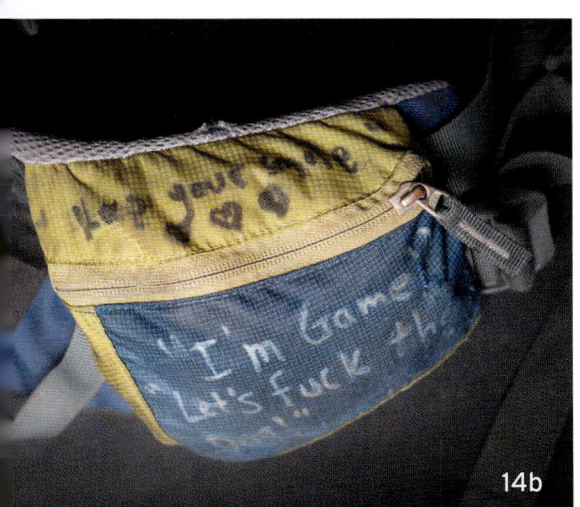

14b

11| Und an unseren Ausflug zum Fischen.

12| Und daran, wie er mir die Tulpensammlung auf seinem Dachboden zeigte.

13| Ich dachte an Georgina, wie sie mir damals einen Zeltplatz in Kroatien zeigte. Auch daran, wie dieser Zeltplatz seinen Weg in die Zeitung gefunden hatte, obwohl das Bild so aussah, als wäre mein Geschlechtsteil zu sehen.

14| Ich dachte daran, wie auch Georgina ihren Weg auf meinen Rucksack fand und sich so neben unzähligen anderen Menschen verewigte.

15| Ich dachte an den Sonnenuntergang über Sarajevo, den ich mit Cemo bestaunte.

16| Und daran, wie er mich am Folgetag
zum Essen einlud.

17| Ich dachte an den Rockstar Oha, der
heutzutage Menschen in seiner Musikschule hilft.

18| Und auch an Sile und Toni. Ich dachte
an Siles Mutter Ilonka und daran, wie
sie ihren Kampf gegen den Krebs am
Ende leider doch verloren hatte.

19| Ich dachte an meinen Domino-Abend
über den Dächern Tiranas, der Hauptstadt Albaniens.

16

18

19

20| Ich dachte an die Bobbahn in Sarajevo.

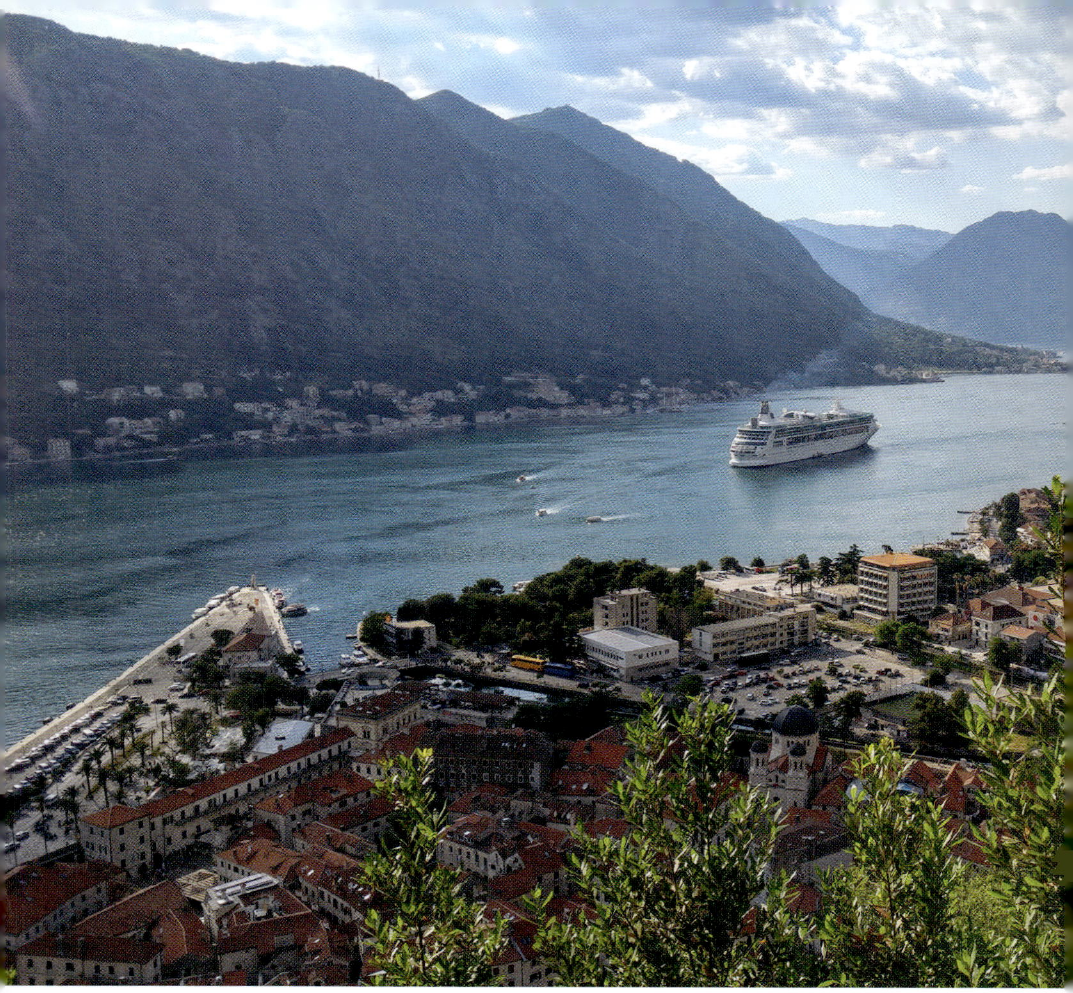

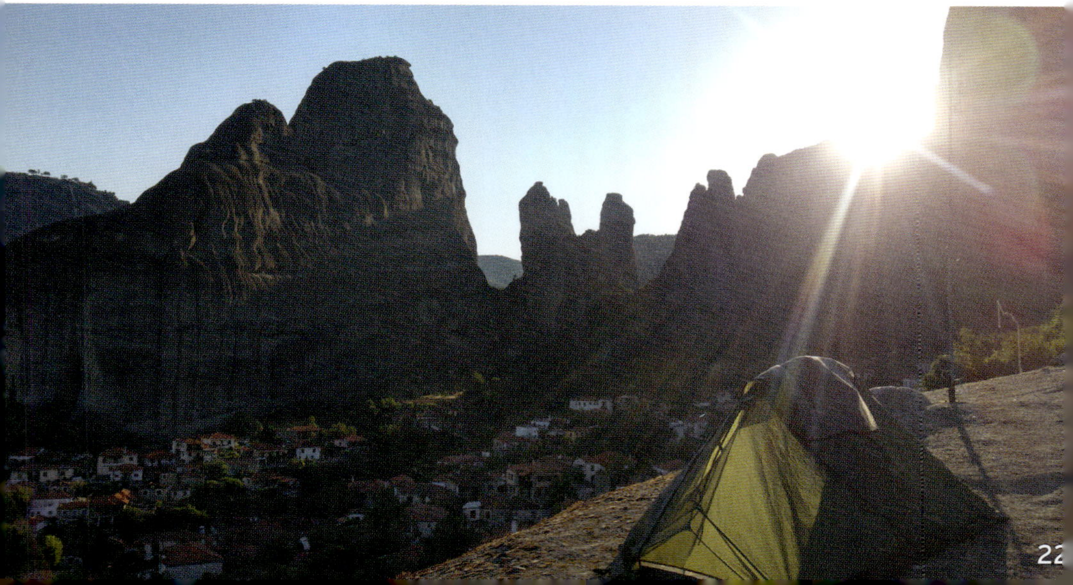

21

21| Ich dachte an die wunderschöne Bucht in Montenegro und an Masturbations-Mann, der mich wenige Kilometer entfernt von ihr mitnahm.

22| Ich dachte an die beeindruckenden Felsformationen Meteoras und daran, wie ich mich am damaligen Abend zum ersten Mal auf meiner Reise einsam fühlte.

23| Ich dachte auch an den Felsendom in Jerusalem und an die starken Proteste in dieser unbeschreiblichen Stadt.

> Glaube nicht dem, der von der Kirmes kommt, sondern dem, der nochmals hingeht.

25

24| Ich dachte an die Ruinenstätte Petra.

25| Und wie ich trotz der Sprachbarrieren mit Glück und Keksen dort ankam.

26| Ich dachte an meinen ungeplanten Zwischenstopp in Ma'an und an die Werkstatt-mitarbeiter, die mich am Ende des Tages doch noch nach Amman brachten.

27| Ich dachte daran, wie ich sieben Stunden lang auf einer der gefährlichsten Straßen dieser Welt im Kofferraum unterwegs war.

28| Und daran, wie ich dort nach einer Wande-rung mit mehreren Tschechen ,Never have I ever' spielte.

26

28

29 | Ich dachte an Kappadokien und daran, wie ich vergeblich versuchte, die Ballons zu zählen.

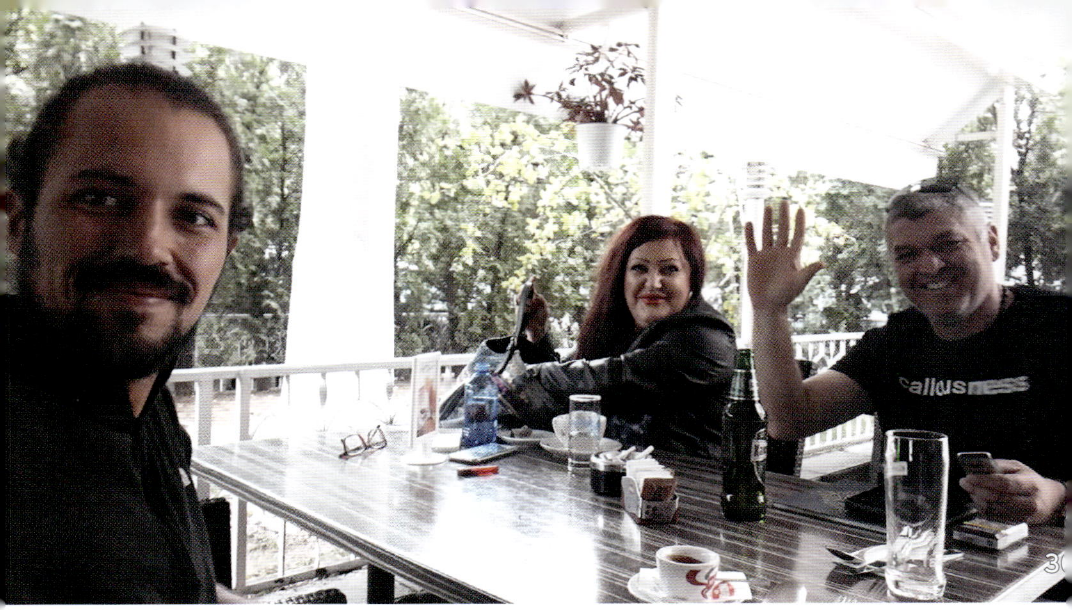

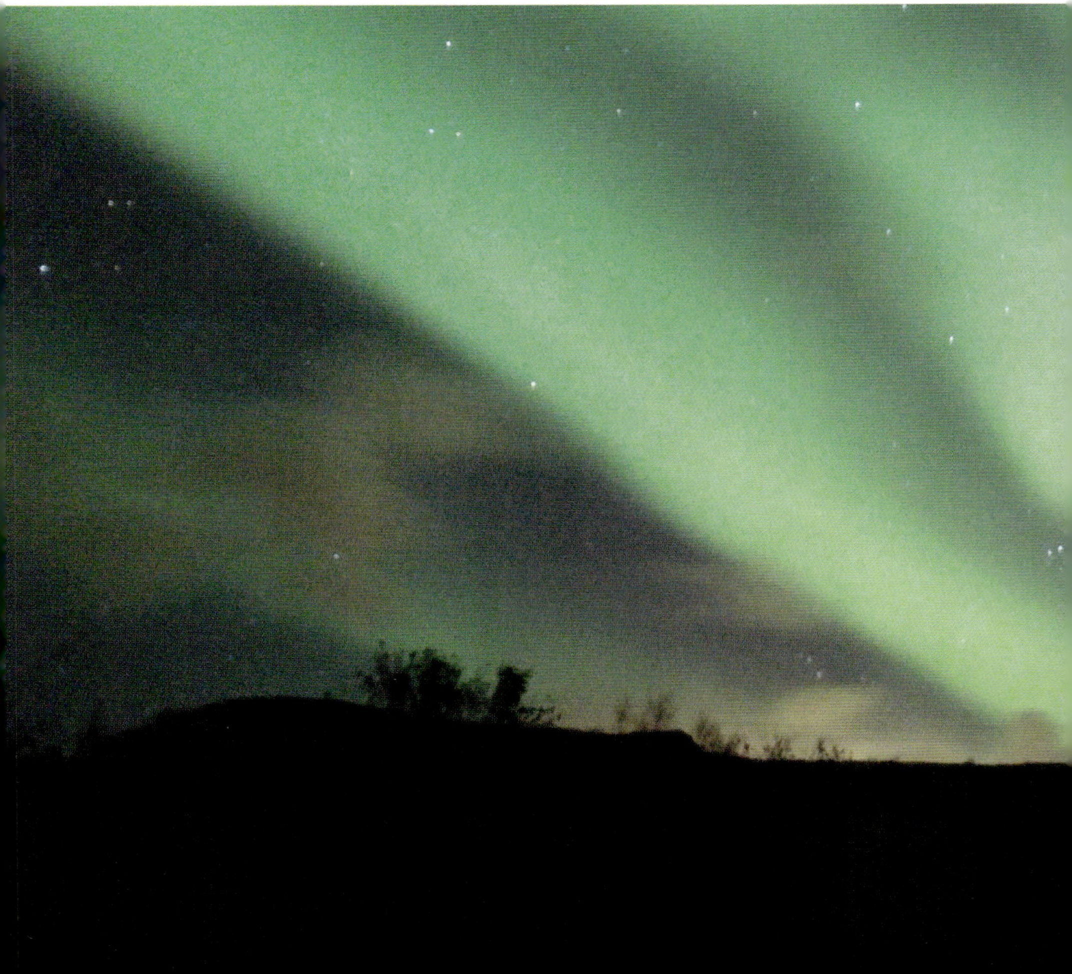

31

30| Ich dachte an Trayana und Beysim, mit denen ich eine Werkstatt in der Türkei besuchen musste. Ich freute mich nach wie vor darüber, dass sie mein Vertrauen damals nicht missbraucht hatten.

31| Ich dachte an Frode und Daniel. Daran, wie wir morgens mit Frodes kleinem Boot über das Meer fuhren.

32| Ich dachte an die ersten Nordlichter meines Lebens und an Sultano. Ich dachte an einen der schönsten und gleichzeitig traurigsten Momente meiner Reise.

33| Ich dachte an die Natur Norwegens und an Dinge, die ich heutzutage vielleicht nicht mehr machen würde.

34| Ich dachte an den Tag, an dem Daniel und ich das Nordkap fast erreicht hatten.

35| Und daran, wie wir wenige Tage später die kälteste Nacht meines Lebens in einer Sauna verbrachten und eine Polarkreis-Urkunde überreicht bekamen.

36| Ich dachte an Halloween 2017 und daran, wie wir eine Nacht eingesperrt in einem Kriegsbunker verbrachten.

33

34

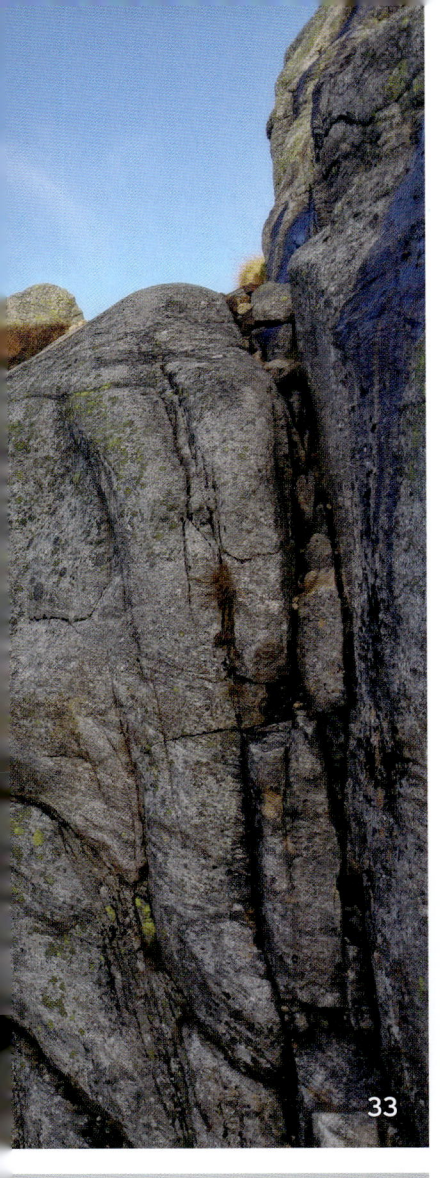

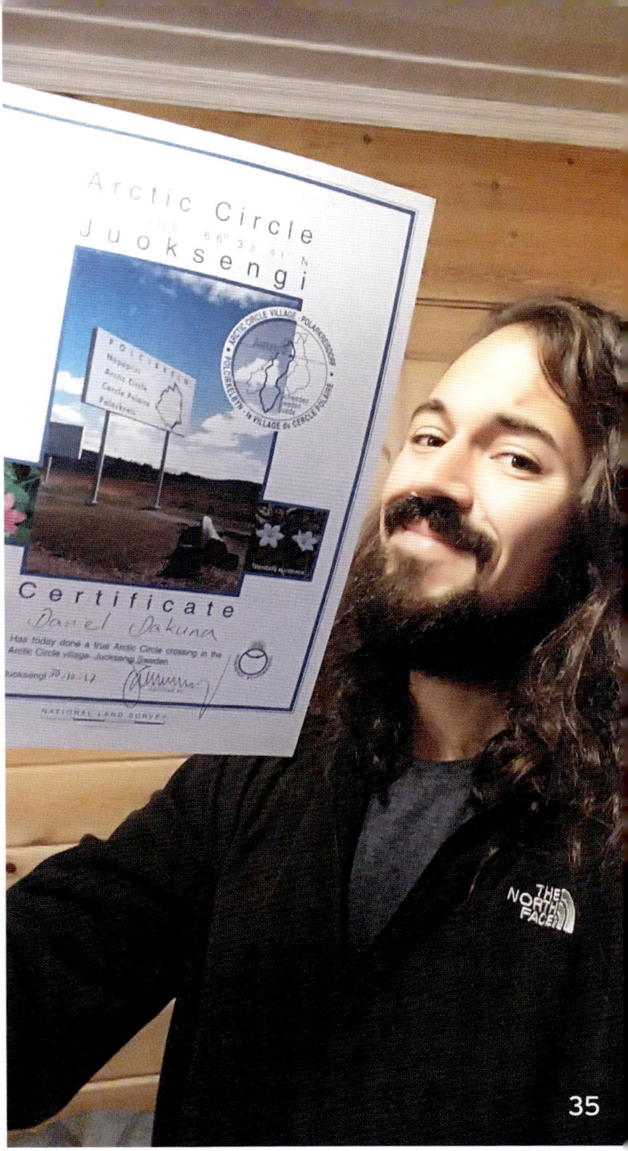
Arctic Circle
Juoksengi
Certificate
Has today done a true Arctic Circle crossing in the Arctic Circle village Juoksengi Sweden
NATIONAL LAND SURVEY
35

36

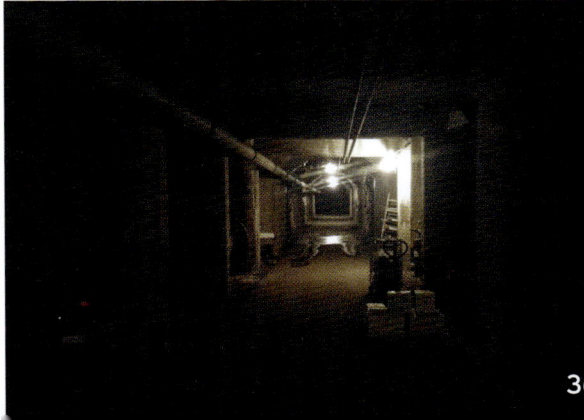

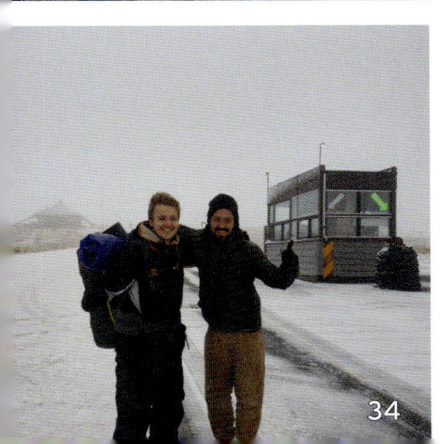

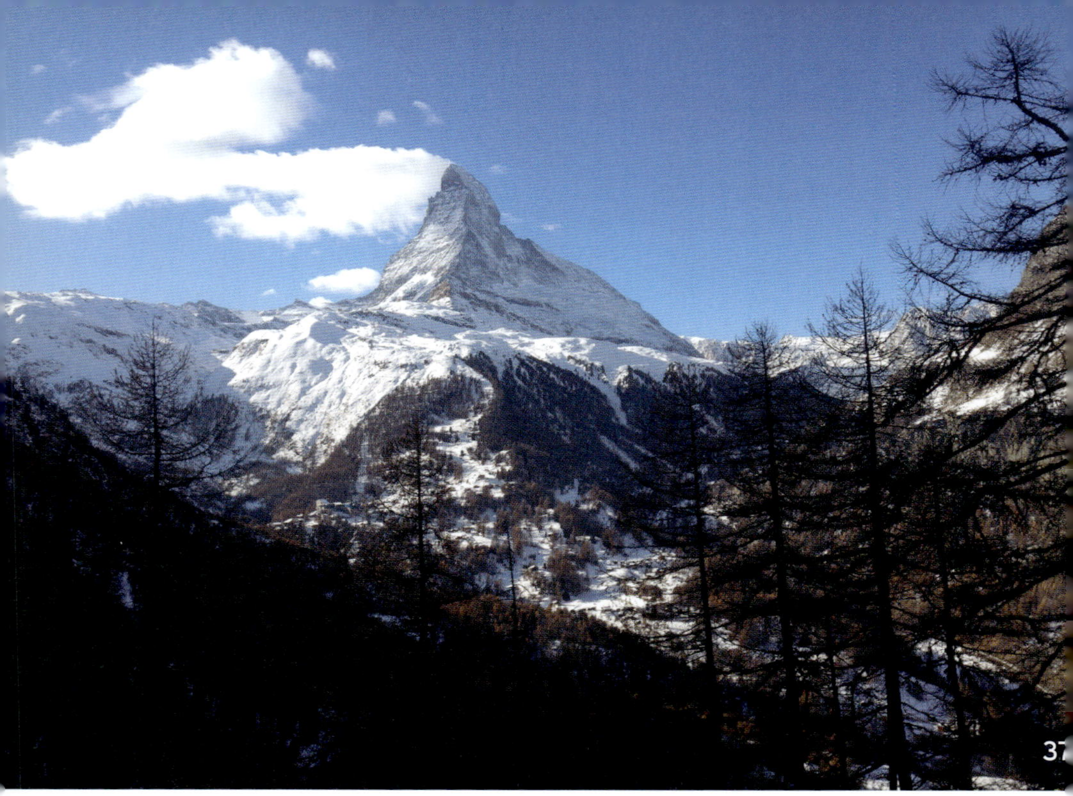
37

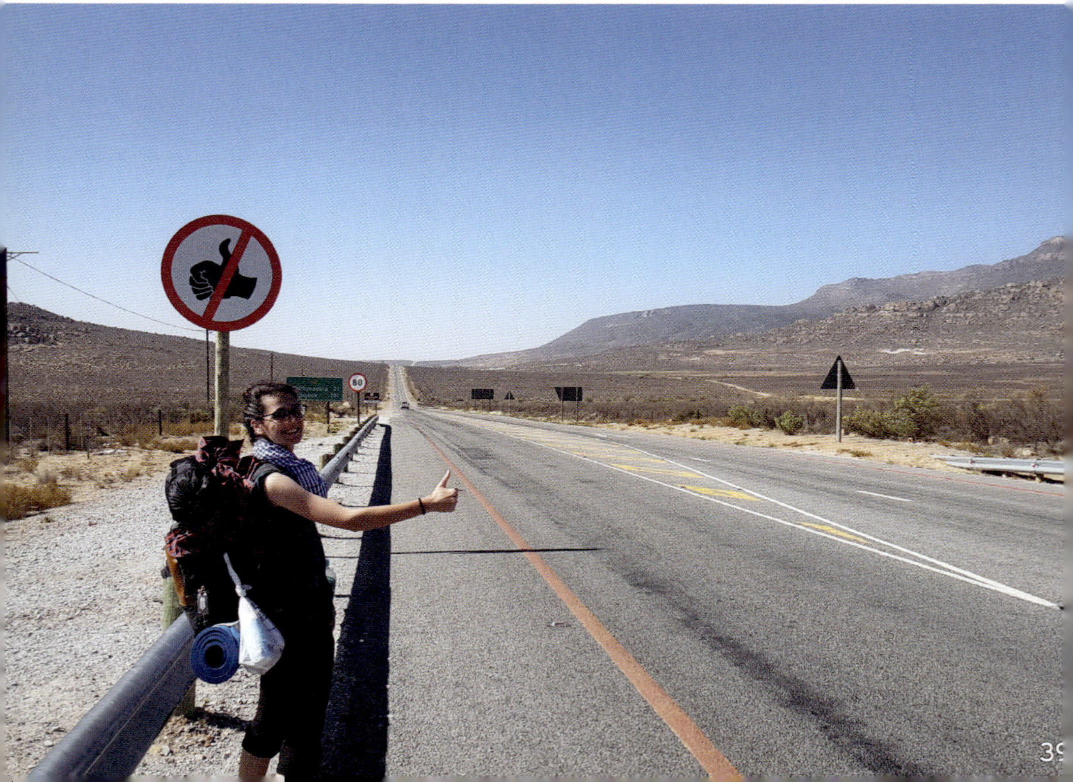

39

37 Ich dachte an das rauchende Matterhorn in der Schweiz und daran, wie ich vermutlich bald genau dort arbeiten würde.

38 Ich dachte an die Pinguine in Südafrika und an viele andere Dinge, mit denen ich so nicht gerechnet hätte.

39 Ich dachte an Ola und unseren Münzwurf. Daran, wie wir unsere Pläne ändern mussten.

40 Ich dachte an Xavier und Opi, in deren Firma wir eine Nacht verbringen durften. Ich dachte an einen Lamborghini.

41 Ich dachte an Sami und daran, wie er unsere Rotweinbecher mit Eiswürfeln füllte.

42

42 | Ich dachte an die Kohlmannskuppe und an die Badewanne, die ein einsames Leben im Sand führte.

43

43| Ich dachte an die Parkarbeiter, die mich einluden, mir Musik aus Namibia zeigten und mich mit Wodka versorgten.

44| Ich erinnerte mich daran, als mir damals in meiner Schulzeit der Spitzname Kani gegeben wurde.

45| Und ich dachte daran, wie ich in Botswana von Fani Kani und Kani Kani mitgenommen wurde.

46| Ich dachte daran, wie ich gemeinsam mit den beiden Kanis das Wunder von Botswana erlebte.

47| Ich dachte an Ivor und seine Schüler. Daran, wie sie voller Freude mit meinem Zelt spielten.

48| Ich dachte daran, wie ich einen Sattelschlepper nach Berlin fuhr und fragte mich nach wie vor, ob ich damals ein Auto geschmuggelt hatte.

44

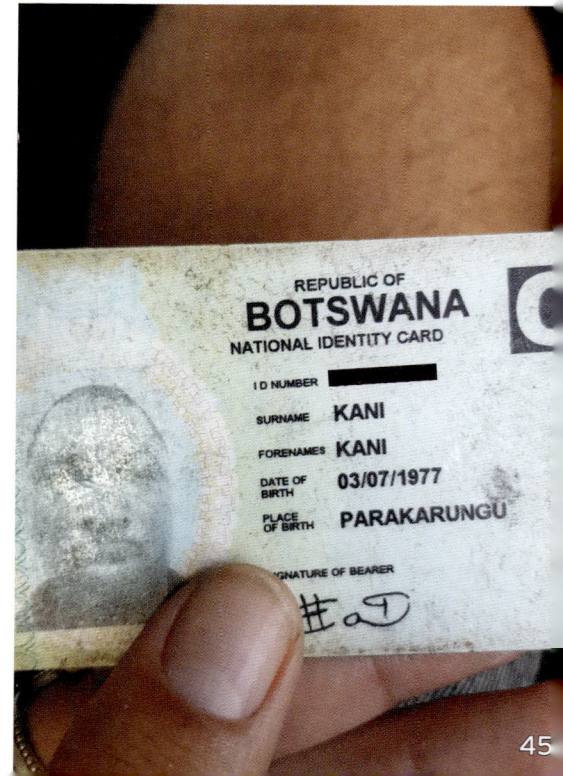

45

46

48

47

49 | Ich dachte an Josch und Stocki, mit denen ich in Polen das Longboard fahren lernte.

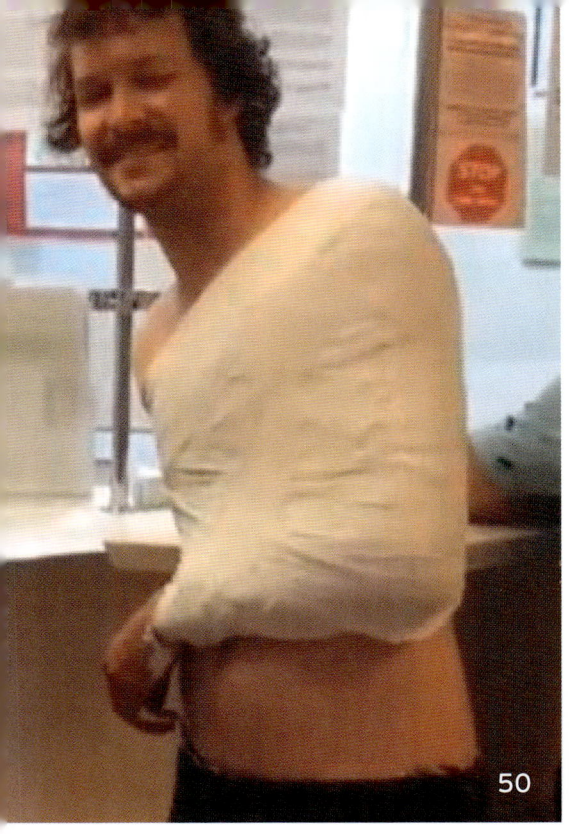

50

5

52

50| Und ich dachte erneut an Stocki, der es vielleicht besser nicht gelernt hätte. Daran, wie ich vor lauter Lachen leider nur ein unscharfes Foto von ihm machen konnte.

51| Ich dachte daran, wie mir von einer polnischen Designerin eine Unterhose geschenkt wurde und ich anschließend Werbebilder für sie machen musste.

52| Ich dachte daran, wie ich mit einem Lachfisch durch Riga spazierte.

53| Ich dachte an den Mann, mit dem ich die 40.075 Kilometer-Marke passierte und somit unsere Welt einmal per Anhalter umrundete.

54| Und ich dachte an meine längste Mitfahrgelegenheit und daran, wie er unabsichtlich während des Fahrens ein Selfie von sich machte.

53

54

55| Ich dachte an Moskau und daran, wie ich mir an der Basilika einen meiner Kindheits-
träume erfüllen konnte.

56| Ich dachte an das wunderschöne Altai und meinen ersten Zeltplatz in dieser Region.
Damals, als ich nachts von Geräuschen geweckt wurde. Und daran, dass es glücklicherweise nur Wildpferde waren.

55

56

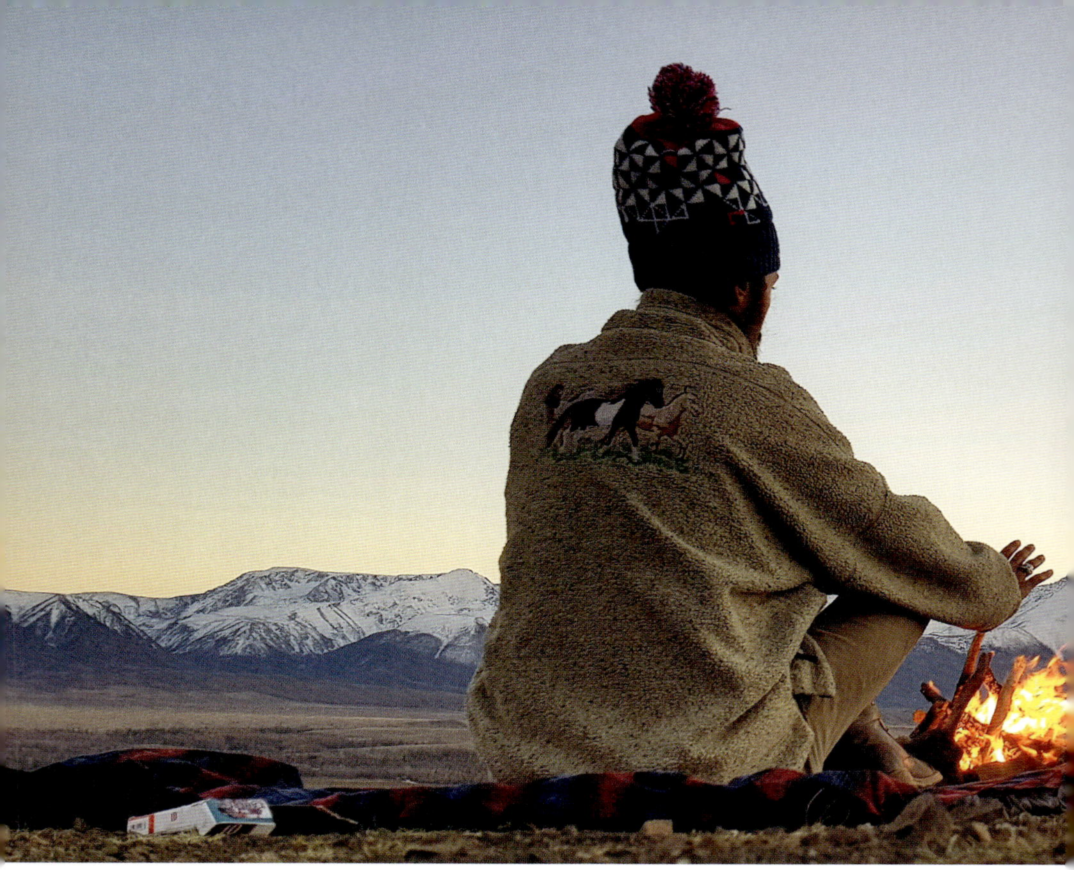

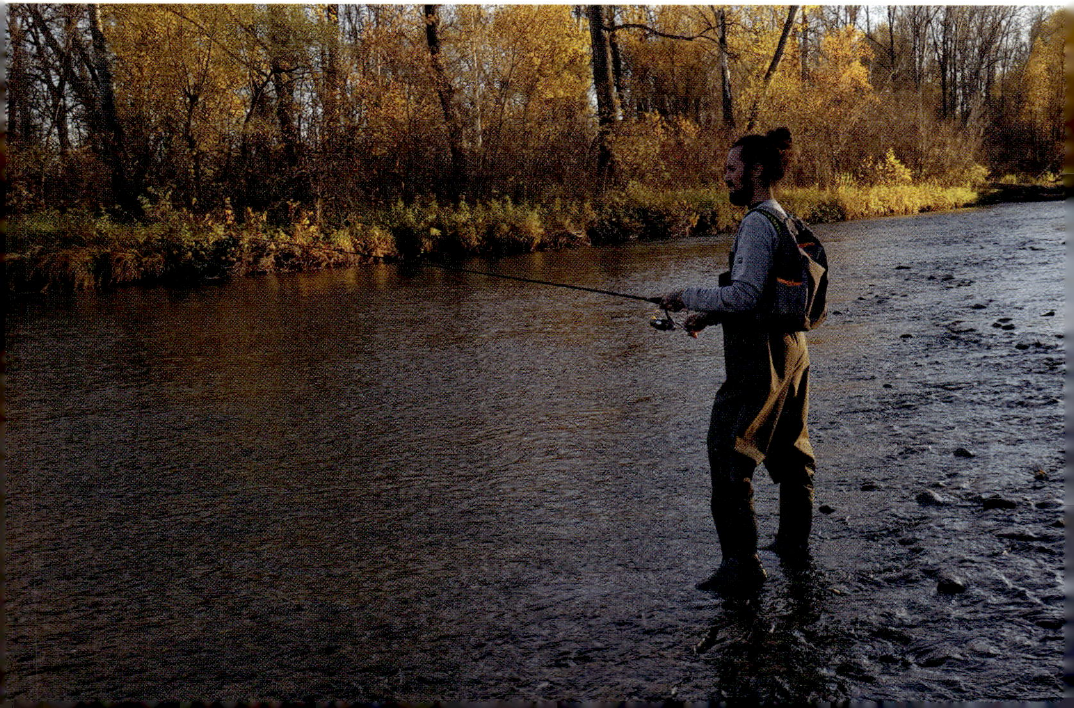

58a

57| Ich dachte an meine zweite Nacht im Altai und daran, wie ich mich fragte, warum ich kurz vor der Mongolei erneut umgekehrt war.

58| Ich dachte an meinen Angelausflug in Russland, zu dem mich Farid einlud. Auch daran, dass er mich abends zu einer ‚schönen Frau, die sich gut um mich kümmern würde‘, brachte.
Ich dachte an die Statuen vor ihrem Haus, die nachts mit rotem Licht angestrahlt wurden.

58b

58c

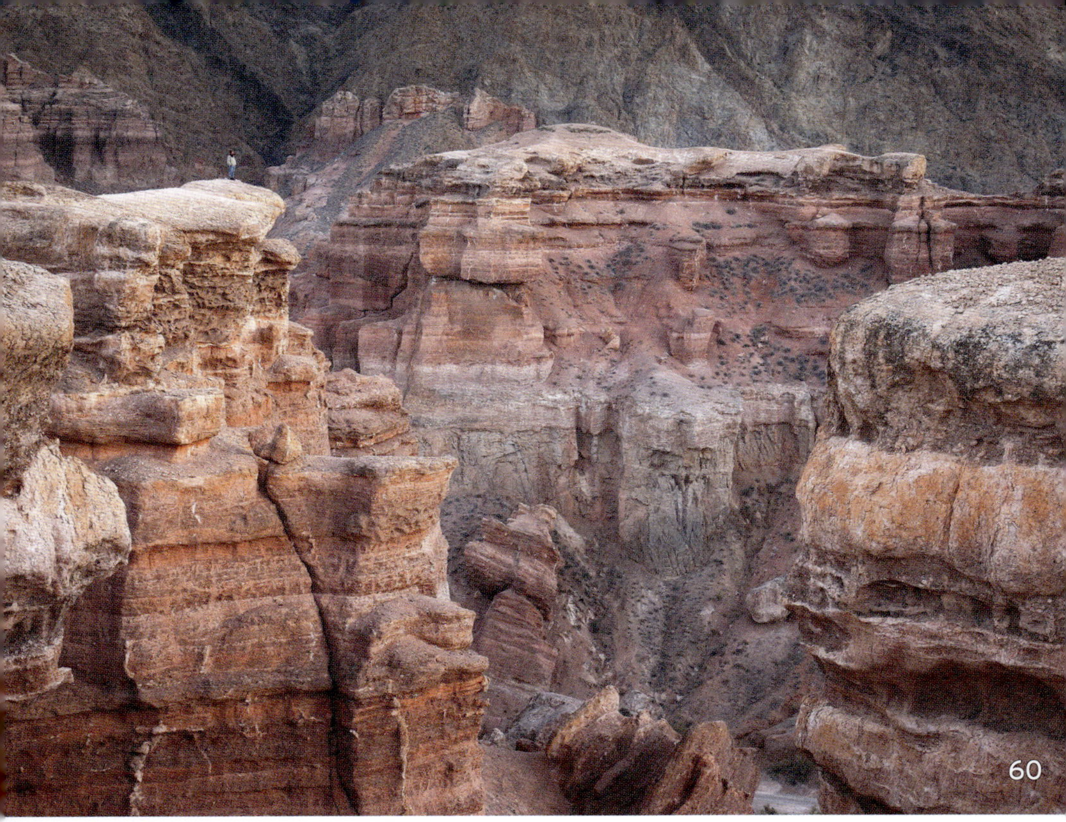

60

59

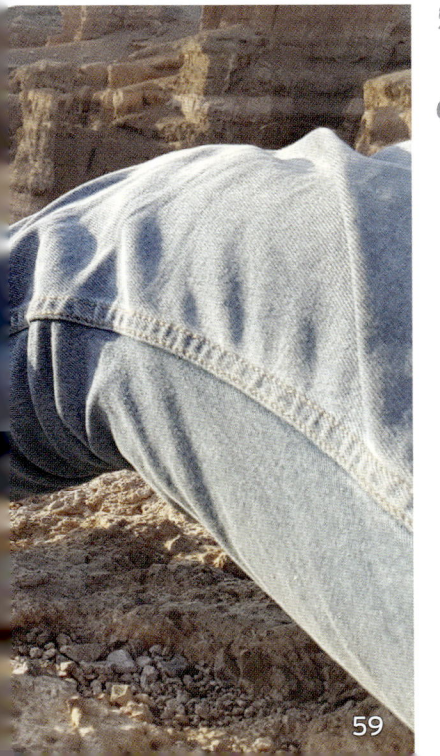

59| Ich dachte an die eklige Dosenmahlzeit, an der ich fast gestorben wäre.

60| Und ich dachte an Julia, die genau dort ohne mein Wissen ein Bild von mir machte.

6

62

63

61│ Ich dachte an Ucha und daran, wie ich dank ihm niemals herausfinden musste, wie man in einem -40 Grad-Schlafsack schläft.

62│ Ich dachte auch an die Familie, der ich nach meiner Wanderung ihren Schlafsack zurückgab und an die Japanerin Chisato, die mich auf dieser Wanderung begleitete.

63│ Ich dachte an meinen Kulturschock in Indien und daran, wie ich mich glücklicherweise an das Chaos dort gewöhnte.

64│ Und an die Hochzeit, zu der ich eingeladen wurde. Der Abend, an dem ich von Alice loslassen musste.

65│ Ich dachte daran, wie einfach es war, in Begleitung von Jasmin zu trampen.

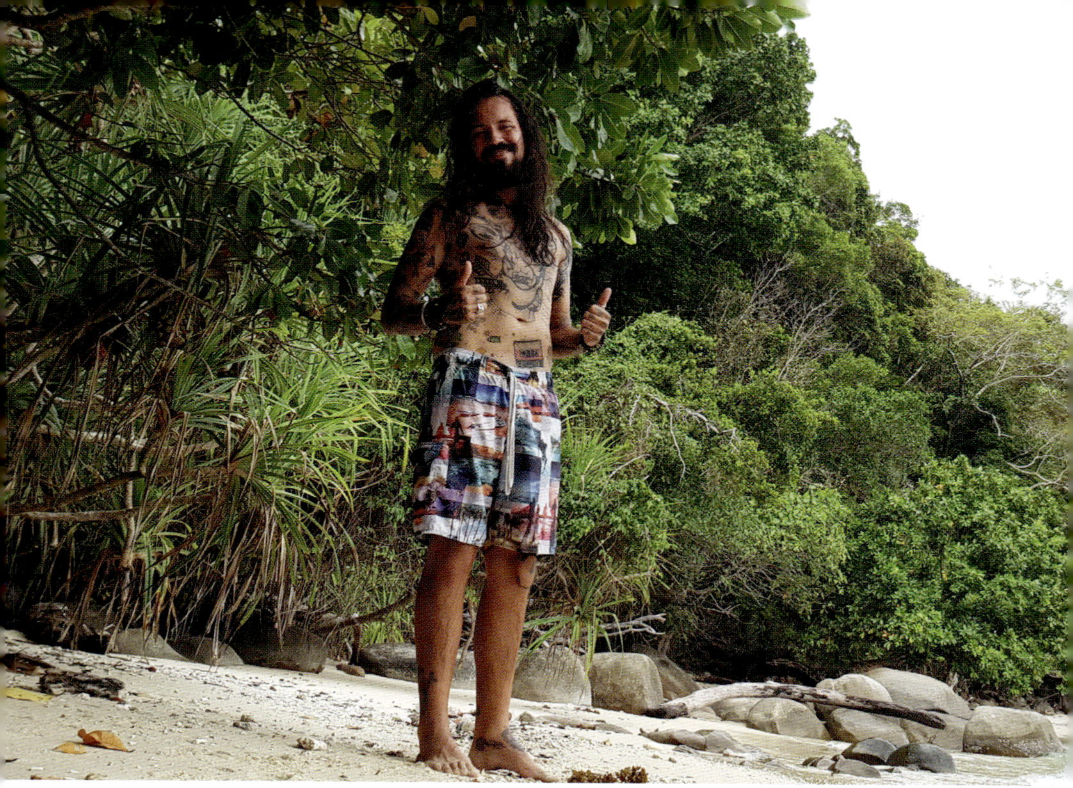

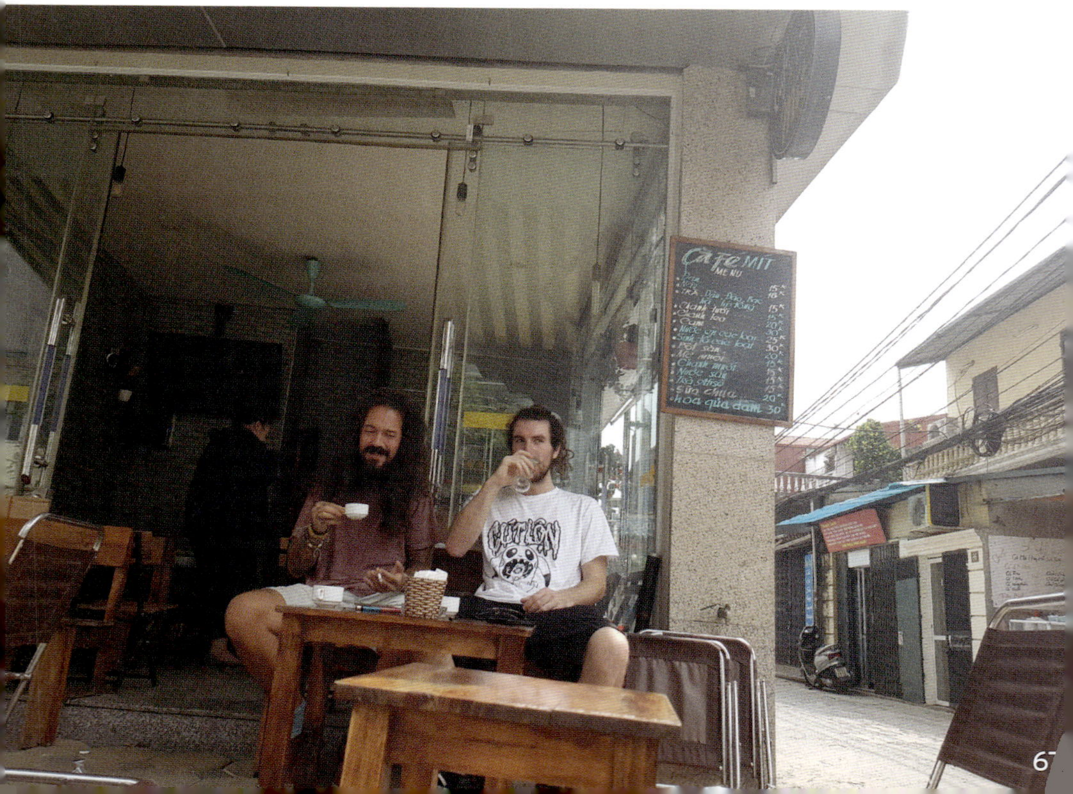
Cafe MIT
MENU

66

66 | Und daran, wie ich eine Nacht auf einer einsamen Insel verbrachte. Daran, als ich mich wie der größte Idiot dieses Planeten fühlte.

67 | Und ich dachte an Josch, mit dem ich die letzten Tage meiner Reise in Vietnam verbrachte. Der Mann, der gerade ein Stockwerk unter mir vermutlich in seinem Bett lag.

Obwohl ich hauptsächlich über die Begegnungen meiner Reise nachdachte,

zogen auch all die traumhaft schönen Orte an mir vorbei. All die Szenerien,

deren Schönheit ich nie wieder vergessen werde.

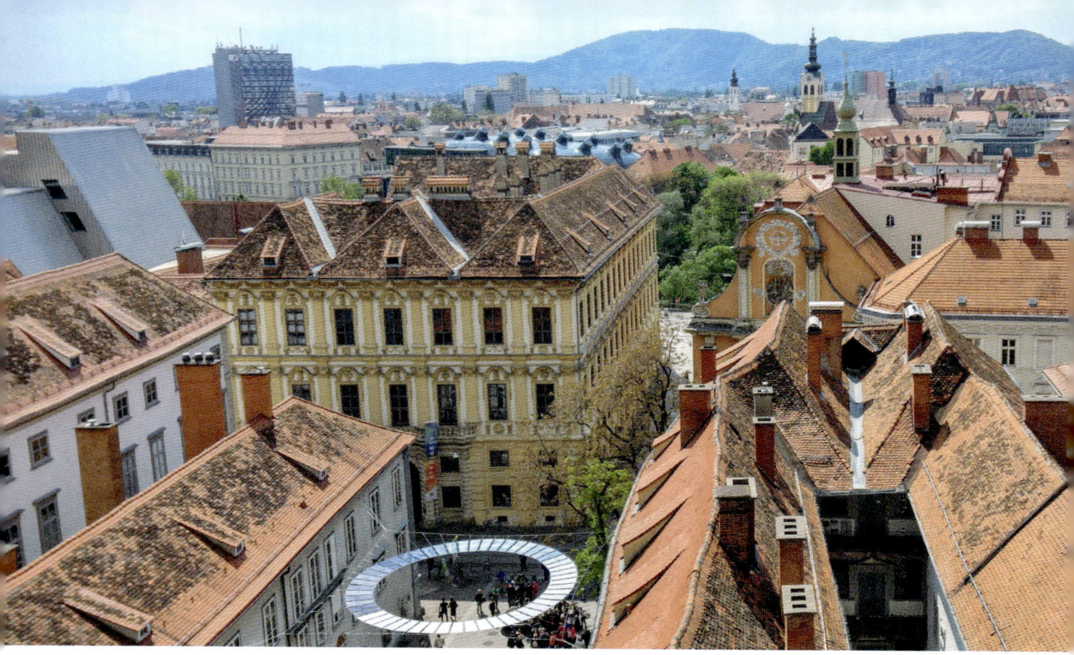

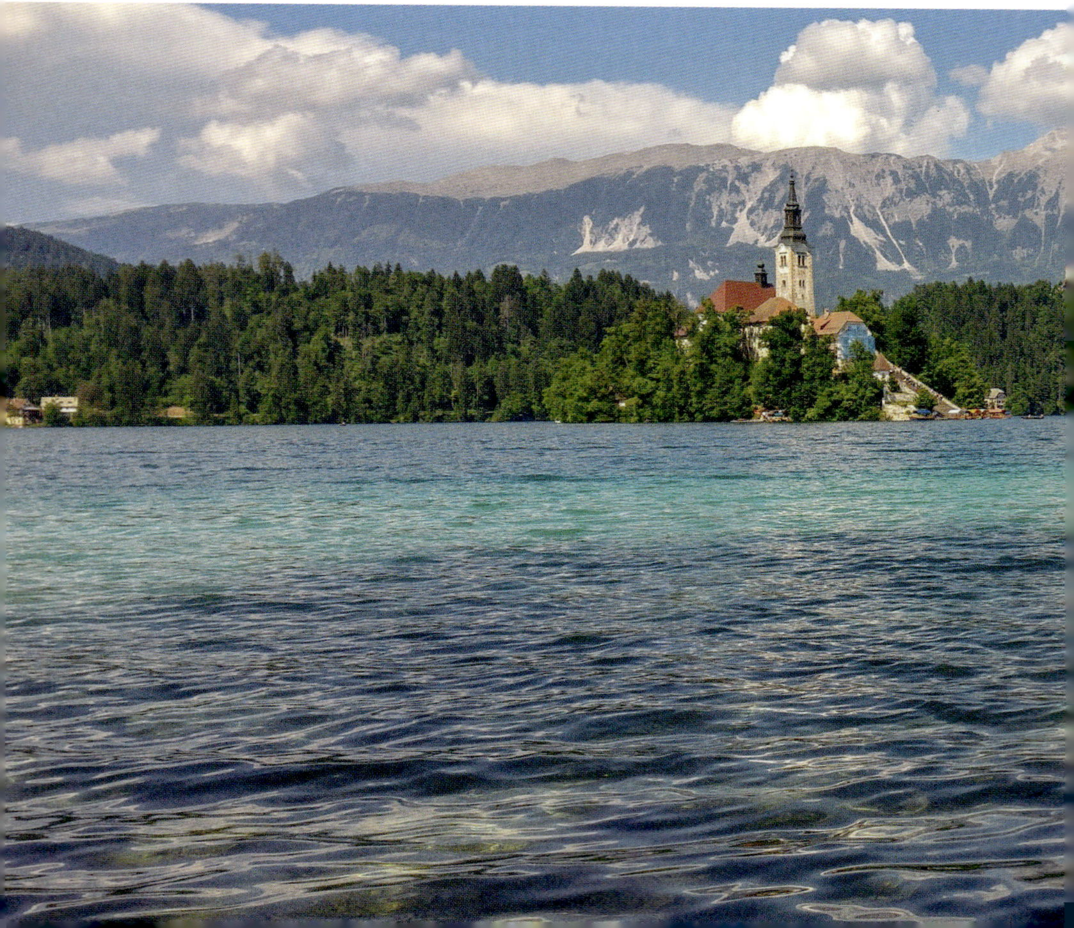

68

68 | Ich dachte an den Blick über Graz in Österreich.

69 | An den See Bled in Slowenien.

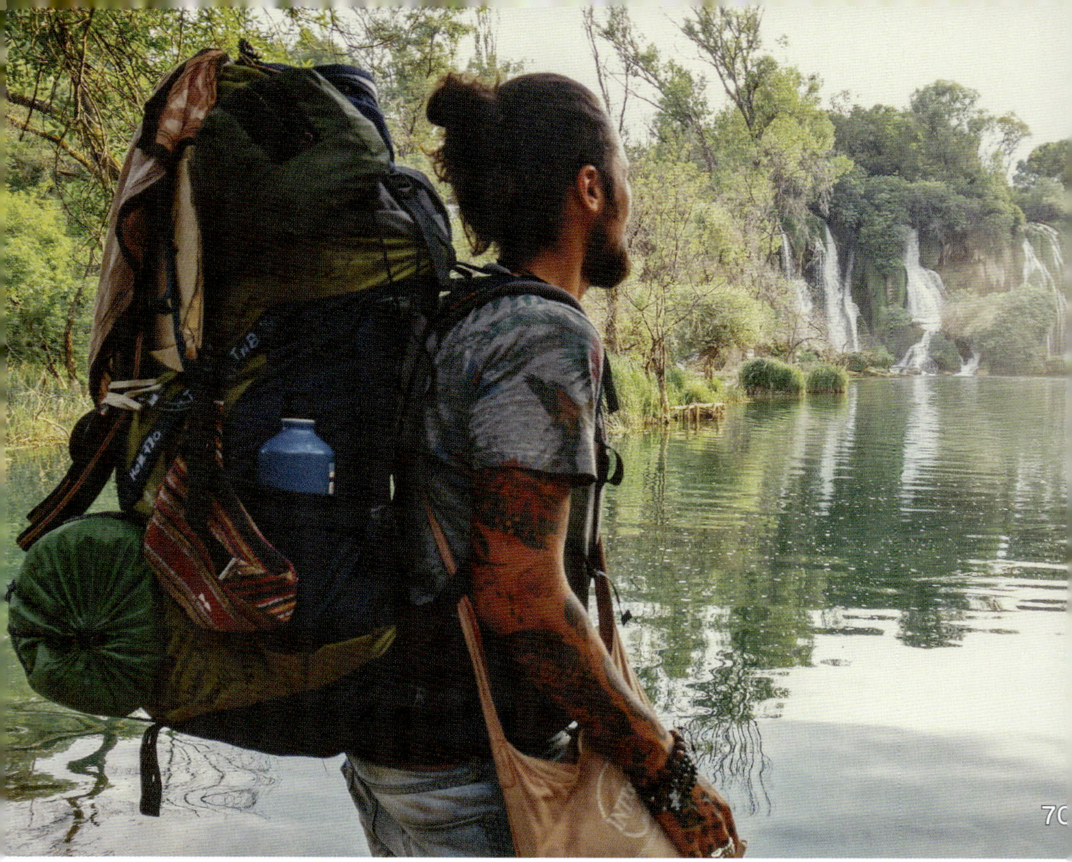
70

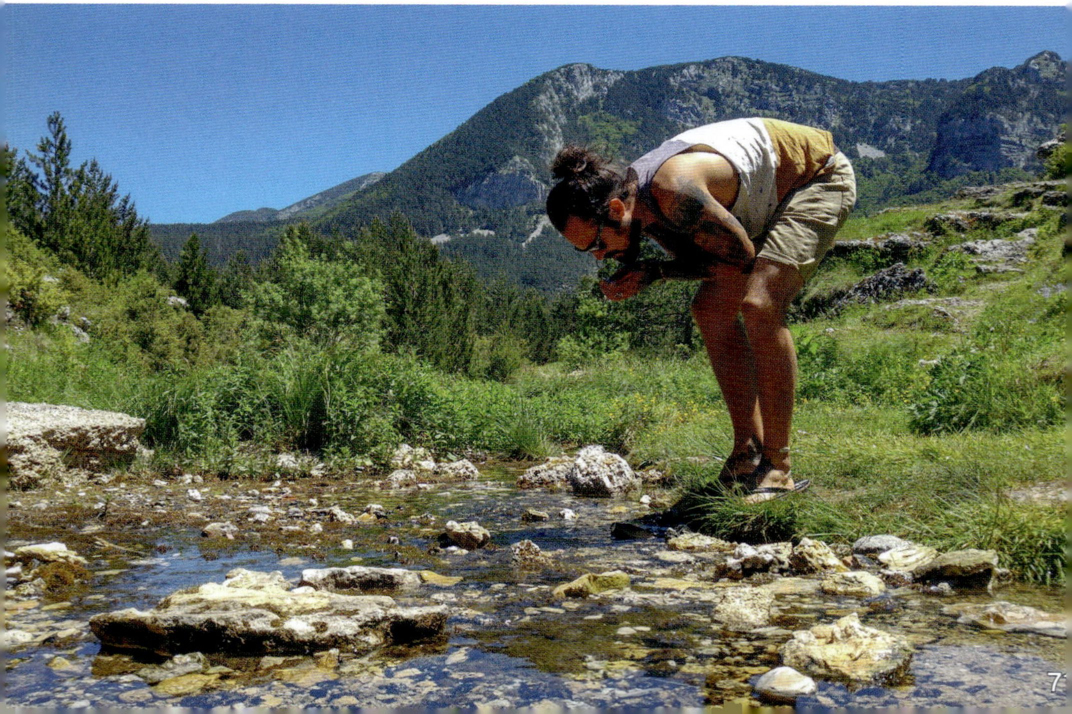
7

70| Und an die Kravica-Wasserfälle in Bosnien und Herzegowina.

71| Ich dachte an ein Gebirge in Bosnien und Herzegowina, in dem ich mit Sile und Toni unterwegs war.

72| Ich dachte an die Albanischen Alpen und das Bergdorf Theth.

73| Und an den malerischen Ausblick über Petra in Jordanien.

72

73

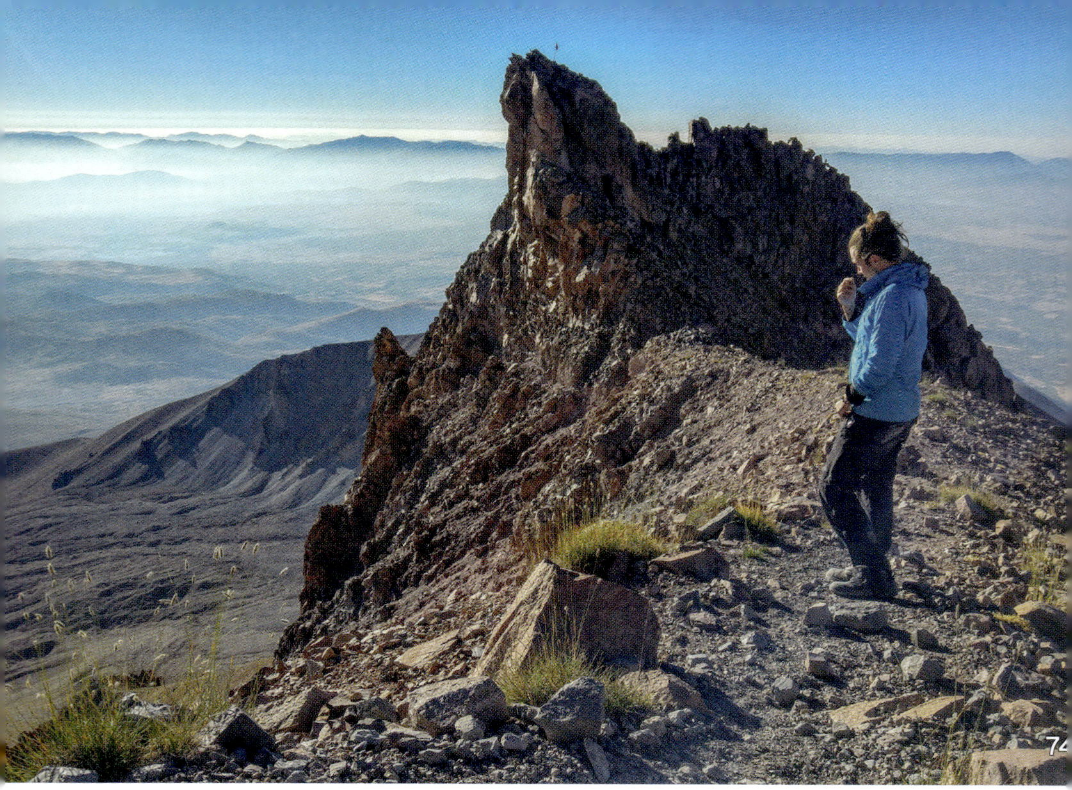

74

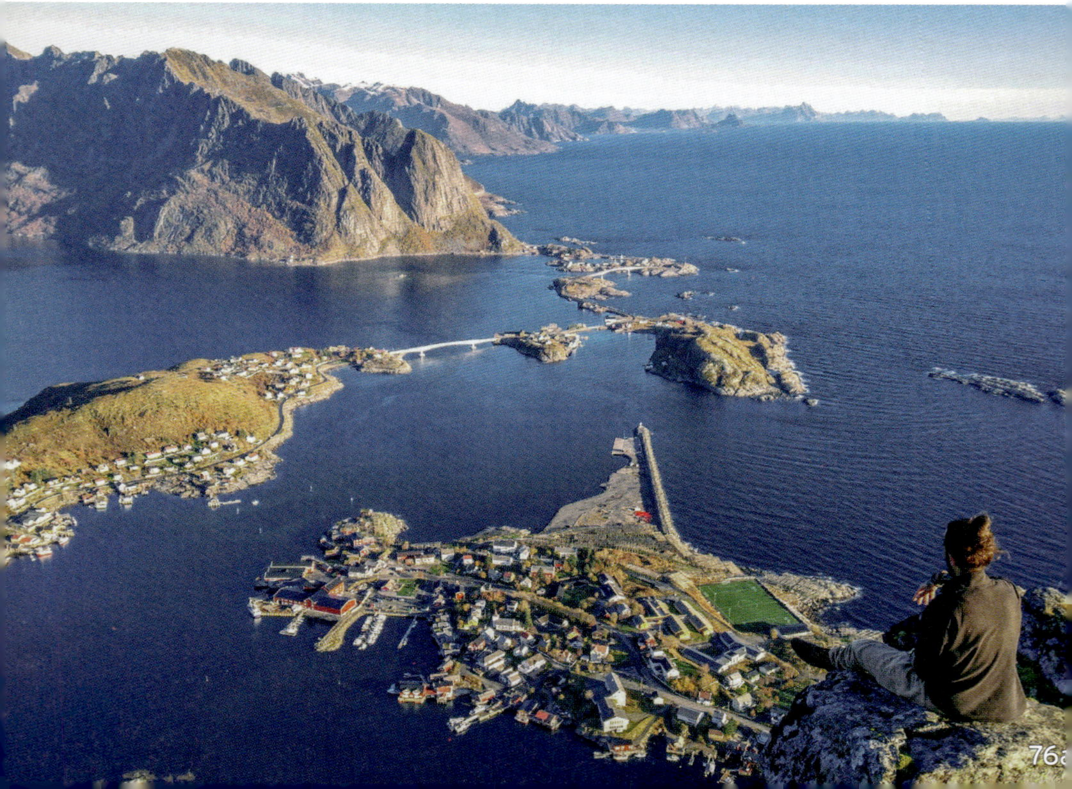

76a

75

76b

74| An den Berg Erciyes in der Türkei.

75| Und an Norwegen. An den Preikestolen.

76| Und an die Lofoten.

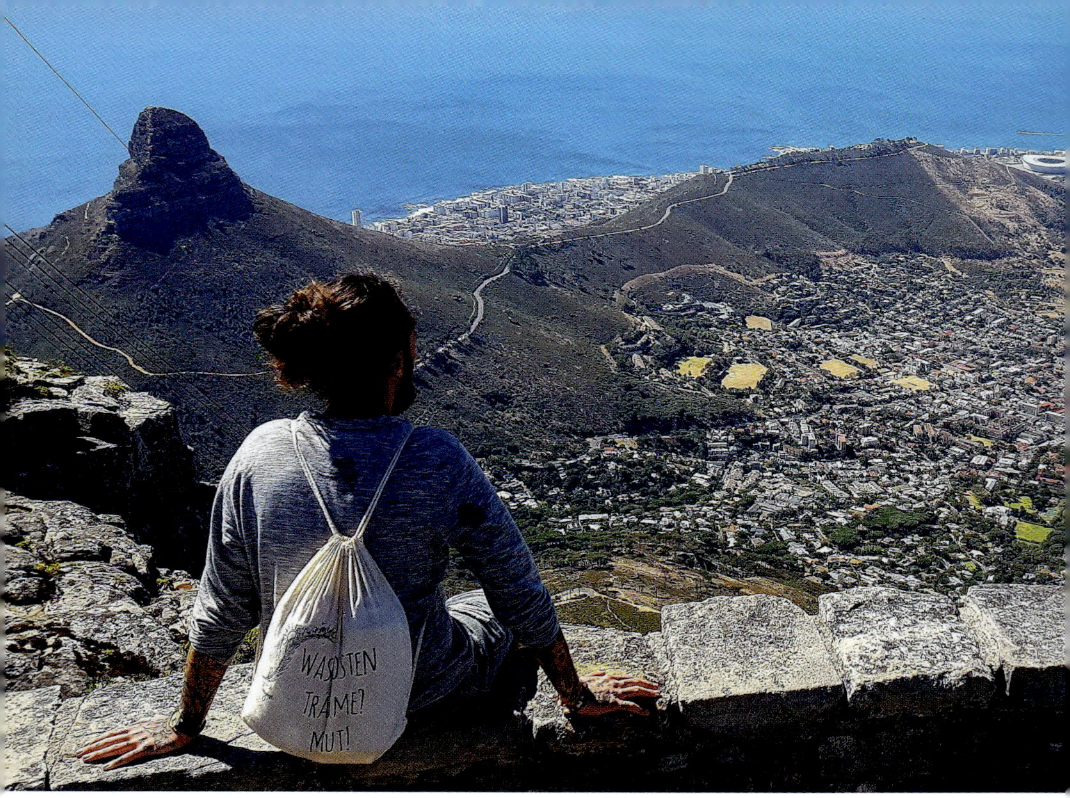
MUT!

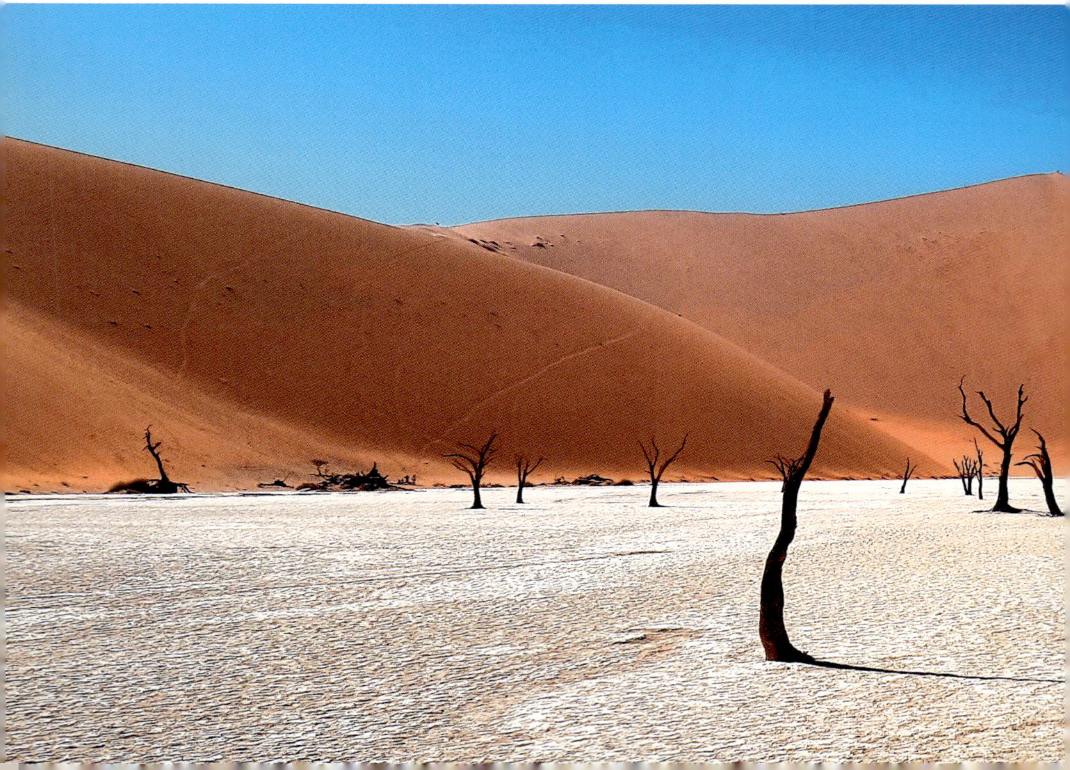

77 | Ich dachte an Kapstadt in Südafrika.

78 | Und an das Sossusvlei in Namibia.

78

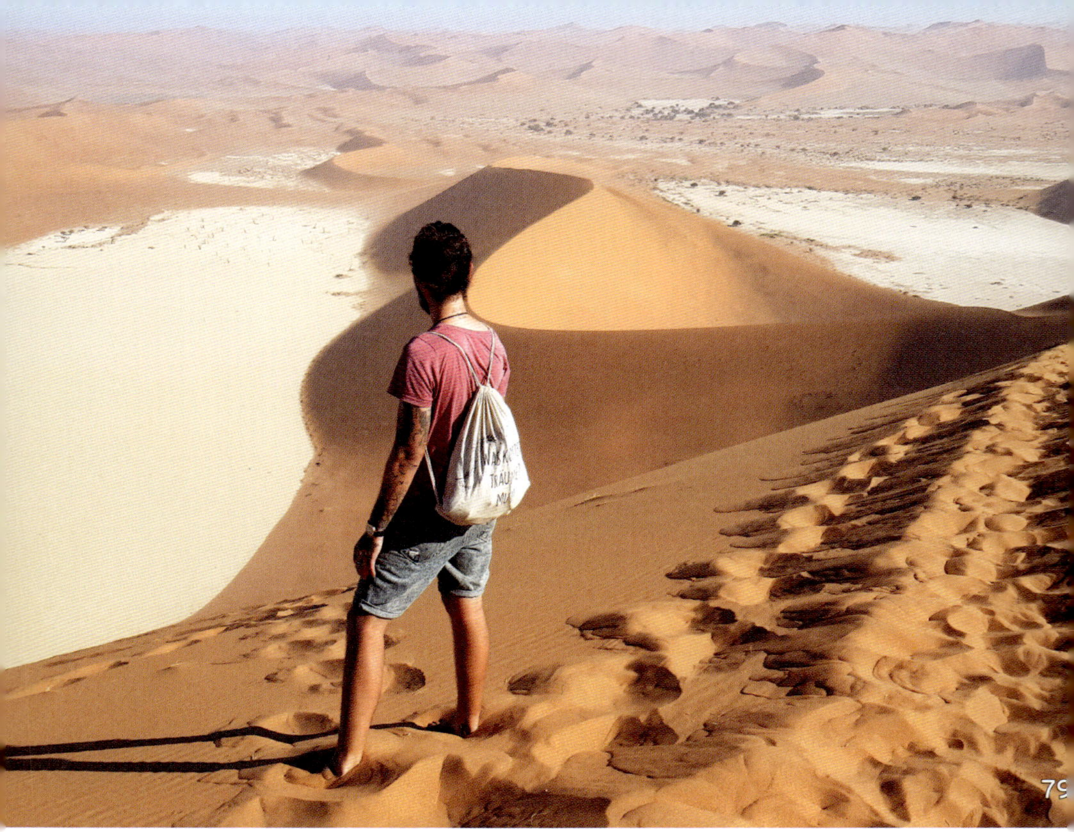
79

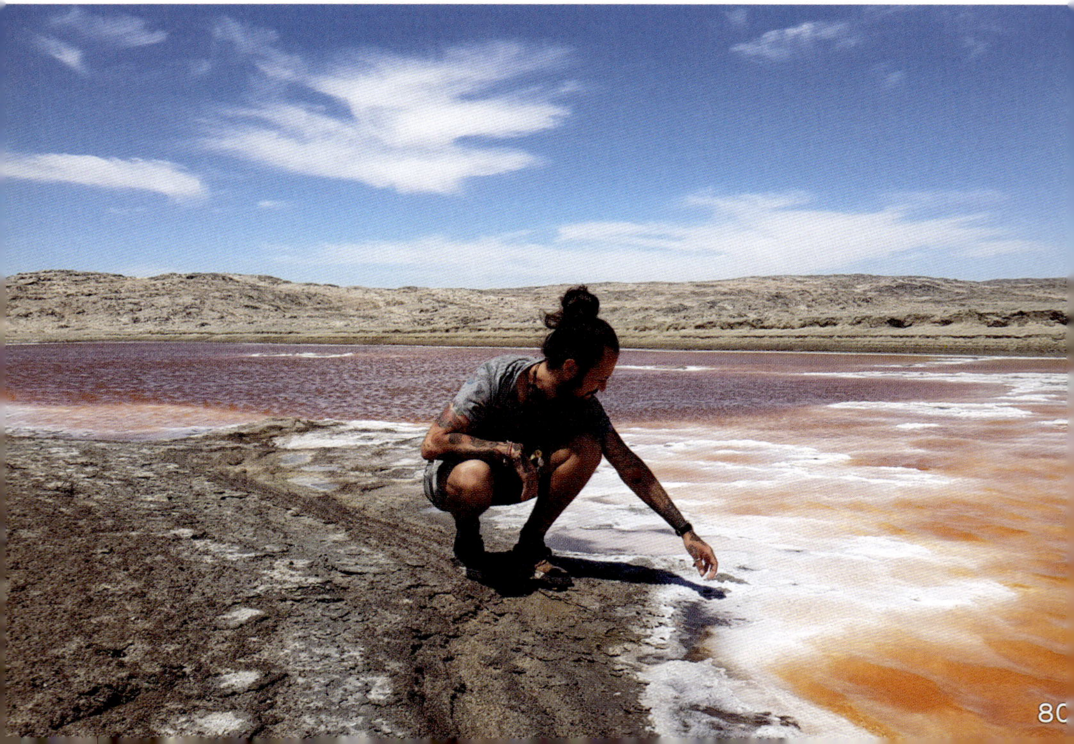
80

81

82

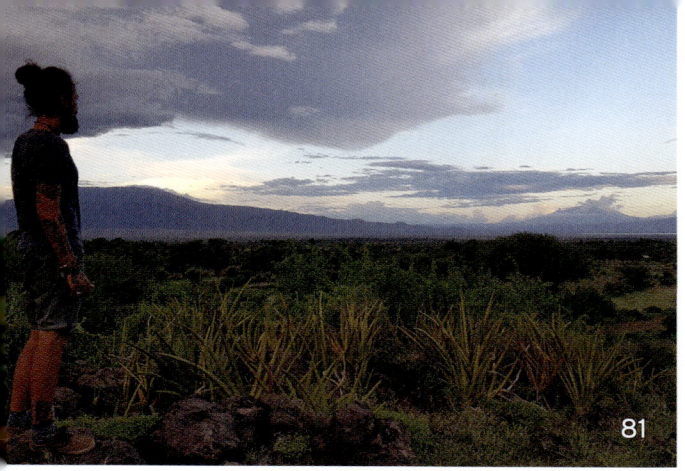

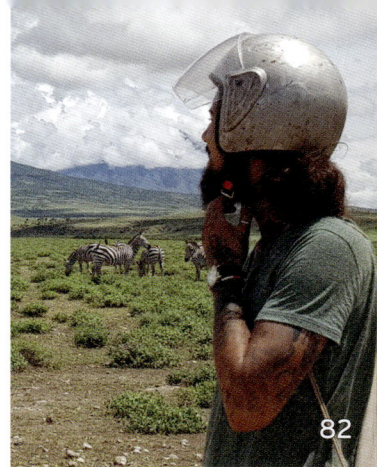

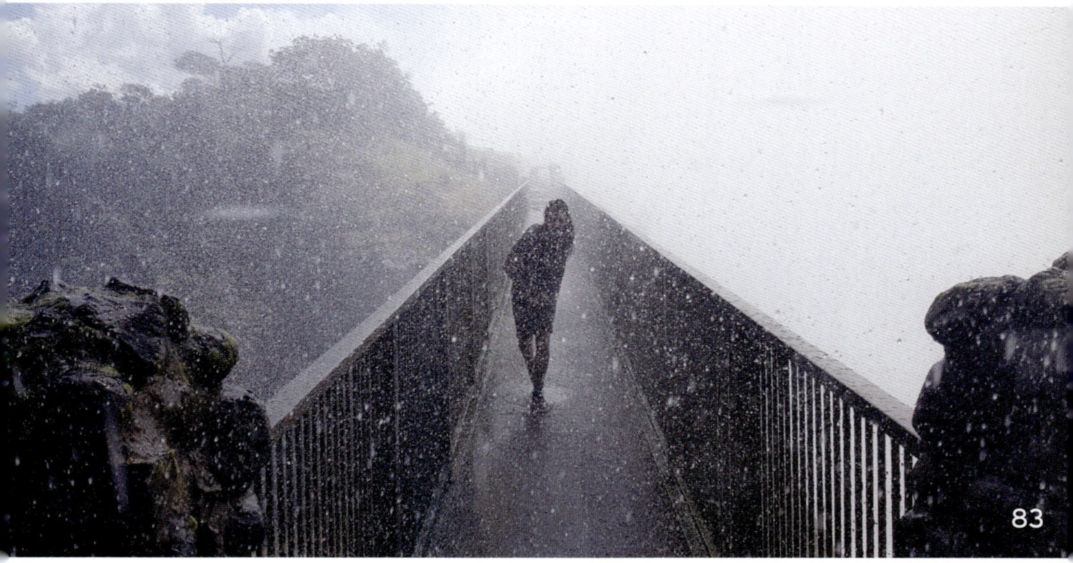

83

79| Ich dachte daran, wie ich dort auf der höchsten Sanddüne stand.

80| Und an das rote Wasser in der Nähe der namibischen Hafenstadt Lüderitz.

81| Ich dachte an die endlosen Weiten in Tansania.

82| Und an die Zebras, die ich dort beobachtete.

83| Und an die Viktoriafälle in Sambia.

84

85

84| Ich dachte an den Kaindy-See in Kasachstan.

85| Ich dachte an die Moschee von Kasan in Russland.

86| Ich dachte an das Panorama in Kirgistan, das sich mir kurz nach dem Grenzübergang bot.

87| Und an den Fairytale Canyon in Kirgistan.

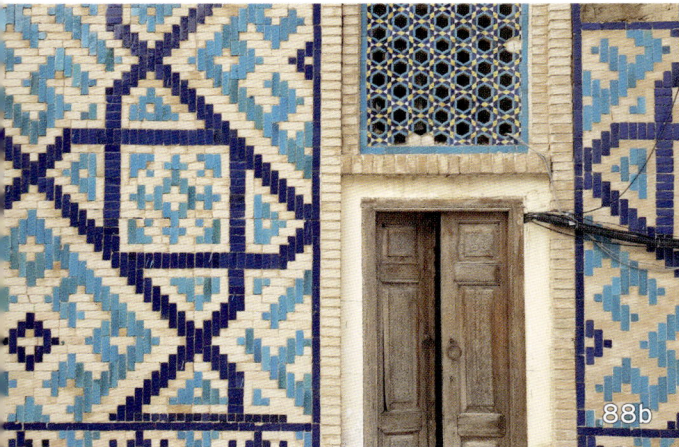

88| Ich dachte an die Architektur in Usbekistan.

89| Und an die Schönheit Indiens. Ich dachte an die Gebirgsregion im Norden.

90| Und an einen See in der Nähe von Udaipur.

89

90

92

91| Ich dachte an den Taj Mahal.

92| Und ich dachte an eine Wanderung in Malaysia, zu der Jasmin und ich in der Nähe von Kuala Lumpur aufgebrochen waren.

93 | Und schließlich dachte ich an Kerala und den womöglich schönsten Zeltplatz meines Lebens.

Und während ich über meine eigene Zukunft nachdachte,

sah ich viele Dinge. Aber ich hätte mir niemals ausgemalt,

dass ich irgendwann einmal auf einer Bühne stehen würde.

94| Ich hätte nie erwartet, dass ich ein halbes Jahr nach meiner Rückkehr, am 5. November 2019, meine achte Show in Sulzbach halten und diesen Tag in einem zukünftigen Buch als Gegenwartsebene wählen würde.

95| Und ich hätte erst recht nicht daran gedacht, dass ich zwei Jahre nach meiner Reise vor über 400 Menschen sprechen würde.

Leider hätte ich auch niemals gedacht, dass ich nach dieser letzten Show alle weiteren Pläne wegen einer Pandemie auf unbestimmte Zeit auf Eis legen müsste.

95

94

Ich zündete eine neue Zigarette an, öffnete die letzte Flasche Bier und starrte in Richtung des hellen Mondes. Wie wird es sich wohl anfühlen, wieder nach Hause zu kommen? War es überhaupt noch mein Zuhause, oder hatte ich mich bereits zu sehr an die Straßen dieser Welt gewöhnt? Was wird mich zurück in Deutschland erwarten? Ich spürte, wie eine kleine Träne über meine rechte Wange lief und nahm mir vor, es herauszufinden.

„Ich müsste lügen, wenn ich sagen würde, dass ich an diesem letzten Abend nicht die eine oder andere Träne verdrückt hätte. Aber es waren keine Tränen der Trauer. Es waren Tränen der Freude. Freude darüber, dass ich diese Reise erleben durfte und mit derartigen Erfahrungen nach Deutschland zurückkehren konnte. Es war eine Reise, die mir auf beeindruckende Weise gezeigt hat, wie viel Menschlichkeit existiert. Ich kann euch nicht sagen, wie viel es mir bedeutet, diese Menschlichkeit heute Abend mit euch teilen zu dürfen. Ich bin zutiefst dankbar." In diesem Moment meiner Show würde ich am liebsten in Tränen ausbrechen. Auch heute wären es trotz meiner Trennung Freudentränen.

„Ich will im nächsten Jahr versuchen, *Anekdoten eines Beifahrers* zu etwas Großem zu machen. Warum? Ich will versuchen, meine Geschichten mit möglichst vielen Menschen zu teilen, da es meiner Meinung nach Geschichten sind, die etwas verändern können. Ich finde es herzerwärmend, dass Menschen, die mir damals geholfen haben, nun durch ihre Geschichten auch Menschen hier in Deutschland helfen können. Aber wie ihr euch sicherlich bereits denken könnt, werde ich auch irgendwann wieder zu einer neuen Reise aufbrechen.

Ich will von Kanada nach Chile trampen und bei dieser Reise irgendwo eine neue Heimat finden. Versteht mich nicht falsch, ich liebe Deutschland! Aber mir fehlen hier besonders zwei Dinge, ohne die ich nicht leben will: Das Meer und die Sonne. Ich will in einem Land leben, in dem es ganzjährig warm ist. Ich will am Strand leben. In meiner zukünftigen Heimat will ich soziale Projekte vor Ort initiieren und mir den Traum einer kleinen Strandbar erfüllen. Sollte dies funktionieren – und glaubt mir, das wird es – seid Ihr alle herzlich eingeladen, mich zu besuchen. Bei meinen Shows gibt es zudem ein exklusives Codewort, mit dem ihr die ersten beiden Getränke aufs Haus bekommen werdet. Aber ihr müsst euch dieses Wort merken und wahrscheinlich sogar noch recht lange. Seid ihr bereit? Es ist mein Lieblingswort der deutschen Sprache. Es lautet: Dunstabzugshaube*.

Aber wie gesagt, ich schätze, bis zur Eröffnung der Strandbar werden noch fünf oder sechs Jahre ins Land ziehen. Was ich hingegen konkreter sagen kann, ist, dass ich in ungefähr eineinhalb Jahren erneut auf die Suche gehen werde. Auf die Suche nach neuen Abenteuern, auf die Suche nach dem gewissen Kick. Auf die Suche nach dem Etwas, das ich in Deutschland nach wie vor nicht finden konnte. Und auch wieder – ganz klassisch – auf die Suche nach der Liebe. Aber vor allem werde ich wieder nach Orten suchen, an denen Autos sicher anhalten können – nach Orten zum Trampen. Und sobald ich diese gefunden habe, werde ich wie eh und je meinen Rucksack von den Schultern hieven, mich in Richtung der vorbeifahrenden Autos drehen, lächeln – lächeln ist ganz wichtig – meinen Daumen nach oben halten und warten. Darauf warten, dass eines der Autos anhält. Manchmal wird dies 20 Sekunden, manchmal 20 Stunden dauern. Aber irgendwann wird immer eines anhalten. Sobald dies schließlich geschehen wird, werde ich wie immer zur Beifahrerseite joggen und mit dem Fahrer durch eine geöffnete Beifahrertür oder ein heruntergelassenes Fenster sprechen, je nachdem, wie sicher er sich fühlt.

Auch nach 53.000 Kilometern werde ich keine Ahnung haben, wer diese Person sein wird. Und ich werde nicht den leisesten Schimmer davon haben, welche Anekdoten mich wohl auf diesem Beifahrersitz erwarten werden."

Mein Blick schweift langsam über die Gesichter der Zuschauer. Hat ihnen unsere gemeinsame Reise gefallen? Konnten meine Geschichten sie berühren und inspirieren? Konnten sie etwas verändern? Und werden die Zuschauer laut applaudieren? Gespannt stelle ich die letzte Frage des Abends. Die gleiche Frage,

---

*Als ich Alice damals in Italien besuchte, fragte sie mich nach einem deutschen Wort und zeigte auf die Dunstabzugshaube ihrer Küche. Nachdem ich es mit ihr teilte, lachte Alice Tränen. Mit der Zeit wurde mir bewusst, welch schönes Wort Dunstabzugshaube tatsächlich ist. Es beschreibt sowohl eine Form, einen Vorgang und einen Zweck. Das perfekte Beispiel dafür, wie unsere Sprache funktioniert. Abgesehen davon lag es mir sehr am Herzen, ein Codewort zu wählen, das sich zumindest der ein oder andere bis zur Eröffnung meiner Strandbar merken kann.

mit der ich vor ungefähr drei Stunden meine Show begonnen hatte:
„Würdest du einsteigen?"

Applaus.

Ich schließe meine Augen und beuge meinen Oberkörper langsam in
Richtung der applaudierenden Menschen. Für einen kurzen Moment vergesse
ich die Folgen des heutigen Morgens. Für einen kurzen Moment lebe ich voll-
ends im *Hier und Jetzt*. Im hinteren Teil des Raumes klirrt erneut eine umgefallene Glasflasche, vorne links pfeift jemand laut und von allen Seiten höre
ich klatschende Hände. Während meine Augen nach wie vor geschlossen sind,
spüre ich erneut dieses Kribbeln. Es erinnert mich an das Gefühl, das ich damals
zu Beginn meiner Reise hatte. Ich spüre die Ungewissheit darüber, wann und
wie es weitergeht.

Als ich meine Augen langsam wieder öffne, schaue ich den Zuschauern dabei
zu, wie sie allmählich den Raum verlassen und frage mich erneut, ob meine
Reise einen Sinn hatte. Ist es überhaupt wichtig, ob sie einen Sinn hatte?

„Es war so toll", sagt meine Mutter und unterbricht so meine Gedanken-
gänge, „ich fahre direkt, weil ich morgen früh aufstehen muss. Ich bin so stolz
auf dich." Sie dreht sich um und greift nach ihrer Handtasche. „Ich bin auch
stolz auf dich", sage ich in Gedanken und packe langsam meinen Laptop ein.
Als ich wenig später die Räumlichkeit verlasse, warten draußen drei Zuschauer
auf mich, um sich noch kurz mit mir zu unterhalten. „Wahnsinn, was du alles
erlebt hast – und wie viele Leute dir geholfen haben. So etwas wäre dir in
Deutschland nie passiert", sagt einer der Männer. Ich weiß nicht genau, warum
so viele Deutsche annehmen, dass die Menschen bei uns weniger hilfsbereit
sind, als in anderen Ländern. Vielleicht, weil sich Reisegeschichten und Reise-
bücher selten mit der eigenen Heimat beschäftigen. „Lass mich dir etwas
erzählen", antworte ich, „ich wurde in Deutschland mehrfach in Häuser eingeladen, mir wurden Essen und Getränke geschenkt und ich habe unzählige
hilfsbereite Menschen getroffen. Glaub mir, auch in Deutschland gibt es un-

zählige tolle Menschen. Man muss nur seine Augen öffnen."

Ich nehme den letzten Schluck meiner abgestandenen Bierflasche und ziehe kräftig an einer Zigarette. Begleitet von einem bitteren Beigeschmack und einer kratzigen Stimme verabschiede ich die übrigen Personen, drehe mich in Richtung des Parkplatzes und merke, wie meine seitlichen Lippenränder schließlich ihren Kampf gegen die Schwerkraft verlieren. Kurz darauf starte ich den Motor meines Autos, schleppe mich verausgabt in mein Bett und beginne mit dem Teil des Tages, den ich nun nicht mehr verdrängen kann. Ich schließe meine Augen und frage mich, wie es ihr wohl gerade geht. Ob sie wohl gerade an mich denkt?

Ich frage mich, wie das nächste Kapitel meines Lebens ohne Beatrice wohl aussehen wird.

KAPITEL III
DER SCHMETTERLING

*„Schmetterlinge durchlaufen während ihres Lebens einen Zyklus mit un-
gewöhnlichem Gestaltwandel: Aus Eiern entwickeln sich flugunfähige ‚Raupen‘,
die sich durch Formveränderung fortbewegen und unter intensiver Nahrungsauf-
nahme erheblich wachsen. Dabei wechseln sie meistens mehrfach ihre Haut gegen
eine größere (‚Häutung‘). Am Ende des Raupenstadiums gehen sie unter
Ausbildung einer festeren Hülle in einen Zustand über, der äußerlich als Ruhe-
zustand erscheint, die sogenannte ‚Puppe.‘ In den Puppen verändern sie sich
wesentlich: Sie bilden Flügel aus und wandeln sich in die flugfähige Form um,
in den sogenannten ‚Falter‘ …
Der Schmetterlingseffekt ist ein Phänomen der Nichtlinearen Dynamik. Er tritt in
nichtlinearen dynamischen, deterministischen Systemen auf und äußert sich
dadurch, dass nicht vorhersehbar ist, wie sich beliebig kleine Änderungen der
Anfangsbedingungen des Systems langfristig auf die Entwicklung des Systems
auswirken."*
(Wikipedia, 2020)

Und so liege ich auf einer grünen Wiese, spüre die weichen Grashalme unter
meinen Handinnenflächen und schaue in den ozeanblauen Himmel. Ich lausche
dem Musikspiel der Vögel und schließe in regelmäßigen Abständen meine
Augen, um so dem Akt des Nichtstuns eine besondere Wirkung zu verleihen.
Als ich sie erneut öffne, erblicke ich einen prächtigen Schmetterling, der über
mir seine Kreise zieht. Er hatte seine als Raupe beginnende Entwicklung abgeschlossen. Ich frage mich, wohin diesen Schmetterling seine eigene Reise
noch führen wird und wen oder was die Luftzüge seiner Flügelschläge noch erreichen werden. Womöglich werden sie nie in der Lage dazu sein, Wellen zu
formen, aber vielleicht werden sie irgendwo jemandem Schatten spenden.

Jemandem die Schönheit unserer Welt bewusst machen und vielleicht werden sie irgendeine – auf einer Wiese liegende – Person mit einem kühlen Lufthauch treffen.

ETAPPE 5

Als ich mein Flugzeug in Vietnam bestieg, das Flugpersonal freundlich grüßte und anschließend in meinen bequemen Sitz sackte, war mir nicht ansatzweise bewusst, dass mich zu Hause eine weitere Reiseetappe erwartete. Sie sollte sich als mindestens ebenso unerwartet und aufregend wie die vorherigen Etappen entpuppen. Ich hatte mich daran gewöhnt, an der Straße zu stehen, die Ungewissheit zu genießen und die absurdesten Situationen zu erleben. Im Gegensatz hierzu hatte mich vor meiner Rückkehr jedoch niemand darauf vorbereitet, wie es sich anfühlen wird, auf einer Bühne zu stehen. Wie es sich anfühlt, im Applaus zu baden und von Menschen behandelt zu werden, als hätte man etwas getan, das man nicht getan hatte: etwas Besonderes. Ich war nicht darauf vorbereitet, Dankeshymnen zu erhalten und zu begreifen, inwiefern Geschichten, die mein Leben verändert hatten, auch das Leben anderer verändern konnten. Mich hatte niemand darauf vorbereitet, wie es sich anfühlt, jeden Morgen neben jemandem, den man bedingungslos liebt, aufzuwachen. Leider war ich auch nicht darauf vorbereitet, von diesem Gefühl nur ein halbes Jahr später wieder Abstand zu nehmen und somit den letzten Impuls zum Schreiben eines Buches zu finden. Die fünfte Etappe meiner Reise endete jedoch nicht mit dem 5. November und der Trennung von Beatrice, sondern sechs Wochen später kurz vor Weihnachten. Sie endete mit einem Wiedersehen, auf das ich seit 31 Monaten gewartet hatte.

Deutschland, 18. Dezember 2019

Dieses Mal war ich es, der jemanden auf seinen Beifahrersitz einlud. Bevor es jedoch hierzu kam, gab ich Alice eine längst überfällige, lange Umarmung. „Du siehst wesentlich jünger aus als in deinen Instagram-Videos", sagte sie. „Und du bist in den letzten zweieinhalb Jahren äußerlich nicht gealtert. Diese verdammten Asiaten." Ich war froh, dass wir beide unseren Sinn für Humor nicht verloren hatten.

Tagsüber zeigte ich ihr die Region, in der ich lebte. Nachts wärmten wir uns mit dicken Decken, Whiskey gefüllten Gläsern und loderndem Feuer vor unserem Kamin. Wir lachten über all die Geschichten, die wir, zwar räumlich voneinander getrennt, aber dennoch gemeinsam erlebt hatten. „Erinnerst du dich noch daran, wie wir zu diesem Song gemeinsam in Italien getanzt haben?", fragte sie. „Als ob es gestern war." Unsere gemeinsame Zeit fühlte sich derart vertraut an, als wären die letzten Jahre in Sekunden an uns vorbeigezogen. Ich spürte noch immer jene Magie, die damals unter der Brücke in Graz meine gesamten Reisepläne auf den Kopf gestellt hatte. Und sie behauptete nach wie vor felsenfest, dass sie von meinen Kartentricks nicht beeindruckt war.

Als wir in den Wintergarten wechselten und uns, der alten Zeiten wegen, eine Zigarette teilten, nahm ich einen tiefen Atemzug und presste mühsam den Rauch aus meinen Lungen. „Alice", sagte ich mit zitternder Stimme, „willst du bei mir in Deutschland bleiben und in wenigen Jahren mit mir gemeinsam durch die Welt trampen? Willst du dir gemeinsam mit mir ein Leben aufbauen?" Die Kerzen auf unserem Glastisch loderten schwach, während der Qualm unserer Zigarette langsam an unseren Gesichtern vorbeizog. Ich hatte mir unzählige Male vorgestellt, wie ich Alice diese Fragen stellen würde und mir ebenso viele Antworten ausgemalt. Das Leben hatte jedoch andere Pläne für uns beide und so stellte ich der jungen Taiwanesin stattdessen eine gänzlich andere Frage:

„Erzähl, Alice, wie hast du deinen Freund kennengelernt?"

Ich konnte an dem Glänzen in ihren Augen erkennen, wie sehr sie ihn liebte. Sie hatte wenige Monate vor unserem Treffen jemanden kennengelernt, mit dem sie endlich das Glück fand, das sie verdiente. Ich konnte ihr ansehen, wie sehr sie sich darauf freute, gemeinsam mit ihm in seiner Heimat Paris Weihnachten zu verbringen. „Weißt du, Alice, nun, da sich meine Freundin von mir getrennt hat, habe ich eigentlich erwartet, dass bei unserem Wiedersehen mit der *vergebenen Alice* ein Teil meines Herzens zerbrechen wird. Lustigerweise geschieht aber genau das Gegenteil. Ich kann dir nicht sagen, wie glücklich es mich macht, dich glücklich zu sehen und dich bei jedem Telefonat, das du in den letzten zwei Tagen mit deinem Freund geführt hast, lachen zu hören. Ich habe vor einem Monat angefangen, an meinem Buch zu schreiben und bereits auf den ersten Seiten sehr viel über dich geschrieben. Mir wurde erneut bewusst, wie wichtig du für den Beginn dieser Reise warst. Ich bin mir sogar sicher, dass ich ohne dich nicht durchgehalten hätte. Du warst die eine Konstante in einer Welt voller Variablen. Danke."

Lok Ling, meine Ex-Freundin aus Hongkong, zeigte mir damals, wie weit ich bereit war, für die Liebe zu gehen. Mein Weg zu Alice war nicht nur der längste, sondern auch einer der steinigsten, den ich jemals gegangen bin. Und heute Abend führten unsere Wege endlich zusammen. Damals in Indien war ich mir sicher, dass Alice die falsche Entscheidung getroffen hatte, als sie ihre Karriere unserem Wiedersehen vorzog. Heute wurde mir bewusst, dass es die richtige Entscheidung war. Für sie, für mich und auch für uns. Es fühlte sich noch nie so richtig an, falsch gelegen zu haben.

Wir verabschiedeten uns erneut mit einer langen Umarmung. „Ich würde vorschlagen, wir warten dieses Mal keine zwei Jahre auf unser nächstes Treffen", sagte ich, während wir langsam unsere Arme lösten. „Ich bin froh, dass du deinen Optimismus nach wie vor nicht verloren hast", lachte sie und ich verabschiedete mich mit einem Kuss auf ihre Wange.

Es war ein Kuss des Erinnerns. Für einen kurzen Moment erinnerte er mich daran, wie wir damals unter der Brücke lagen. Wie wir am Strand tanzten und den billigsten Wein tranken, den wir in ganz Italien finden konnten. Wie wir am Telefon gemeinsam lachten, weinten und uns per Videoanruf gemeinsam das Staffelfinale von *Game of Thrones* ansahen. Daran, wie glücklich sie beim Trampen an der Straße stand und wie glücklich es mich machte, sie sowohl damals, als auch heute glücklich zu sehen. Ich erinnerte mich daran, wie wir damals in Italien an einem Kiosk unseren letzten gemeinsamen Kaffee tranken,

„ciao" zueinander sagten und in verschiedene Richtungen davongingen. Daran, wie ich mich nach wenigen Schritten umdrehte und ihr hinterherschaute. Was wäre wohl passiert, wenn ich sie zurückgerufen hätte? Ich erinnerte mich daran, wie ich sie gehen ließ.

Bevor Alice in ihren Bus einstieg, drehte sie sich nach wenigen Schritten in meine Richtung um. „Wir werden keine zwei Jahre warten. Versprochen. Vielleicht habe ich auf deinem Nachttisch noch einen Brief liegen lassen", verabschiedete sie sich und schloss mit einem Wort ab, das mich seit Italien jedes Mal an diese außergewöhnliche Frau erinnerte und auch immer erinnern wird: „ciao."

Ich wartete bis zum Einbruch der Nacht, um ihren auf meinem Nachttisch liegenden Brief, begleitet von einer Zigarette, unserem gemeinsamen Song und einem weiteren Glas Whiskey im Wintergarten meines Elternhauses zu öffnen:

Daniel, ,
since you like inside-jokes so much, I printed two photos for you. They are two of the best ones I took when I was in Venice. I hope you enjoy the beautiful canals, selfie-stick venders, Chinese tourists who use those selfie-sticks, overpriced pizza, and the memory of getting stuck in Venice.
We've come so long. I can't believe I will deliver this letter to you in person. I told you many times, but I'm a bitch and I'm sorry for the times when I was too occupied with life. Hopefully this will be the last time I apologize for that. I can't wait to see all the things we've talked about over the years. I am finally coming to make good on the promises.
Daniel, when I first met you I wanted to keep you in my life partially because I was fascinated by all the backpacking and hitchhiking you do, and I was young and eager to put myself in the world to make mistakes and be hurt. Over the past years I've mellowed out quite a bit. To me you are not just a fun guy I met on the road anymore. All the tough times I've been through I knew I could call and hear your voice and you'd make me okay. I know I can be honest with you, be lost, be weak, be not-so-fun sometimes and you still managed to catch me. We've both met countlessly

298

many people on our ways. Some of them pass, some linger, some stay – I'm glad you stayed. Meeting you was a turning point for me. You taught me how to open to strangers, how to feel the world.

You made me see, what kind of person I want to be.

What a beautiful mystery life is. What a dream of goodbyes and reunions. I hope you'd meet the girl you wait for, the girl who makes you feel like the luckiest motherfucker every morning, and that by then you'd find what really awaits at the end of your long journey.

Thank you Daniel, for sticking around for the good and the bad, and for a thousand other things. Merry Christmas!

With love, Alice

Daniel,

da du Insider-Witze so magst, habe ich zwei Fotos für dich gedruckt. Es sind zwei der besten Fotos, die ich gemacht habe, als ich in Venedig war. Ich hoffe, du magst die hübschen Kanäle, die Selfiestick-Verkäufer, die chinesischen Touristen, die diese Selfiesticks benutzen, überteuerte Pizza und die Erinnerung daran, in Venedig festzusitzen. Wir sind so weit gekommen. Ich kann nicht glauben, dass ich dir diesen Brief persönlich geben werde. Ich habe es bereits viele Male gesagt, aber ich bin eine Idiotin und ich entschuldige mich für all die Male, als ich zu beschäftigt mit meinem Leben war. Hoffentlich ist dies das letzte Mal, dass ich mich dafür entschuldige. Ich kann es kaum erwarten, all die Dinge zu sehen, über die wir in den letzten Jahren gesprochen haben. Endlich komme ich, um meine Versprechen einzulösen.

Daniel, als ich dich zum ersten Mal getroffen habe, wollte ich dich teilweise in meinem Leben behalten, weil ich fasziniert von all dem Backpacking und Trampen war. Ich war jung und begierig, mich in die weite Welt zu stürzen, um Fehler zu machen und verletzt zu werden. Mit den letzten Jahren bin ich reifer geworden. Für mich bist du nicht mehr nur ein witziger Typ, den ich unterwegs kennengelernt habe. In all den schwierigen Zeiten, durch die ich gegangen bin, wusste ich, ich konnte dich anrufen, deine Stimme hören und du würdest mich wieder in Ordnung bringen. Ich weiß, dass ich ehrlich mit dir sein kann, verloren, schwach, manchmal auch wenig lustig, und du schaffst es trotzdem, mich immer wieder aufzufangen. Wir trafen beide unzählig viele Menschen auf unseren Wegen. Manche von ihnen ziehen weiter, manche verweilen etwas, manche bleiben – ich bin froh, dass du geblieben bist. Dich zu treffen war ein Wendepunkt für mich. Du hast mir beigebracht, sich für Fremde zu öffnen und die Welt zu fühlen.

Du hast mir gezeigt, welche Art von Mensch ich sein möchte.

Was für ein wundervolles Mysterium das Leben ist. Was für ein Traum von Abschieden und Wiedersehen. Ich hoffe, du triffst das Mädchen, auf das du wartest. Das Mädchen, das dich jeden Morgen aufs Neue in den verdammt nochmal glücklichsten Vollidioten der Welt verwandelt, und dass du dann das findest, was wirklich am Ende deiner langen Reise auf dich wartet. Danke, Daniel, dass du da warst, in den guten und den schweren Zeiten – und für Tausende andere Dinge.

Frohe Weihnachten!

In Liebe, Alice

Letzten Endes wartete kein gemeinsamer Weg auf Alice und mich. Stattdessen trafen wir uns an einer Kreuzung, trennten uns erneut und gingen abermals in verschiedene Richtungen. Es war ein schönes Gefühl, nicht zu wissen, wie oft sich unsere Wege zukünftig noch treffen werden. Nicht zu wissen, ob nicht vielleicht doch irgendwann ein gemeinsamer Weg auf uns wartet. Vielleicht sind es genau diese Ungewissheiten, die das Leben zu einem derart wundervollen Mysterium machen.

Ich für meinen Teil hatte jedenfalls gelernt, all die Ungewissheiten meines Lebens zu lieben. All die Variablen und all die noch nicht stattgefundenen Wiedersehen. All die Geschichten, die noch nicht geschrieben wurden. All die Ungewissheiten, die mich an das Reisen als Beifahrer erinnerten.

ETAPPE 6

„Welchen Sinn hat das Dinosaurier-Tattoo", fragte mich eine Frau, an deren Namen ich mich nicht mehr erinnern kann, nachdem sie sorgfältig meinen rechten Arm inspiziert hatte. Auf dem Motiv ist ein roter, einem T-Rex ähnelnder Dinosaurier zu sehen, der lächelnd auf einer Rakete reitet. „Nun gut", antwortete ich und begann mit meiner kleinen Geschichte.

„Als ich noch klein war, sah ich zum ersten Mal den Film *Jurassic Park*. Es war ein Film, der mein Leben veränderte. Der Konflikt zwischen Menschheit und Natur. Wie die Menschen versuchten, die Natur zu kontrollieren. Mir eröffnete sich ein völlig neues Weltbild. Die Tatsache, dass die Natur immer einen Weg findet, formte mein weiteres Leben. Und dieser Dinosaurier auf meinem Arm erinnert mich genau hieran." „Ich verstehe", antwortete sie zufrieden, „das ergibt einen Sinn."

Tattoos sind eines der Dinge, bei denen viele Menschen zwingend nach einem Sinn suchen. Ich glaube, es ist die tief verwurzelte Angst eines Menschen, an einem späteren Punkt seines Lebens etwas zu bereuen. Vielleicht hindert genau diese Angst Menschen daran, riskante Entscheidungen zu treffen, Beziehungen einzugehen und ihrem Traum nachzujagen. Vielleicht hindert sie Menschen daran, sich fliegende Dinosaurier zu tätowieren.

War die *Jurassic Park*-Erklärung meines Tattoos wirklich zufriedenstellend? Ich musste die namenlose Frau enttäuschen. „Spaß, ich habe mir dieses Motiv stechen lassen, weil ich es lustig fand", antwortete ich schmunzelnd, „ich wollte dir mit meiner Geschichte lediglich zeigen, dass ‚Sinn' für jeden von uns etwas anderes bedeutet."

Was wäre, wenn ich an dieser Stelle dir, lieber Leser, eine Frage stellen würde? Was wäre, wenn ich dir erzählen würde, dass die Überschriften der Kapitel dieses Buches keine Metapher für meine persönliche Entwicklung waren? Was wäre, wenn ich dir erzählen würde, dass ich nach unzähligen Studienarbeiten endlich einmal Wikipedia zitieren wollte? Und was wäre, wenn ich dir gestehen würde, dass ich dies nur getan habe, um zu genau diesem Ende zu gelangen? Würde sich an dem Sinn dieses Buches oder meiner Reise irgendetwas ändern?

Als ich damals zum ersten Mal meinen Daumen ausstreckte, hatte meine Reise für mich noch keinen erkennbaren Sinn. Hätte ich am 24. April 2017, diesem warmen Montagvormittag, zwingend nach einem Sinn gesucht, wäre ich vermutlich umgekehrt und wieder nach Hause gefahren. Die Suche nach dem Sinn hätte mich gehemmt und davon abgehalten, meinem Bauchgefühl zu folgen. Sie hätte mich davon abgehalten, meinem Vorhaben einen Sinn zu geben. Alles kann im Nachhinein einen Sinn haben und dies bedeutet gleichzeitig, dass es nicht zwangsläufig von Beginn an einen Sinn haben muss. Ich habe für mich selbst eine wichtige Lektion gelernt. Ich habe gelernt, nicht zwingend nach dem Sinn zu suchen.

Nun, drei Jahre nach dem Beginn meines Abenteuers, könnte ich ein ganzes Buch über den Sinn meiner Reise schreiben. Nun, drei Jahre nach dem Beginn meines Abenteuers, habe ich ein ganzes Buch über den Sinn meiner Reise geschrieben.

Während ich diese letzten Seiten schreibe, lausche ich dem besten Musikstück* aller Zeiten und denke an all die Menschen, bei denen ich mich auf meiner Reise bedankt habe. Ich denke an Namen, Gesichter, Lächeln, feste Handschläge, Schlafplätze, Hilfsbereitschaft, Küsse, Tränen der Freude, Tränen des Schmerzes und an unzählige Beifahrersitze. Ich denke auch an all die Menschen, die sich nach meiner Reise bei mir bedankt haben, weil sie in meinen Geschichten mehr als nur reine Unterhaltung fanden.

Und somit denke ich an all die Menschen, die meiner Reise sowohl während, als auch nach ihr einen Sinn gegeben haben. Ich wünsche mir nichts sehnlicher, als dass durch dieses Buch und meine Geschichten der ein oder andere von euch nicht nur zukünftig Tramper, sondern auch etwas für sein eigenes Leben mitnehmen wird. Selbst wenn es nur das gelegentliche Nichtstun beim Liegen auf einer saftig grünen Wiese ist.

---

* *Rainbow Kitten Surprise – First Class. Gern geschehen. You're welcome.*

Ich konnte am Ende also die Frage nach dem Sinn beantworten. Aber war es wirklich das Reisen, das mir eine Antwort auf diese Frage gab? Was macht eine Reise überhaupt so besonders? Beim Reisen begegnet man unzähligen Fremden, lernt viele neue Menschen aus verschiedenen Kulturen mit unterschiedlichen Ansichten kennen. Das große Unbekannte wirkt seine anziehende Magie, die den Reisenden immer weiter zu neuen Orten und Bekanntschaften treibt. Das Reisen zwingt förmlich dazu, aus der eigenen Komfortzone auszubrechen. Und außerdem verbringt man viel Zeit damit, sich über sich selbst und das eigene Leben Gedanken zu machen. Aber muss man hierzu wirklich reisen? Wie selten habe ich vor meiner Reise in Deutschland versucht, neue Kontakte zu knüpfen und fremde Personen kennenzulernen? Habe ich jemals statt meinem Handy einen Passanten nach dem Weg gefragt? Wie oft war die Musik auf meinen Ohren so laut, dass mich selbst der Fahrkartenkontrolleur an meiner Schulter rütteln musste? Habe ich jemals die Berge in meiner Heimat bestiegen, statt stets vom Himalaya zu träumen? Habe ich mir vor meiner Reise jemals die Zeit genommen, auf einer Wiese zu liegen und über mich selbst nachzudenken? Und so frage ich mich, ob ich womöglich zu denselben Schlüssen und Erkenntnissen gekommen wäre, wenn ich mein Leben in Deutschland auch ohne das Reisen zu einer Reise gemacht hätte. Vielleicht gibt das Reisen selbst keine Antworten, sondern hilft stattdessen dabei, die richtigen Fragen zu stellen: Meine Reise hatte mir beigebracht, nicht nach dem „Warum?", sondern nach dem „Wohin" zu fragen.

So stehe ich an der Straße und genieße den lauen Luftzug, der sanft über meinen ausgestreckten Daumen gleitet. Er fühlt sich wie ein dumpfes Kribbeln an, das langsam meine Hand hinaufwandert. Ich lächele breit in die Gesichter der vorbeifahrenden Menschen und frage mich, wer von ihnen anhalten wird. Wo werde ich am Ende des heutigen Tages wohl stehen? Ich genieße das in seiner Lautstärke variierende Geräusch, welches Gummireifen bei ihrer Bewegung auf dem Asphalt erzeugen. Während ich mich frage, ob sich Freiheit vielleicht genau so anfühlt, hält eines der Autos an. Ohne zu wissen, aus welchem speziellen Grund genau dieser

Fahrer die Entscheidung getroffen hat, seine Reise vorübergehend zu unterbrechen, werfe ich mir meinen Rucksack auf den Rücken und trabe aufgeregt in Richtung meiner potentiellen Mitfahrgelegenheit. Kurz bevor ich die Beifahrertür öffne, halte ich für einen kleinen Moment inne und male mir aus, wohin mich diese Fahrt wohl führen wird. Vielleicht musste man hierfür kein sonderlich guter Maler sein. Ist es das Auto, das mich bis nach Chile mitnehmen wird? Wird es mich zu der zukünftigen Mutter meiner Kinder bringen? Bringt es mich zu dem Ort, an dem ich meine Strandbar eröffnen werde? Und werde ich durch genau dieses Fahrzeug vielleicht herausfinden, was am Ende meiner Suche wirklich auf mich wartet?

Wie ein Kind, das an Weihnachten hastig das mit bunten Mustern verzierte Papier seiner Geschenke zerreißt, öffne ich gespannt die Beifahrertür, beuge mich ins Fahrerhaus und spreche die immer gleichen Worte. Ich stelle die Frage nach dem „Wohin".

„Hallo Fremder. Wohin geht die Reise?"

EPILOG

Wir befinden uns alle auf einer Reise. Wir reisen an jedem Tag unseres Lebens gemeinsam durch die Zeit. Diese Reise wird uns oft in vermeintliche Einbahnstraßen führen und uns das Gefühl geben, eingesperrt zu sein. Solange, bis ein Bengtake mit zweistündiger Verspätung schließlich doch noch auftaucht und die Schlösser der Gitterstäbe öffnet. Sie wird uns an Grenzen führen, die ich manchmal durch mein Fußballwissen, manchmal mit Flugzeugen, aber meistens mit Hilfe von zukunftsweisenden Begegnungen überwinden konnte. Wir werden auf unserer Reise Menschen zurücklassen, manchmal leider auch verlieren, und kein Reiseführer dieser Welt wird uns hierauf vorbereiten können. Wir werden uns aber auch mit unzähligen, fantastischen Momenten belohnen, von denen wir vielen oft zu wenig Beachtung schenken werden, da wir unsere Reiseroutinen bereits so tief verinnerlicht haben. Wir befinden uns auf einer Reise, auf der immer wieder neue Autos halten und sich immer wieder neue Türen öffnen werden. Und es gibt eine entscheidende Frage, die sich jeder von uns stellen sollte: Würde ich einsteigen?

Vielleicht ist das Trampen selbst eine Anekdote über das Leben. Eine Anekdote darüber, wie wichtig es ist, zu vertrauen und unbekannte Wege zu gehen. Wie wichtig es ist, seine Route anzupassen und darin kein Scheitern zu sehen. Wie wichtig es ist, sich gelegentlich von anderen Menschen und seinen eigenen Gefühlen lenken zu lassen. Eine Anekdote darüber, dass wir, egal wie sehr wir es versuchen und wie sehr wir uns bemühen, letztendlich nie genau wissen, wo wir am Ende des Tages stehen werden. Und eine Anekdote darüber, dass genau das vollkommen in Ordnung ist.

Gute Reise.

ANEKDOTE VON DER MAUS

Als ich im Januar 2020 an diesem Buch schrieb, begannen meine Mutter und ich, nachts von unserem Dachboden kommende, laute Geräusche zu hören. Ein Ultraschall-Marderschreck bewirkte keine Besserung und so legten wir zwei gewöhnliche Mäusefallen aus. Am Morgen danach fanden wir zwei tote Mäuse, die der Versuchung einer mit Nutella bestrichenen Walnuss erlagen. Wir fühlten uns schlecht und schuldig. Daher beschlossen wir, auf Lebendfallen zu wechseln. Nachdem wir mit zwei dieser Fallen mehrere Mäuse gefangen und diese anschließend bei uns im Garten ausgesetzt hatten, ging eine unserer Fallen kaputt. Fortan stellte ich jeden Abend die übriggebliebene Falle auf und trug jeden Morgen eine Maus aus unserer Wohnung. Dieses Ritual wiederholte ich zwei Wochen lang und mit jedem Tag wurde die Frage, ob es sich bei ihr um dieselbe Maus handelte, immer lauter. Wir überlegten uns, die Maus zu markieren, letztlich beschlossen wir jedoch, stattdessen zwei weitere Fallen zu besorgen. Interessanterweise hatte von den nun drei aufgestellten Fallen jeden Morgen nur eine der drei Plastikröhren zugeschnappt. Unser Verdacht verstärkte und bestätigte sich schließlich, als wir die Maus nicht in unserem Garten, sondern in einem etwas abgelegeneren Waldstück aussetzten. Seit diesem Tag schnappte keine Falle mehr zu und auch die lauten Geräusche auf unserem Speicher waren verschwunden. Es war jedes Mal dieselbe Maus gewesen, die Nacht für Nacht in unserer Falle landete und die mit Nutella bestrichene Walnuss aß.

Vielleicht waren es nur ihre Instinkte, wegen denen die Maus jeden Morgen in ihrem kleinen Gefängnis aufwachte. Vielleicht war es aber auch eine aktive Entscheidung, die sie jedes Mal aufs Neue traf. Vielleicht wägte sie jedes Mal ab, ob ihr eine köstliche Nutella-Nuss eine Nacht in Gefangenschaft wert war. Vielleicht wusste sie, was sie in dieser Plastikröhre erwartete, war jedoch bereit, dieses Opfer zu erbringen. Und vielleicht war die Geschichte der Maus letzten Endes sogar eine weitere Anekdote auf unser Leben. Vielleicht muss man mit jeder Entscheidung oft kleine, manchmal auch größere Opfer bringen. Und vielleicht ist es gar diese Bereitschaft, die uns Menschen voneinander unterscheidet. Ich werde nie erfahren, wie mein Leben ohne meinen – mittlerweile sechs Jahre in der Vergangenheit liegenden – Flug nach Australien verlaufen wäre. Ich weiß nur, dass es eine gänzlich andere Richtung eingeschlagen hätte. Eine andere Route, an deren Wegesrand ich völlig andere Opfer erbracht hätte. Vielleicht wäre ich glücklicher geworden, vielleicht würde ich eine wundervolle Ehe führen und hätte Kinder, denen ich abends *Anekdoten eines Vaters* erzählen könnte. Vielleicht wäre ich aber auch an einen Punkt gekommen, an dem ich etwas mir Unbekanntes vermisst hätte. Vielleicht hätte ich auf der Suche nach der Ursache eines unbekannten Kribbelns in meinem Daumen sämtliche Ärzte aufgesucht und wäre irgendwann daran zerbrochen, dass keiner der Mediziner, keiner meiner Freunde und auch kein Familienmitglied mir hätte sagen können, was mir wirklich fehlte.

Keiner hätte mir sagen können, dass alles, was mir zu einem glücklichen Leben gefehlt hätte, eine winzige Kleinigkeit war: Der aufregende Geschmack einer mit Nutella bestrichenen Nuss.

Es würde sich falsch anfühlen, an dieser Stelle mein Buch mit den vier bekannten Buchstaben E, N, D und E abzuschließen. Schließlich ist meine eigene Reise noch lange nicht zu Ende. Stattdessen will ich mich auf eine bekannte Lebensfloskel beziehen: Jedes Ende ist ein neuer Anfang.

Anekdoten
EINES
FAHRERS

DANIEL
DAKUNA

Stell dir vor, eine winzige Entscheidung
würde eine ganze Reise verändern.
Stell dir vor, sie würde ein
ganzes Leben verändern.

100
BUCHVERLAG

KAPITEL I
DIE SCHWALBE

„Schwalben sind eine artenreiche Familie der Ordnung Sperlingsvögel …
Schwalben ernähren sich von Fluginsekten, in Mitteleuropa sind sie Zugvögel. Der
typisch gegabelte Schwalbenschwanz war für andere Objekte namensgebend." So
gibt es beispielsweise eine Verbindungstechnik zur Holzverbindung, die Schwalben-
schwanzverbindung genannt wird oder auch eine Zierform von Burgzinnen, die
als Schwalbenschwanzzinne bezeichnet wird. Darüber hinaus gibt es auch einen
Schmetterling aus der Familie der Ritterfalter, der nach der Schwanzform einer
Schwalbe benannt wurde: Dieser Schmetterling hat eine Flügelspannweite von 50
bis 75 Millimetern und wird Schwalbenschwanz genannt.
(vgl. Wikipedia, 2020)

Deutschland, 21. April 2036

Die Sonne brannte unerbittlich auf den grauen Asphalt. Während das Luft-
flimmern die Illusion einer sich bewegenden Straße erschuf, erinnerte mich der
ungewöhnlich heiße Montagvormittag an einen Tag im April, der mittlerweile
20 Jahre in der Vergangenheit lag. Er erinnerte mich an den Beginn eines
Abenteuers, das zwar viele Enden hatte, jedoch auch immer wieder ein neuer
Anfang war. In dieser Zeit traf ich einige Entscheidungen, über die ich viel
nachdenken musste und die mich auch Jahre später noch oft beschäftigten. Die
Entscheidung, die ich heute zu treffen hatte, hätte mir jedoch nicht leichter
fallen können: Ich setzte den Blinker, schlug nach rechts ein und brachte mein
Auto kurz hinter einem jungen Mann zum Stehen.

Nachdem ich aufgeregt die Beifahrertür von innen geöffnet hatte, sprach ich
meine immer gleichen Worte: „Hallo Fremder. Wohin geht die Reise?"

„Hey, ehrlich gesagt, weiß ich es noch nicht so genau. In Richtung Südosten?"

„Steig ein, ich kann dich irgendwo an einer großen Autobahnraststätte absetzen", antwortete ich, „mein Name ist Daniel."

Der junge Mann trug einen gepflegten Dreitagebart, hatte seine dunkelbraunen Haare mit Hilfe von Haargel ordentlich zur Seite gekämmt und stemmte seinen jungfräulich wirkenden Rucksack in meinen Kofferraum. Zögerlich nahm er auf meinem Beifahrersitz Platz und reichte mir verunsichert seine Hand.

„Ich bin Fredo aus Italien."

„Schöner Name. Er erinnert mich an zwei alte Freunde, denen ich sehr viel zu verdanken habe. Du wirkst so verunsichert", lachte ich. „Sind es meine Tattoos? Der lange Bart? Oder trampst du womöglich gerade zum ersten Mal?"

„Ehrlich gesagt bist du die erste Mitfahrgelegenheit meines Lebens. Ich bin gestern Abend nach Frankfurt geflogen und wollte von hier meine Reise als Anhalter beginnen", antwortete Fredo unerwartet.

Ich schmunzelte, setzte ein breites Lächeln auf und legte meine Hand auf die Schulter des jungen Italieners: „Lieber Fredo, es ist mir eine Ehre, deine Reise als erste Mitfahrgelegenheit einleiten zu dürfen."

In den folgenden Minuten erzählte ich ihm von meiner eigenen Vergangenheit, meiner Zeit als Tramper und davon, wie ich schließlich in Kolumbien eine neue Heimat gefunden hatte. Ich erklärte ihm, dass ich selbst gerade in Frankfurt gelandet und mit einem Mietwagen unterwegs zu meiner Familie war. Fredos Augen wurden mit jeder Zahl, die ich ihm entgegenwarf, immer größer und strahlender. Sie erinnerten mich an mich selbst, als ich damals in Neuseeland von einem Belgier mitgenommen wurde, der bereits 250.000 Kilometer getrampt war.

„Wow, du wurdest von über 1.000 Menschen mitgenommen? Du bist über 100.000 Kilometer getrampt und du wurdest derart oft von Fremden eingeladen? Wahnsinn", antwortete Fredo, „ist dir dabei auch jemals etwas Schlechtes passiert?"

Glücklicherweise konnte ich ihm die Antwort geben, die mir der Belgier damals leider nicht geben konnte: „Nein, mir ist tatsächlich nie etwas Schlimmes widerfahren. Kleinigkeiten vielleicht, aber die positiven Momente haben diese mehr als aufgewogen."

„Das ist schön zu hören", sagte Fredo, „und nimmt mir ein wenig meine eigene Angst. Vielleicht ist dir nie etwas passiert, weil du mit deinen Tattoos, dem Bart und deinem Totenkopfring so bedrohlich wirkst."

„Hmmm ..., womöglich hast du Recht. Und womöglich solltest du aufpassen, was du als nächstes von dir gibst", erwiderte ich mit ernstem Blick. Nach einer kurzen Schockstarre begannen wir beide laut zu lachen.

„Ehrlich", unterbrach ich kurz, „ich wette mit dir, dass du im Laufe deiner Reise deinen Rasierer gegen eine Bartschere eintauschen und irgendwann verstehen wirst, dass die Pflege von langen Haaren an Komplexität dem Thema Quantenphysik in nicht vielem nachsteht. Auch die ersten Tattoos werden bestimmt nicht lange auf sich warten lassen."

Nachdem sich Fredo wieder gesammelt hatte, stellte er die Frage, auf die ich seit Beginn unserer Fahrt gewartet und insgeheim gehofft hatte: „Hast du irgendwelche Ratschläge für mich?"

„Oje, wo soll ich beginnen", antwortete ich grinsend, „hast du etwas zum Mitschreiben dabei?"

„Ich habe ein Notizbuch, aber das ist in meinem Rucksack bei dir im Kofferraum."

„Das wäre auch schon mein erster Ratschlag. Ich würde dir empfehlen, immer einen zweiten, kleineren Rucksack dabei zu haben. Den kannst du mit dir nach vorne ins Auto nehmen. In diesen Rucksack kannst du dann auch deine wichtigsten Dokumente und dein Geld packen. Manchmal gibt es Situationen, in denen du das Auto verlassen musst – beispielsweise, wenn du zur Toilette gehst. Hierbei kannst du den kleinen Rucksack unter dem Vorbehalt, Toilettenpapier darin zu haben, stets mitnehmen, ohne deinem Fahrer falsche Absichten zu unterstellen. Und im schlimmsten Fall hast du zumindest noch alle wichtigen Dokumente, dein Geld und ein Notizbuch."

„Gute Idee", sagte Fredo und nickte zustimmend, „dann müsste ich auch nicht immer meinen großen Rucksack mitnehmen, wenn ich einen Gastgeber habe und die Stadt erkunden will."

„Genau, das ist der zweite Vorteil. Okay, was kann ich dir noch mitgeben. Hier in Deutschland solltest du dir eine Karte mit den großen Autobahnraststätten besorgen und dann immer von Tankstelle zu Tankstelle trampen. Eine derartige Karte findest du leicht, wenn du bei der Google Bildersuche ‚Autobahnraststätten Karte‘ eingibst. Ich würde außerdem die Menschen an den Tankstellen persönlich ansprechen und nett fragen. Das funktioniert im Prinzip immer besser, als einfach an der Straße zu stehen. Übrigens, ich würde nie in deiner Heimat trampen."

„In Italien trampen?", sagte Fredo fragend und schaute mich an. „Vielleicht hast du die Geschichte nicht mitbekommen. Vor drei Jahren musste ein Tramper mit einem Helikopter ins Krankenhaus gebracht werden, da er beim langen Warten an der Straße fast verhungert wäre. Seitdem ist das Trampen in Italien illegal."

„Nun ja, zumindest wird dies zukünftig den Trampern viel Wartezeit ersparen", stimmte ich lächelnd zu. „Das Trampen in Griechenland war auch recht schwer, sonst ging es meistens recht flott. Hast du eine ungefähre Idee davon, wo du hinwillst? Dann kann ich dir vielleicht ein paar spezifische Tipps geben."

„Ich weiß noch nicht so recht. Ich will für ein paar Monate durch Europa trampen, um den Kontinent, auf dem ich aufgewachsen bin, besser kennenzulernen. Danach will ich irgendwie nach Kanada rüber und von dort runter in Richtung Süden", antwortete Fredo und machte eine kurze Pause. „Warum lachst du, Daniel?"

„Ach, nur so. Du erinnerst mich an jemanden. Also gut, lass mich überlegen. Du solltest auf jeden Fall Bosnien und Herzegowina besuchen. Wenn du in Mostar bist, such nach der Rock School und richte Oha ganz liebe Grüße von mir aus. Sag ihm, dass er mit seinen grauen Haaren wie ein junger *George Clooney* aussieht. Schau dir auf jeden Fall auch die Kravica Wasserfälle an. Falls du ein Zelt dabei hast – und das solltest du – kannst du dort auch einen der

Einheimischen fragen, ob sie dich abends mit ihrem Holzboot zu der kleinen Insel fahren. Hier kannst du zelten und darauf hoffen, dass dich am nächsten Morgen wieder jemand abholen kommt. Wenn du dir Dubrovnik anschauen willst, kann ich dir auch einen perfekten kostenfreien Zeltplatz mit wunderbarer Aussicht empfehlen. Such nach dem Parkplatz am Ende der Frana Bulica Straße und klettere dort einfach über die Steinmauer. In der Nähe des Parkplatzes gibt es auch öffentliche Duschen und eine kleine Strandbar."

„Perfekt, ich war mir noch nicht sicher wegen Dubrovnik, da ich nicht so viel Geld dabei habe, aber das mit dem Zeltplatz hört sich super an. Und billig. Warst du zufällig auch in Albanien?"

„Ohh Albanien", seufzte ich, „ja, da war ich. Albanien war phänomenal. Freu dich drauf und tramp nach Theth in den dortigen Nationalpark. Ich bin damals von Albanien weiter nach Griechenland. Hier solltest du übrigens niemals Mazedonien als eigenständiges Land bezeichnen; lange Geschichte, aber tu es einfach. Und pass vor Bären auf. Mir war damals nicht wirklich bewusst, dass es die auch bei uns in Europa gibt. Falls du Interesse am mittleren Osten hast, kannst du normalerweise recht billig von Athen nach Tel Aviv fliegen. Dort musst du auf jeden Fall Hummus bei Abu Hassan essen, aber mach dich darauf gefasst, dass Israel kein günstiges Land ist. Für mich waren die dortigen Preise damals unerwartet hoch."

„Der Mittlere Osten interessiert mich absolut. Ich wusste nur nicht, ob man dort gut trampen kann", sagte Fredo.

„Das Trampen ist kein Problem. Achte auch darauf, dass du in Israel keinen Stempel in deinen Reisepass bekommst. Es gibt Länder, in die du mit einem israelischen Visumstempel nicht mehr einreisen darfst. Am Toten Meer kann ich dir die Strände bei Neve Zohar empfehlen. Die sind kostenlos und stehen den übrigen in nichts nach. Jordanien ist übrigens auch ein atemberaubendes Land. Besorg dir dort am besten den Jordan-Pass vor deiner Einreise. Dieser enthält das Visum und Eintrittsgelder für die meisten der dortigen bekannten Sehenswürdigkeiten", sagte ich und sah Fredo dabei zu, wie er sich auf seinem Handy kleine Notizen machte.

„Und wie bist du von Jordanien weiter getrampt?"

„Ich musste erneut fliegen. Damals herrschte in Syrien und dem Irak leider noch Krieg. Seit dem Friedensabkommen habe ich es zu meinem Bedauern noch nicht in diese Ecke der Welt geschafft, aber die Menschen dort sollen sehr gastfreundlich sein. Vor allem von der Stadt Damaskus wurde mir vor dem Krieg viel Gutes erzählt. Mittlerweile wurde sie – glaube ich – in Salam-Dayimaan umbenannt. Aber gut, ich bin also mit dem Flugzeug nach Georgien. Auch ein tolles Land. Schau dir dort, falls du mal in Georgien landen solltest, auf jeden Fall den Tusheti Nationalpark an. Und glaube niemandem, der dir sagt, dass man dorthin nicht trampen könnte. Falls du mal in die Ecke kommst, tramp auch durch die Türkei. Schau dir Kappadokien an und gewöhn dich daran, deinen Tee ohne Zucker zu trinken. Glaub mir, du wirst so oft zu Tee eingeladen werden, dass du am Ende Diabetes haben würdest".

Fredo lachte und ich konnte erkennen, wie sowohl seine Augen, als auch sein Grinsen immer größer wurden. Ich konnte erkennen, wie er sich immer mehr auf die vor ihm liegende Reise freute.

„Auch Skandinavien kann ich ausnahmslos empfehlen. Ich würde dir die Westküste Dänemarks ans Herz legen. Von dort kannst du einmal quer nach Aarhus trampen und eine Fähre nach Kopenhagen nehmen. Auf dieser Fähre zahlen die Fahrer nur pro Auto, sprich, du kannst dich an den Hafeneingang stellen, trampen und so umsonst mit der Fähre fahren. Norwegen hat die wohl beeindruckendste Natur, die ich je gesehen habe und dort kannst du sogar legal draußen zelten. Übrigens, du weißt ja wahrscheinlich, dass das Wildzelten in Deutschland illegal ist. Wenn du jedoch den Boden deines Zeltes heraus-schneidest - und das solltest du nicht - oder nur deine Plane aufspannst, ist das nicht zelten, sondern biwakieren. Und das ist im Grunde legal. Dazu zählen auch Hängematten oder das Schlafen unter freiem Himmel."

„Was macht das für einen Sinn?", fragte Fredo.

„Du, das sind Gesetze. Die machen oft keinen Sinn", antwortete ich lachend. „In den meisten Mc Donalds-Filialen Norwegens gibt es auch die Option, deinen dort gekauften Kaffeebecher kostenlos nachzufüllen. Zumindest war es damals bei uns so. Eine günstigere Möglichkeit, an heißen Kaffee zu gelangen, habe ich auf meiner Reise nicht entdeckt. Falls du ans Nordkap willst, kannst du die Hauptstraße großzügig umwandern. So kommst du an den Kassenhäuschen vorbei, ohne Eintritt zu bezahlen. Und besorg dir lange Unterwäsche, falls du dort im Spätherbst oder gar Winter trampen willst. Ich bin mir sicher, dass mir meine lange Unterhose, die ich mir irgendwo in Norwegen besorgt hatte, das Leben gerettet hat."

„Wenn ich mir das alles so anhöre, werde ich vielleicht doch etwas länger in Europa bleiben müssen", meinte Fredo.

„Das solltest du. Ich war extrem positiv überrascht. Auch vom Baltikum und Russland. Von dort bin ich nach Zentralasien. Diese Gegend würde ich vielleicht sogar als den Favoriten meiner Reise bezeichnen. Besonders, wenn du Berge magst. Sorge nur dafür, dass du dir ein China-Visum – falls du überhaupt nach China willst – von Europa aus organisierst. Für mich gab es damals in Zentralasien keine Option. Bevor ich es vergesse: Die Insel Borneo war toll. Dort gibt es im Mulu-Nationalpark ein beeindruckendes Spektakel mit Fledermäusen zu sehen. Hast du mal mit dem Gedanken gespielt, in Afrika zu trampen?"

„Afrika? Eigentlich nein. Meinst du, dass es dort nicht zu gefährlich ist?"

„Also, ich selbst war im südlichen Afrika unterwegs und hatte eine tolle Zeit. Besonders in Namibia. Falls es dich mal in diese Ecke der Welt verschlagen sollte und du bis dahin lange Haare hast, solltest du in den christlichen Ländern mit offenen Haaren trampen. Warum? Das will ich dich selbst herausfinden lassen. Beamte an Straßenkontrollen freuen sich übrigens oft über Coca Cola und helfen im Gegenzug gerne beim Trampen, indem sie aktiv Autos für dich anhalten. Und schau mal in Sambia vorbei. Dort gibt es eine kleine Schule in der Nähe von Livingstone, die du auf jeden Fall besuchen solltest. Ich hätte den passenden Kontakt für dich. Ach, ich könnte dir so viele Reiseempfehlungen geben, aber ich glaub, du solltest deinen Weg selbst finden. Plane nicht zu viel, sondern lass dich von dir selbst und den Menschen, die du triffst, leiten und lenken."

„Das werde ich, versprochen", sagte Fredo, während wir an immer mehr Autobahnraststätten vorbeifuhren. „Hast du davon unabhängig vielleicht noch ein paar allgemeine Reisetipps?"

„Lass mich überlegen. Ich würde, wenn möglich, immer ein paar US-Dollar dabei haben. Damit kannst du im Notfall immer bezahlen. Gelegentlich musst du die Visumkosten sogar in dieser Währung begleichen. Du solltest dir auch einen guten Rucksack zulegen. Ich habe bei allem gespart, außer meinem Rucksack. Ich will dir keine spezielle Marke empfehlen, aber ich war mit Deuter absolut zufrieden. Abgesehen davon hatte ich mir den Großteil meiner Ausrüstung in verschiedenen Decathlon-Filialen, quer durch Europa besorgt. Dort gibt es auch ganz gute Longboards."

„Warum sollte man mit einem Longboard reisen?", fragte Fredo.

„Ähm, ja okay. Also. Babypuder ist eine weitere Geheimwaffe. Beugt Blasen an den Füßen vor, eignet sich perfekt als Trockenshampoo und kostet meist sehr wenig. Wenn du beim Trampen eingeladen werden willst, solltest du auf die Frage, wo du denn schlafen würdest, immer mit ‚Zelt' antworten. Und besorg dir die Handy-App maps.me. Dort kannst du in WLAN-Netzen Karten von Ländern herunterladen und diese auch ohne Internet nutzen. Die App hat auch meist sehr genaue Wanderwege eingezeichnet. Verlass dich aber nicht auf die geschätzten Zeitangaben. Ebenso kannst du dir auch Sprachpakete für den Google-Übersetzer herunterladen und dann offline nutzen. Dies war mir oft eine große Hilfe. Und vielleicht mein wichtigster Ratschlag: Lass dir von niemandem sagen, was möglich ist und was nicht."

„Okay, vielen Dank für all die Empfehlungen und Ratschläge, Daniel. Wo wohnst du eigentlich?"

„Normalerweise lebe ich in Süd-Amerika. Ich fahre gerade jedoch in ein winziges Dorf zu meinem Elternhaus. Sag mal, wo schläfst du eigentlich heute Abend?", fragte ich Fredo.

„Du willst mich testen, oder? Ähm … in meinem Zelt?"

„Sehr gut!", lachte ich, „wie wärs, wenn du mit zu mir nach Hause kommst. Wir leben in einer sehr schönen Ecke, haben einen gemütlichen Garten, ein Gästezimmer und in einem nahegelegenen Dorf namens Tholey gibt es nicht nur weltbekannte Kirchenfenster, sondern auch die beste Kebab-Pizza dieser Welt."

Fredo stimmte zu.

An unserem letzten Abend überredete ich ihn dazu, eine kleine Nachricht auf seinem Rucksack hinterlassen zu dürfen. „Behalte das bei und glaub mir, am Ende wirst du die schönste Erinnerung an deine Reise haben, die du dir vorstellen kannst."

„Ich weiß nicht, wie ich dir danken soll, Daniel", sagte Fredo.

„Das brauchst du nicht. Genieß deine Reise und erzähl den Menschen, denen du auf deiner Reise begegnest, davon, wieviel Hilfsbereitschaft und Menschlichkeit dir unterwegs entgegengebracht wurde. Erzähl den Menschen davon, in welch fantastischer Welt wir leben. Mach mich zu einem winzigen Teil deiner eigenen großen Geschichte. Dann bin ich letztendlich derjenige, der sich bei dir bedanken sollte."

Ich öffnete den Deckel eines schwarzen Markers und malte eine kleine Münze, in deren Mitte sich ein noch kleineres Loch befand. Unter meiner Zeichnung verewigte ich eines meiner Lieblingszitate von Robin Williams: „You're only given a little spark of madness. You mustn´t lose it." – „Dir wird nur ein kleiner Funken Verrücktheit gegeben. Verlier ihn nicht."

Ich setzte Fredo an einer Autobahnraststätte in der Nähe meines Elternhauses ab und gab ihm eine letzte Umarmung. „Viel Spaß bei deinem Abenteuer und finde heraus, was am Ende deiner Suche auf dich wartet. Du hast alles richtig gemacht. Genieß es. Ach ja, und bring bitte niemanden um. Das wirft ein schlechtes Licht auf uns Tramper", sagte ich, drehte mich um und machte mich auf den Weg zu meinem Auto. „Du bist doch verrückt", hörte ich Fredo rufen. „You must not lose it …", flüsterte ich und sperrte meine Fahrertür auf.

Was wäre, wenn meine Entscheidung, für Fredo anzuhalten, seine ganze Reise verändert hätte? Was wäre, wenn genau diese winzige Entscheidung sein ganzes Leben verändert hätte? Wenn er jede seiner weiteren Mitfahrgelegenheiten nur kennengelernt hätte, weil er damals insgesamt fünf Tage lang bei mir und meiner Familie geblieben war?

Und so fragte ich mich, wie Fredos Reise wohl weitergehen würde. Welche Route er letztendlich einschlagen und von welchen verrückten Erlebnissen er irgendwann einmal erzählen wird. Vielleicht sogar auf einer Bühne, vielleicht auch seinen zukünftigen Mitfahrern und womöglich sogar in seinem eigenen Buch. Und vielleicht wird er hierbei von einem verrückten Tätowierten berichten. Von einem nicht mehr ganz so jungen Mann, der ihm damals das Zeichen gab, nach dem er zu Beginn seiner Reise unbewusst gesucht hatte. Jemand, der ihm sagte, dass er die richtige Entscheidung getroffen hatte. Damals, an einem unerwartet heißen Montagvormittag im April, als Fredos eigene Reise im Jahr 2036 angefangen hatte. Und vielleicht wird er sich an ein bestimmtes Tattoo von seiner ersten Mitfahrgelegenheit erinnern. Nicht an einen fliegenden Dinosaurier, nicht an eine Socke, sondern an eine Schwalbe, die er sich vor langer Zeit gemeinsam mit dem Schriftzug Chile als Versicherung auf seine rechte Hand hatte tätowieren lassen. Und vielleicht wird sich Fredo durch diese Erinnerung darauf besinnen, wie wichtig es ist, Vertrauen zu haben.

Vielleicht in das Schicksal.
Vielleicht in Gott.
Aber vor allem in sich selbst.

Stell dir vor, dass eine winzige Entscheidung eine ganze Reise verändert.
Stell dir vor, dass sie ein ganzes Leben verändert.
Und nun stell dir vor, dass genau diese winzige Entscheidung für eine andere Person ein neuer Anfang ist.

BEIFAHRER

Jeder Tramper braucht jemanden, der anhält.
Jemanden, der ihm auf seiner Reise hilft.

Danke an alle, die mir vor, während und nach meiner Reise auf den verschiedensten Wegen geholfen haben. Dies ist ein Buch für euch.

Danke Alice. Dafür, dass ich deine Briefe in diesem Buch nutzen durfte und dafür, dass du sie mir damals geschrieben hast. Danke dafür, dass du mir die Band *Rainbow Kitten Surprise* gezeigt hast und für Tausende andere Dinge.

Danke Fried. Dafür, dass du damals nach meiner Show in Saarbrücken zu mir auf die Bühne kamst, mir fest die Hand gedrückt hast und mich unterstützen wolltest. Ich kann deinen Handschlag wie den des alten Mannes aus Java auch heute noch spüren. Danke dafür, dass du mich bei diesem Buch unterstützt, stets an mich geglaubt und mich so zu einem Verlag gebracht hast.

Danke Hans-Jürgen und Ulli. Dafür, dass auch ihr in meinen Geschichten mehr als nur Geschichten gesehen habt. Ich freue mich darauf, diesen mir völlig unbekannten Weg gemeinsam mit euch dreien zu gehen.

Danke Anne. Dafür, dass du als erste Person dieses Buch in einer frühen Version Probe gelesen hast. Ich könnte mir keine bessere Schwester wünschen.

Danke Nina Giebel. Dafür, dass du in Montenegro drei Wochen lang gemeinsam mit mir an der finalen Version dieses Buches gearbeitet hast. Ohne dich würde es das Werk *Anekdoten eines Beifahrers* in dieser Form nicht geben. Um es mit deinem Lieblingsstilmittel abzuschließen: Du warst eine beispiellose Beifahrerin.

Danke Anna und erneut danke Nina. Dafür, dass ihr gemeinsam mit mir an einer deutschen Übersetzung der Briefe von Alice gearbeitet habt.

Danke an die 40 Testleser, die im Dezember 2019 die ersten 30 Seiten einer sehr frühen Version dieses Buches gelesen haben. Ihr habt mich darin bestärkt, es zu Ende zu schreiben. Besonderen Dank an Eliana, deren Feedbackschreiben fast so lang war wie der damalige Buchausschnitt, den sie gelesen hatte.

Danke Nora. Dafür, dass du mir im April 2020 indische Beedi-Zigaretten zugeschickt hast.

Danke Frode. Dafür, dass du einer der Menschen bist, zu denen ich hochachtungsvoll aufschaue. Danke dafür, dass du mir Tausende 1-Krone Münzen zugeschickt hast. Und natürlich auch danke dafür, dass du am Ende darauf bestanden hast, mir diese Münzen zu schenken. „So ist die Geschichte noch schöner", sagte Frode am Telefon.

Danke an Paul Ritscher für das Coverfoto dieses Buches. Und danke für die Bilder, mit denen ich meine Homepage schmücken durfte.

Danke Alex Scheer für deine helfende Hand. Sei es für spontane Fotoshootings, verständliche Werberatschläge, angenehm gekühlte Getränke und all das, um das ich dich zukünftig noch bitten werde.

Danke Christian Schneider. Dafür, dass du damals meine zweite Show gefilmt hast. Der Theaterverein Edelweiß hat nach wie vor etwas gut bei mir.

Danke an Steffen Jung, Zoe and the Soundflowers und Blektro. Danke dafür, dass ihr mit mir den Dakuna Matata Song (den es hoffentlich irgendwann wieder auf meinen Live Shows zu hören geben wird) aufgenommen habt.

Danke erneut an Steffen Jung. Dafür, dass du mir wie selbstverständlich für manche Shows deine Soundanlage und sonstige technischen Gerätschaften ausgeliehen hast. Ich freue mich unglaublich darauf, dich irgendwann offiziell Schwager nennen zu dürfen.

Danke Papa. Dafür, dass du zwar gezweifelt, mich aber dennoch unterstützt hast.

Danke Mama. Dafür, dass du diesen Wahnsinn schon so lange mitgemacht hast und vor allem dafür, dass du ihn niemals Wahnsinn genannt hast. Ich bin stolz auf dich.

Danke lieber Leser. Danke dafür, dass du eingestiegen bist und das Fahrzeug nicht frühzeitig verlassen hast. Ich hoffe, du hattest eine Fahrt, die du so schnell nicht vergessen wirst. Ich würde mich unendlich freuen, wenn du mir per

E-Mail, Textnachricht, Brief oder auf welchem Wege auch immer eine Rückmeldung geben würdest. Danke auch dafür, dass du in ein paar Minuten Amazon.de besuchen wirst, dort den Namen meines Buches eingibst, und mir eine Referenz schreibst (dazu musst du das Buch nicht dort bestellt haben). Du würdest mir hiermit unglaublich dabei helfen, dies für mich zu einem neuen Anfang zu machen. Danke auch dafür, dass du genau dies nicht tun wirst, falls dir mein Buch nicht gefallen haben sollte. Zwinkersmiley.

Und danke an so viele andere Personen, die ich in den letzten Jahren treffen durfte – oder die schon immer an meiner Seite waren. Danke S-Town, danke Lautre.

Danke an all die Variablen und Konstanten meines Lebens.

Ich hoffe, dass sich unsere Wege irgendwann erneut treffen werden. Irgendwo in Südamerika. Irgendwo da, wo meine eigene Suche ein Ende finden wird.

Irgendwo – in einer kleinen Strandbar mit dem Namen

WAS SEITDEM GESCHAH

Oktober 2020

Oha unterrichtet nach wie vor an seiner Musikschule in Mostar. Anfang 2019 schaffte es ein langer Bericht über ihn sogar ins deutsche TV.

Sile unterrichtet auch heute noch Musik in seiner Heimat. Nebenbei arbeitet er von zu Hause aus als Softwareingenieur. Nach dem Tod seiner Mutter Ilonka im April 2019 ging Sile durch eine schwere Zeit, schaffte es aber durch die Unterstützung seiner Freunde. „Life goes on now. Every day new fight", schrieb der junge Mann aus Bosnien und Herzegowina. Im Frühjahr 2020 hat Sile eine neue Band gegründet und freut sich wie ich darauf, nach Corona erneut auf einer Bühne stehen zu können.

Wendis Tochter Zoe ist mittlerweile zwei Jahre alt. Vor acht Monaten haben die beiden ihre Heimat, die USA, erneut verlassen und leben seitdem in Java, Indonesien. Wendi hat einen neuen Lehrerjob gefunden und ist mit ihrem Leben mehr als zufrieden. Vor zwei Wochen wurde bei ihrer Tochter Zoe Autismus diagnostiziert. Wendi wägt momentan verschiedene Arten von Therapien ab, ist aber optimistisch und wird für ihre Tochter stark sein. „Things are things."

Frode nimmt auch heute noch Tramper mit. Wenn er dies tut, schreibt er mir gelegentlich eine Nachricht. Obwohl die Coronakrise ihm geschäftlich schwer zusetzt, lebt er zufrieden mit seiner kleinen Familie. Seiner Tochter Tuva geht es „mal gut, mal nicht so gut", aber sie kann auch heute noch lächeln.

Daniel, meine englische Reisebegleitung, hatte sich kurz nach unserer gemeinsamen Zeit verliebt. Er und seine Freundin reisten gemeinsam, trampten durch Japan und trennten sich schließlich. Momentan arbeitet Daniel an verschiedenen Projekten, die allesamt etwas mit dem Reisen zu tun haben. Er pendelt zwischen seiner Heimat Liverpool und Huelva in Spanien, hofft auf bessere Zeiten und will erneut als Anhalter reisen. „I don't know where I'll end up settling, but it's all part of the adventure." Daniel flucht nach wie vor übermäßig viel – und hat dabei zugestimmt, an dieser Stelle nach einer Frau für ihn zu suchen. Solltest du auf junge, blonde Engländer stehen und dich mit dem Wort ‚fuck' arrangieren können, darfst du ihm liebend gerne auf Instagram schreiben: thedandersonshow

Ola lebt mit ihrem Ehemann in Alexandria. Sie wollte im April 2020 eine große Hochzeitsparty veranstalten, auf der sowohl ich, als auch Sami – der Rotwein-mit-Eiswürfeln-Mann aus Namibia – zu Gast gewesen wären. Wegen Corona hat Ola nun 120 Geschenkboxen in ihrem Schrank stehen, die darauf warten, irgendwann bei einer Feier verteilt zu werden. „If you put a picture of me in your book please find a sweet one, when I still looked young, immature, naive and sweet as I used to be."

Xavier und die Firma seiner Eltern wurden von der Corona Krise stark getroffen. Opi lebt momentan zwar zusammen mit seiner Familie, kann derzeit jedoch kein Geld verdienen. Xavier hofft darauf, dass sich die Zeiten bald wieder bessern werden und die Firma erneut Aufträge bekommt.

Zhyparkul hatte 2019 unzählige Touristen zu dem Bergsee in Kirgistan geführt. Dieses Jahr blieben diese Touristen aus und machten die Familie vorübergehend arbeitslos. Ihr Mann arbeitet momentan als Farmer und sorgt so für die Familie. An ihrer Küchenwand hängt nach wie vor eine Saarbrücker Zeitung, auf der über meine Reise berichtet und unser gemeinsames Bild in ihrer Küche abgedruckt wurde. „We are very missing those days which we don't appreciate, now the world, local life, totally everything is changed. We understand that the life, health, to be with family is great deal."

Chisato lebt seit einem Jahr erneut in ihrer Heimat Tokio. Sie hatte seit unserer Begegnung in Kirgistan immer mal wieder getrampt. Mittlerweile hat sie einen Freund, der selbst etliche Kilometer per Anhalter zurückgelegt hat. Nach Corona wollen sie gemeinsam durch Japan trampen und Chisato träumt davon, mit ihm gemeinsam durch die Berge zu wandern. Sie will darüber hinaus eine Arbeit in den Bergen finden, da ihr in der Millionenmetropole Tokio die Natur fehlt. „Now is the time to find what is important for me in my life."

Tapan hat in Indien eine Frau getroffen, die er diesen Sommer geheiratet hat.

Auch seine Hochzeit hätte ich besucht, musste von diesen Plänen auf Grund der Pandemie aber Abschied nehmen. Die Feier fand in sehr kleinem Kreis statt.

Jasmin lebt seit über einem Jahr in Lorne, Australien. Sie hatte ihren damaligen Job durch Corona verloren und anschließend in einem Café als Barista angefangen. „Ich genieße hier unten jeden einzelnen Tag – Mittlerweile verstehe ich auch, warum du beim Englischreden so viel geflucht hast." Sie will vorerst in Australien bleiben. Sie hatte seit unserer gemeinsamen Zeit ein weiteres Mal getrampt.

Josch unterrichtet nach wie vor in Hanoi, Vietnam. Er musste seinen Heimaturlaub auf Grund der Quarantänevorschriften absagen, genießt aber dennoch sein Leben in Vietnam. „Ich will mich aber nicht beschweren. Es läuft hier alles, wie ich mir es vorgestellt und erhofft habe."

Nachdem Lok Ling ihre Verlobung aufgelöst hatte, hat sie einen neuen Freund gefunden. Sie wollten diesen Sommer eigentlich heiraten, haben die Feier aber wegen der derzeitigen Situation verschoben. Die beiden träumen von einem gemeinsamen Leben in Australien. „I wanna live on a boat and name it Hakuna Matata." Lok ist im vierten Monat schwanger.

Meine deutschen Freunde Florian und Andreas, auf deren Hochzeiten ich nach meiner Afrika-Etappe war, sind mittlerweile beide Väter.

Ivor baut seine Schule in Sambia. Ich war mir sicher, dass wir das Projekt bis zum Ende des Jahres finanziert haben, aber da ich wegen Corona sämtliche Shows absagen musste, lag das Projekt vorerst auf Eis. Mittlerweile stehen die ersten Mauern und im Oktober 2020 hat mich eine private 1500 Euro Spende erreicht. Hiervon konnten wir das komplette Dach der Schule finanzieren und sind uns derzeit sicher, dass im Dezember 2020 der erste Unterricht in Ivors neuer Schule stattfinden wird.

Alice macht gerade ihren Doktor der Philosophie in Kanada. Sie wollte diesen Sommer dort mit ihrem französischen Freund zusammenziehen, Corona machte dies aber unmöglich. Er kann momentan kein Visum bekommen. Nachdem sie verschiedene Optionen abgewägt haben und sich darin einig waren, keine Fernbeziehung zu führen, haben sie eine Entscheidung getroffen. Alice wird gemeinsam mit ihrem Freund Ende Oktober in die Dominikanische Republik ziehen und dort ein Fernstudium beginnen, bis ihr Freund ein Visum für Kanada beantragen kann. Ich telefoniere auch heute noch fast jeden Monat mit Alice.

Und was mache ich? Nun ja, ich rauche immer noch viel zu viel. Davon abgesehen habe ich die letzten zwölf Monate – Überraschung – dazu genutzt, eine Auto-Biografie zu schreiben. Nach diesem letzten, fragwürdigen Wortwitz will ich kurz über meine weiteren Pläne sprechen. Meine Live Shows wurden zum zweiten Mal verschoben und werden nun hoffentlich im Frühjahr 2021 stattfinden. Auch meine erneute Abreise ist derzeit ungewiss. Ich werde auf meine finale Reise aufbrechen, ich werde versuchen eine Strandbar zu eröffnen, aber ich weiß momentan nicht, wann dies möglich sein wird. Durch Corona wurde ich mit einer völlig unerwarteten „Ungewissheit" konfrontiert. Keine, die ich lieben gelernt, sondern eine, mit der ich zu leben gelernt habe. Und so warte ich – wie wir alle – auf andere Zeiten und vertraue darauf, dass auf schlechte Tage wieder bessere folgen werden. Ich bin froh, dass ich die Pandemie in Deutschland verbringen kann. Ein Luxus, den viele andere Menschen nicht haben.

Mein Blick fällt ein letztes Mal auf die Bilder und Geschenke, die ihren Weg an meine weiße Zimmerwand gefunden haben. Während ich langsam die Reißbrettstifte löse und all diese Erinnerungen in eine dunkelblaue Kiste packe, wird mir eine wichtige Sache bewusst. Sie werden für immer ein Teil von mir sein, auch ohne sie jeden Morgen aufs Neue zu sehen. Sie haben mich zu dem Menschen gemacht, der ich heute bin. Und mit dieser Gewissheit lege ich mich auf die grüne Wiese in unserem Garten, spüre die weichen Grashalme unter meinen Handinnenflächen und schaue in den ozeanblauen Himmel. Über mir ziehen Wolken in den unterschiedlichsten Formen vorbei: Eine erinnert mich an einen Dinosaurier, eine andere an ein Schiff und eine wiederum andere an einen Daumen. Ob irgendwo auf dieser Welt gerade jemand genau dasselbe tut? Ich schmunzle und schließe zufrieden meine Augen. Ich nehme mir vor, es herauszufinden.

Und so beginnt meine Reise von neuem.

ANFANG